LES ANTIQUITÉS

DE

SAINT-PAUL

D'ORLÉANS

IMP. GEORGES JACOB, — ORLÉANS.

ÉGLISE SAINT-PAUL D'ORLÉANS AVANT 1854.

H. Herluison, Editeur.

Imp. A. Clément, Paris

E. Davoust sc. d'après Beaujoint.

LES ANTIQUITÉS

DE

SAINT-PAUL

D'ORLÉANS

D'APRÈS DES DOCUMENTS INÉDITS

(PLANS ET VUE DE L'ANCIENNE ÉGLISE)

PAR

Amicie DE FOULQUES DE VILLARET

LAURÉAT DE LA SOCIÉTÉ ARCHÉOLOGIQUE ET HISTORIQUE DE L'ORLÉANAIS
OFFICIER D'ACADÉMIE.

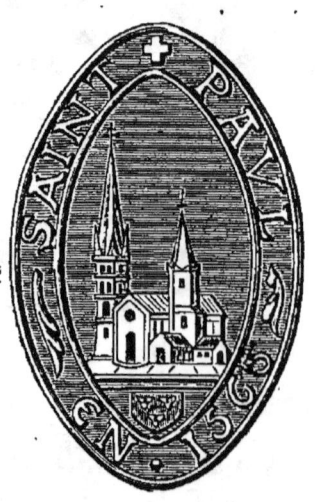

ORLÉANS

G. SEJOURNÉ

LIBRAIRE-ÉDITEUR
Rue des Carmes, 45

H. HERLUISON

LIBRAIRE-ÉDITEUR
Rue Jeanne-d'Arc, 17

1884

ERRATA

—

Page 13, note 2, ligne 4, *au lieu de* cap. XXXVII, *lire* cap. XXXVI.

Page 18, sommaire, ligne 16, *au lieu de* Fusions, *lire* Fusion.

Page 57, 1er alinéa, dernière ligne, *au lieu de* le Christ croix, *lire* le Christ en croix.

Page 75, ligne 15, *au lieu de* elles nous paraît, *lire* elle nous paraît.

Page 76, 4e alinéa, ligne dernière, *au lieu de* Saint-Cyre, *lire* Sainte-Cyre.

Page 85, 2e alinéa, ligne avant-dernière, *au lieu de* légua en 1646, *lire* légua en 1746.

Page 159, note 2, *au lieu de* Drames liturgiques de l'église de Moulins, *lire* de Nevers.

Page 178, 2e alinéa, ligne 6, *au lieu de* anniversaires célèbres, *lire* anniversaires célébrés.

Page 192, note 2, *au lieu de* papier parch., *lire* orig. parch.

LES ANTIQUITÉS

DE

L'ÉGLISE SAINT-PAUL D'ORLÉANS

CHAPITRE PREMIER

ORIGINES DE LA PAROISSE DE SAINT-PAUL.

Chapelles de Saint-Michel et de Saint-Paul. — Leur emplacement. —
Les chanoines de Saint-Pierre-le-Puellier y disent la messe. — Elles
sont érigées en cure au profit de cette collégiale. — Annexion de la
nouvelle cure au chapitre. — Confirmation par le Pape du décret
d'union. — Serment des chanoines de la maintenir. — Chapelle de
Notre-Dame à Avenum, *alias* bourg de Dunois. — Un miracle la
rend célèbre. — Récit de ce fait miraculeux par des écrivains du
Moyen âge et de la Renaissance. — Les Normands endommagent
Saint-Paul et Saint-Michel. — On les rebâtit dans le bourg de
Dunois. — Notre-Dame-des-Miracles devient la seconde moitié de
Saint-Paul. — L'archevêque de Tours en reçoit le patronage. —
L'abbé de Mici l'obtient à son tour.

Tous les auteurs qui ont dirigé leurs recherches vers
les origines de la ville d'Orléans sont unanimes à faire
remonter jusqu'aux temps les plus reculés la fondation des
deux chapelles de Saint-Michel et de Saint-Paul, dont la
réunion ultérieure avec une troisième qui sera nommée

1

en son lieu, forma, au XIe siècle, l'église paroissiale de
Saint-Paul. Sises dans le faubourg occidental de la cité,
ces deux chapelles s'élevaient côte à côte. Il est peu aisé
aujourd'hui de déterminer exactement le point précis
qu'elles y occupaient, car les invasions de tout genre
auxquelles Orléans fut en butte du Xe au XVIe siècle en
ont fait disparaître jusqu'aux moindres vestiges. M. l'abbé
Dubois, antiquaire docte, et sagace, conjecture qu'elles
devaient s'élever vers le commencement de la rue Meslée
(aujourd'hui rue du Grenier-à-Sel) et non loin de son
embranchement avec la rue des Carmes (1). Le savant
chanoine, à la vérité, n'appuie cette hypothèse sur aucune preuve concluante. Toujours est-il qu'elles n'étaient
point comprises dans l'enceinte de la ville.

L'étendue d'Orléans, à cette époque, était des plus
restreintes. Entouré de murs que l'on s'accorde généralement à rattacher au temps de la domination romaine,
il était, comme aujourd'hui, borné au midi par la Loire.
A partir de ce fleuve, ses murs suivaient, en se dirigeant
vers le nord, deux lignes parallèles. Celle qui fermait le
côté oriental de la cité commençait un peu au-dessus de
la Tour-Neuve, et, suivant l'alignement de la rue du
Bourdon-Blanc, venait se souder à la rue de l'Évêché par
la tour de la Fauconnerie.

Le mur occidental, partant également de la Loire,
rencontrait, en se déployant vers le nord, la tour des
Créneaux (aujourd'hui Musée) et allait aboutir à la tour
Saint-Samson (emplacement du Lycée) qui la reliait aux
fortifications septentrionales.

---

(1) M. l'abbé DUBOIS, ms. 451, mém. IVe, *Dissertation sur*
Avenum, p. 97. Bibliothèque publique d'Orléans.

Bien que les deux chapelles du faubourg fussent assez éloignées de Saint-Pierre-le-Puellier, les chanoines
de cette collégiale avaient néammoins coutume, dès un
temps immémorial, d'y venir célébrer l'office divin :
*In suburbio Aurelianensi capellas duas, unam sancti
Michaelis Archangeli, aliam in honorem Beati Pauli
apostoli ; quibus ex antiquis temporibus, canonici ejusdem
monasterii missarum solemnia officia celebrare consueverunt* (1). Ce passage du diplôme par lequel Robert-le-
Pieux, à la prière d'Arnoul, évêque d'Orléans, érige en
cure les deux chapelles et en attribue le patronage au
chapitre de Saint-Pierre-le-Puellier, est le premier rayon
de lumière historique projeté sur les origines de cette
antique église (2). Saint-Paul et Saint-Michel, qu'on
veuille bien le remarquer, y sont qualifiés *chapelles du
faubourg*.

(1) Fonds de la fabrique de Saint-Paul, boîte 7, *Mém. pour le
Chapitre de Saint-Pierre-le-Puellier*, arch. du Loiret, sér. G. —
Nous ferons observer que cette série non inventoriée n'a pas reçu
son classement définitif.

(2) Il existe néanmoins, quant à la date de ce diplôme royal,
certaines divergences entre les écrivains qui en ont invoqué l'autorité. En effet, cet acte important, devenu la victime des siècles,
ne subsiste plus aujourd'hui. Les fragments, extraits du cartulaire de Saint-Pierre-le-Puellier, qui en ont été conservés, sont
transcrits dans les titres de la fabrique. La Saussaye affirme en
avoir vu le titre original : « *Titulum illum originalem tenui et
legi.* » Et la date qu'il indique est le 18 des calendes de janvier
1012, 16e du règne de Robert. (*Ann. Aurel. Eccl. VII, 9*). —
D'après un mémoire imprimé pour les marguilliers de Saint-
Paul, en procès contre l'abbé de Saint-Mesmin (1783-1788), l'érection de Saint-Paul en paroisse remonterait à l'année 1003. « *Cette
époque de l'érection n'est point hasardée,* » ajoute M. Pompon,
avocat et rédacteur du mémoire, pp. 12-13. — L'abbé Dubois
propose approximativement la date de l'an 1000 (*Ib.*, p. 96). Mais
les extraits du diplôme conservé autrefois en original dans le

Ce droit de patronage accordé aux chanoines ne rapportait, dans l'origine, que soixante sols par an au chapitre; la pompe de l'office divin se ressentait donc de l'exiguité de ces émoluments. L'évêque Jean de Conflans le comprit, et, en 1329, il annexa à perpétuité la cure de Saint-Paul au chapitre de Saint-Pierre, avec adjonction à sa mense de tous les fruits, revenus, profits et émoluments quelconques auxquels la cure pourrait donner lieu. L'évaluation en fut portée, dans le décret d'union, à la somme de quarante livres, y compris les trois livres dues pour droit de patronage. Il y est dit aussi que la cure ne pourrait être gouvernée et possédée que par un chanoine prébendé de Saint-Pierre (1).

L'assemblée capitulaire de l'Église d'Orléans, tenue la veille de la Toussaint, ratifie la même année cette union et cette affectation. En 1375, le pape Grégoire XI les sanctionne à son tour (2). Enfin, elles sont de nouveau confirmées en 1419 par Gui de Prunelé, évêque d'Orléans (3). En conséquence de cette suite de sanctions solennelles émanées des plus hautes autorités, les chanoines de Saint-Pierre prêtaient sur l'Évangile le serment de maintenir et de sauvegarder les droits du chapitre (4).

cartulaire de Saint-Pierre ne portent pas, on l'a vu, d'autre date que celle de 1012, et c'est aussi celle que préfère Polluche. (*Essais historiques sur Orléans*, p. 112.)

(1) Archives de la fabrique de Saint-Paul, reg. 357. Voir *Pièce justificative I*, le décret de Jean de Conflans.

(2) Voir, *Pièce justificative II*, la bulle du pape Grégoire XI.

(3) Voir, *Pièce justificative III*, les lettres de Gui de Prunelé.

(4) Voici les termes de ce serment : « Juro unionem Sancti Pauli Aurelianensis servare et contra eam nullo modo venire. » (Fonds de Saint-Paul, arch. du Loiret, boîte 7. *Mém. pour le chap. de Saint-Pierre*, touchant le droit de nomination à la cure de Saint-Paul, page 5).

Nonobstant la précision des termes d'un serment si conforme à la teneur du décret d'union, des tentatives eurent lieu à diverses époques, pour porter atteinte à sa stricte exécution. Nous en ferons apparaître ci-après divers exemples ; mais il convient d'ajouter dès à présent que jamais le chapitre ne voulut consentir à l'amoindrissement de ses droits, non moins qu'à la modification de la règle qui les protégeait ; et il ne permit à aucune époque que des prêtres étrangers à son corps pussent être nommés à cette première portion de la cure de Saint-Paul. Quant aux curés de l'autre moitié qui relevait de l'abbé de Saint-Mesmin, ils pouvaient être pris indistinctement dans tout le clergé.

Quelques mots sur cette seconde moitié de la cure de Saint-Paul sont indispensables en cet endroit.

A l'extrémité occidentale d'Orléans, et voisin de la porte Dunoise, s'élevait un bourg doublement séparé de la grande cité, d'abord par les fortifications respectives dont ils étaient l'un et l'autre environnés, et en outre par un chemin qui de nos jours porte le nom de rue Sainte-Catherine. Cette voie publique aboutissait à l'ancien pont qui, de la sorte, se trouvait placé entre les deux villes. Ce bourg, qu'on appelait communément *Avenum*, est aussi dénommé *bourg de Dunois* dans une charte du roi Robert en 1018 (1), et *Pagus Dunensis* dans une charte de l'évêque Odolric, en 1030. Ce nom lui venait de sa proximité de la porte Dunoise, comme il a été dit ci-dessus.

___

(1) Charte de Robert, en 1018, accordant à l'abbaye de Saint-Mesmin un droit de 5 sols, moitié sur Orléans, moitié dans le bourg de Dunois. « Fratres ejusdem coenobii postulaverunt serenitatem culminis nostri... iterum concessimus eis solidos quin-

Dans ce bourg s'élevait un sanctuaire dédié à la Vierge Marie, lequel, à la suite d'un fait miraculeux, survenu en 897, d'après le témoignage de Benoît Gonon, moine célestin, qui écrivait en 1637 (1), devint bientôt célèbre dans toute la contrée. C'est Vincent de Beauvais, précepteur des fils de saint Louis et écrivain du XIIIe siècle, qui le premier nous a conservé le souvenir de cet intéressant épisode des invasions normandes ; et c'est par lui que nous apprenons qu'Avenum était protégé par une enceinte fortifiée (2). Dans son récit, Vincent prend soin de préciser l'emplacement de la chapelle, détail qui n'est point sans importance quant à l'origne de la paroisse Saint-Paul : *Est quoddam municipium Aurelianensi civitati proximum, quod Avenum nuncupatur, ubi ecclesiam in honore Beatœ Virginis Mariœ cives œdificaverant* (3). Voici les principales circonstances du prodige qui valut à la chapelle de Notre-Dame sa célébrité :

Le bourg d'Avenum soutenait un siége contre les Normands; les habitants effrayés viennent chercher refuge dans la chapelle de Notre-Dame, bâtie près des remparts et supplient le Ciel de protéger leurs foyers. L'un d'eux, enlevant dans ses bras la statue en bois de la Vierge,

---

que, tres videlicet in burgo Dunensi et duos infra civitatem... Datum Aurelianis civitati, mense junio, indictione septima, anno 24, regnante Roberto gloriosissimo rege. » (Extr. du cartulaire de Saint-Mesmin, *privilegium quintum*, fo 22. Arch. de la fabrique, reg. 357, inventaire des biens, fo 47.)

(1) LE MAIRE, *Antiq.*, II, p. 92, édit. 1648, in-fol.

(2) « ... Qui cum aliquando obsessi ab hostibus intra oppidum gemerent... » (Vincentius BELVACENSIS, *Speculum historiale*, lib. VIII, cap. LXXXII.)

(3) *Ibid., loc. cit.*

l'emporte avec lui sur les murailles. S'en servant comme
d'un bouclier, il essaie de parer les coups qui le mena-
cent, tout en lançant ses traits avec vigueur. Ce spectacle
exaspère les ennemis, et l'un deux jette à la statue le
défi de protéger celui qui l'a prise pour sauvegarde. Il
lui lance un dard ; mais la Vierge, tendant le genou,
reçoit le javelot prêt à percer le soldat. Ce prodige ré-
pand la consternation dans le camp des ennemis qui se
retirent en désordre. La statue est alors rapportée dans
l'église, mais il fut impossible d'arracher de son genou
la flèche qui s'y était fixée, et Vincent de Beauvais
atteste l'y avoir vue : *Usque in hodiernum diem imago
illa permanet in eodem loco, jaculum adhuc gerens in
poplite erecto* (1).

Le Maire affirme avoir retrouvé la relation de ce
miracle dans un très ancien manuscrit latin de Saint-
Benoît, intitulé : *Les dignités et excellences de la très-
sainte et sacrée Vierge Marie,* et dans l'ouvrage intitulé :
Sermones discipuli, du P. Jean Hérolt, jacobin, il ne
dit pas cependant si la flèche était encore fixée dans
le genou de la statue (2). Quant au cordelier Olivier
Conrad, qui fit à son tour le récit de cet événement
remarquable, il ne vit pas le trait, mais il reconnut la
place d'où il était tombé (3).

(1) Vincentius BELVACENSIS, *ibid., loc. cit.*

(2) LE MAIRE, *ibid.*

(3) Le cordelier Olivier Conrad composa cette relation dans son
couvent de Meung-sur-Loire. Il écrivait avant l'époque des premières guerres religieuses, puisqu'en 1562 la statue miraculeuse
fut brisée par les protestants. La Saussaye, qui a inséré tout au
long dans ses *Annales* le poème du frère mineur, le tenait de
Nicolas Petau, conseiller au parlement de Paris, auquel l'auteur
l'avait sans doute communiqué. (*Annal.,* VII, 10.)

Avant de peser la valeur des expressions employées par Vincent de Beauvais et Conrad, nous ferons connaître l'intitulé très important pour notre thèse de la narration écrite par ce religieux. « Miracle opéré par la bienheureuse Vierge Marie, dans la défense d'une petite place fortifiée qui fait aujourd'hui partie de la ville d'Orléans : *Miraculum beatæ Mariæ Virginis in defendendo ab hostibus oppidulo, quod nunc pars est Aureliæ urbis.* » Mais si ce n'est pas encore le lieu d'ouvrir la discussion sur la portée de ces termes si précis, nous devons tout au moins insister dès maintenant sur ce fait qu'Avenum était une localité tout à fait isolée et distincte de la grande cité.

A la suite des fréquentes invasions de barbares qui portèrent, au IX\ :sup:`e` siècle, un si grave préjudice à la prospérité des centres commerciaux voisins du cours de nos fleuves, les deux chapelles de Saint-Michel et de Saint-Paul, que rien ne protégeait contre les entreprises des Normands, souffrirent de si graves dommages, qu'elles finirent par tomber en ruine. L'abbé Dubois suppose que Saint-Michel et Saint-Paul auraient été détruits dans l'invasion de 910 (1). Assurément, à cette époque, elles purent subir de sérieuses avaries, mais elles ne furent pas complètement abattues, puisque, quand Robert les donna, en 1012, au chapitre de Saint-Pierre, elles étaient encore à leur place primitive, c'est-à-dire dans le faubourg. La translation des deux chapelles eut donc lieu beaucoup plus tard, c'est-à-dire de 1012 à 1030, car à cette dernière date, elles n'étaient plus « *in subur-*

---

(1) Ms. 451 *bis*, t. I, p. 97.

bio », mais dans le bourg d'Avenum, où on les avait
réédifiées côte à côte de Notre-Dame-des-Miracles ; elles
en étaient même si près, que, quelques années plus
tard, les trois édifices se trouvant moralement réunis,
il devint aisé de les confondre matériellement en un
seul.

Le titre paroissial de Saint-Paul l'avait suivi à Avenum ; mais nous ne voyons nulle part que Notre-Dame
ait jamais été érigée en paroisse, bien qu'elle eût un
desservant nommé par l'ordinaire. Il était donc tout
naturel que l'église absorbât la petite chapelle, et c'est
ce qui arriva en effet. Notre-Dame prit alors le titre
de deuxième moitié de Saint-Paul, *medietas Sancti
Pauli* ; mais tandis que l'église appartenait au chapitre de Saint-Pierre-le-Puellier, le sanctuaire de la
Vierge continuait de demeurer aux mains de l'évêque
d'Orléans. L'un d'eux, Arnoul, en donne le patronage
à Arnoul, archevêque de Tours, puis, en 1030, Odolric, l'un des successeurs du prélat orléanais, le cède à
Albert, abbé de Mici, et père de l'archevêque, qui se
fit lui-même le solliciteur d'une translation de bénéfice (1) que l'évêque Manassès de Garlande sanctionna
en 1167 (2).

Le diplôme de Robert et la charte d'Odolric seraient
donc l'un et l'autre complètement inintelligibles, si les
trois oratoires fussent toujours demeurés en leur emplacement primitif, Saint-Paul et Saint-Michel étant dans
le faubourg d'Orléans (diplôme de Robert) et Notre-
Dame dans le bourg de Dunois (charte d'Odolric).

(1) Voir, *Pièce justificative IV*, la charte d'Oldoric.
(2) Voir, *Pièce justificative V*, la confirmation de ce don par
Manassès de Garlande.

Cette distinction primitive des sanctuaires de Saint-Paul et de Notre-Dame n'est donc pas, comme on le pourrait supposer, une conjecture plus ou moins ingénieuse ; et bien que nous ignorions la date de leur fusion, qui, s'il faut en croire Lottin, se serait accomplie en 1228 (1), la tradition de leur existence autrefois distincte s'était nettement conservée, comme en fait foi cet article d'un devis dressé au XVIIe siècle : « Devis d'ouvrages et nouvelles constructions à l'église de Notre-Dame-des-Miracles *annexée et jointe* à celle de Saint-Paul (2). »

Si nous avons autant insisté sur la distinction bien réelle, croyons-nous, entre Avenum *alias* bourg de Dunois, et le faubourg d'Orléans, c'est que nous verrions avec plaisir cette question réellement intéressante au point de vue local, mais trop négligée jusqu'à ce jour, devenir l'objet de l'examen approfondi de nos archéologues.

La thèse à laquelle nous nous sommes ralliée, parce qu'elle s'appuie sur les textes d'actes authentiques, nous paraît également conforme à l'opinion de Le Maire (3) et de deux antiquaires presque nos contemporains, MM. Vergnaud Romagnési et l'abbé Dubois, les seuls, du reste, qui se soient jamais occupés de l'identification d'Avenum. Nous croyons toutefois, d'après les objections

---

(1) LOTTIN, *Recherches historiques*, t. I, p. 114.

(2) Archives de la fabrique de Saint-Paul.

(3) « Du côté de l'Occident, proche la porte Dunoise, estoit anciennement un gros bourg clos et fermé de murailles, appelé *Avenum*, lequel s'étendoit depuis les fossés jusques au-delà de l'église de Saint-Paul et église de Notre-Dame-des-Miracles qu'elle enfermoit. » (LE MAIRE, I, p. 15.)

verbales qui nous ont été soumises, qu'il n'y aurait pas unanimité de sentiment à cet égard, et que notre opinion pourrait rencontrer des contradicteurs ; nous exposerons donc en quelques lignes ces objections telles qu'elles nous ont été faites, et nous résumerons ensuite les arguments que nous avons à leur opposer.

CHAPITRE II

DIGRESSION SUR AVENUM.

Distinction entre Avenum, *alias* bourg de Dunois, et le faubourg
d'Orléans. — Opinion des écrivains orléanais. — Avenum ville fortifiée et autonome. — Objections à cette thèse. — L'enceinte continue d'Avenum.

Qu'était donc en réalité Avenum ?

Était-ce, comme nous inclinerions à le penser, un bourg
fortifié (1), *oppidum, oppidulum* — selon les expressions de Vincent de Beauvais et du cordelier Conrad —
et jouissant en outre de certaines franchises : *municipium* — ou n'était-ce qu'un simple faubourg d'Orléans?

Quatre déductions importantes résultent du récit de
Vincent de Beauvais :

1° Avenum avait des murailles. Elles existaient à
l'époque où se passa le fait miraculeux qui vient d'être
raconté.

2° Il s'y trouvait également des portes.

3° Le sanctuaire était proche des murailles.

---

(1) Le mot *burgus* reçoit également l'acception de château fort.
Voir, *Pièce justificative V*, déjà citée : Confirmation par Manassès
de Garlande du don de la deuxième moitié de Saint-Paul à l'abbé
de Saint-Mesmin.

4° Enfin cette colonie se gouvernait par son administration propre, et ses habitants sont qualifiés *cives*, et
non *incolœ* ou *habitantes*.

Par qui avaient été construites les fortifications d'Avenum, et à quelle époque le furent-elles? C'est là une
question que l'on ne peut résoudre d'une façon absolue,
car les documents font défaut; mais il est possible d'y
suppléer par des preuves morales, c'est-à-dire par des
conjectures basées sur l'ensemble des faits. A l'époque
où le miracle eut lieu, Avenum avait déjà des murailles.
Si l'on rattache ce prodige à l'année 910, comme le veut
l'abbé Dubois (1), il en résulte que cette enceinte est
de construction antérieure, et M. Dubois accueille même
comme vraisemblable l'hypothèse qu'elle aurait été
élevée par les habitants sur les exhortations de l'évêque
Wauthier, lorsque ce prélat fit rétablir en 870 les murs
d'Orléans, que les barbares avaient presque entièrement
démolis (2).

Avenum se trouvait donc exactement enfermé dans
cette clôture (3); et c'est avec raison que les qualifications de *burgus, oppidum, oppidulum* (4) et *muni-*

(1) « Depuis que les murs d'Orléans ont été reconstruits, je ne
trouve dans l'histoire que l'an 910, dit l'abbé Dubois, où elle ait
pu être assiégée lorsque les Normands remontèrent de nouveau
la Loire. » (Ms., *ibid.*, p. 67.)

(2) « Galterius, Deo inspirante, muros per cuncta fere des-
tructos civitatis, sagacitate nobilis ingenii qua præpollere cognos-
citur restaurans, defensioni coaptaret populum. » (ADREVALD,
Miracula sancti Benedicti, lib. I, cap. XXXVII.)

(3) Voir page 10, note 3.

(4) « Eo videlicet tempore quo oppidulum quoddam stabat non
procul a Genabo.» (Récit du Cordelier Conrad, dans LA SAUSSAYE,
lib. VII, n° 12.)

cipium, lui ont été attribuées. Ce dernier terme suppose en outre une localité autonome, jouissant de privilèges et se gouvernant par ses propres magistrats. Comment admettre qu'une expression si nette et d'un sens si précis ait pu inconsciemment se glisser sous la plume d'un écrivain qui connaissait si bien la valeur des termes? Ce mot doit donc être interprété selon son acception étroite et rigoureuse, et il en résulte qu'Avenum vivait de sa vie propre et était ville indépendante.

Les relations qu'entretenaient les deux localités étaient facilitées par les portes qu'elles avaient respectivement ménagées dans leurs murs (1), car elles avaient l'une avec l'autre de fréquents rapports commerciaux. Quant à la question de savoir si l'on doit considérer Avenum comme une colonie d'Orléans, M. Dubois ne le pense pas, et il lui paraîtrait vraisemblable que la population de cette ville se fût formée d'un nombre considérable d'étrangers que le commerce de la métropole attirait dans ses environs, mais que ses limites restreintes empêchaient de s'y fixer (2). Ces étrangers n'avaient donc aucun droit à revendiquer le titre de citoyens d'Orléans.

Les partisans de l'opinion contraire à la nôtre font valoir :

1° Qu'une grande ville fort jalouse de ses prérogatives eût difficilement souffert qu'une colonie indépendante vînt se constituer, à ses portes, en localité autonome.

---

(1) « Quidam autem ex civibus stans in portæ custodia. » (Vinc. Belv., *ibid.*)

(2) Dubois, ms. cité, p. 93.

C'eût été sanctionner tacitement une rivalité commerciale nuisible à sa prospérité.

2° Les expressions du diplôme de Robert, où le faubourg est mis en opposition avec le bourg de Dunois, et la charte d'Odolric qui corrobore cette distinction, ne sont pas susceptibles, disent-ils, d'être littéralement interprétées, non plus que les qualifications empruntées aux relations de Vincent de Beauvais et de Conrad, attendu qu'on n'aperçoit pas de différence bien tranchée entre un bourg fortifié assis sous les murs d'une ville et le faubourg qui n'est que la continuation et la dépendance de la cité elle-même. Donc, nonobstant la distinction qui semblerait tout d'abord exister entre les termes de *suburbium Aurelianensis*, et ceux de *pagus ou burgus Dunensis, alias Avenum*, cette distinction ne saurait être tenue pour réelle, et ne doit pas être admise en fait.

Sans méconnaître ce que, dans l'espèce, ces objections paraîtraient avoir de fondé, il semble tout d'abord qu'au regard d'Avenum elles soient plus spécieuses que réelles. Et d'abord, où est la preuve que Robert, Odolric, Vincent de Beauvais et Conrad aient usé d'expressions dépourvues d'exactitude ? C'est une supposition gratuite et que rien ne justifie.

Si l'on veut soutenir qu'Avenum n'était autre chose qu'un faubourg d'Orléans, comment pourra-t-on expliquer qu'en fortifiant ce côté de la banlieue, on l'ait totalement isolé de la grande ville ? Orléans était ceint de murs et de fossés, Avenum en avait également ; et cependant, tout faubourg a un intérêt essentiel à ne point mettre entre lui et la cité qui doit l'alimenter et le protéger, une quadruple ligne de barrières.

Le tracé des deux premières enceintes d'Orléans est trop connu pour prêter à la moindre confusion entre les murailles d'Avenum et les siennes. Or, outre les affirmations de Le Maire, que nous avons déjà énoncées plus haut, et desquelles il résulte que le bourg de Dunois était *clos de toutes parts*, nous avons, comme preuve du même fait, le témoignage de l'abbé Dubois, qui, à la suite de recherches dirigées avec intelligence et persévéramment poursuivies, est parvenu à reconstituer l'enceinte d'Avenum, à l'aide des substructions qu'il a découvertes dans les caves, presque sans aucnne solution de continuité (1).

Nonobstant tout cela, nous le répétons encore : la question n'est point jugée. Tant qu'une lumière complète n'en aura pas éclairé tous les côtés obscurs, nul n'aura le droit de la placer au nombre des solutions irrévocables : *In dubiis libertas.* Mais, tout en laissant encore aux autres, la liberté d'appréciation que nous réclamons

---

(1) Voici, d'après M. l'abbé Dubois, quelles étaient les limites d'Avenum : Du côté occidental, ses murs commençaient à la rue de la Chèvre-qui-Danse et aboutissaient à la maison n° 1 de la rue Vieille-Poterie, en traversant le cimetière Saint-Paul et le bas de l'église, la rue de la Foulerie à l'endroit du n° 17, la rue du Tabourg, nos 22 et 24, puis, se repliant angulairement sur cette rue, dont ils enfermaient les deux côtés, ils allaient rejoindre le coin occidental de la rue Neuve. Là, formant un nouvel angle, ils descendaient à travers les rues Faverie et des Bahutiers jusqu'à celle de la Pierre-Percée, laissant en dehors les maisons formant la bordure orientale de ces rues ; puis enfin, traversant le Vieux-Marché, ils renfermaient le nord de la rue Muzaine et se terminaient au milieu de celle de la Chèvre-qui-Danse.

pour nous-même, nous n'avons pas cru montrer trop de témérité en nous retranchant dans un camp où se trouvent au moins quelques armes, c'est-à-dire quelques textes, tandis que nos adversaires n'en apportent, que nous sachions, aucuns pour nous combattre.

CHAPITRE III

PERSONNEL ECCLÉSIASTIQUE DE LA PAROISSE.

Dualité de la cure. — Inconvénients de ce régime. — Première tentative d'union des deux portions. — Elle échoue. — Difficultés entre le curé de Saint-Paul et le chapitre de Saint-Pierre collateur. — Vicaires amovibles. — Curé de Notre-Dame, fermier de la portion de Saint-Paul. — Canonicats *ad effectum*. — Démission forcée de M. Mesnier. — Il se soumet et prend possession. — Réunion des deux portions de la cure en la personne de M. André Goislard. — Il garde son canonicat et résigne son bénéfice de Saint-Paul. — M. Alleaume veut prendre possession. — Opposition du Chapitre. — Nouveau canonicat *ad effectum*. — M. Goislard se démet de sa prébende. — Seconde disjonction du titre curial. — M. Defay, curé. — Résigne à M. Chautard. — Autre procès avec le chapitre. — Réunion définitive des portions. — Résumé de ce qui précède. — Prêtres habitués. — Séminaire de Saint-Paul. — Les chapelains de confréries étaient-ils attachés à la paroisse ? — Le marillier et le sacristain. — Les marguilliers. — Fusions de la marguillerie et de la marelle. — Origine des fabriques. — Le bedeau, l'organiste et le souffleur.

Partagée en deux moitiés, la cure de Saint-Paul était régie par deux curés nommés, suivant la portion qu'ils desservaient, par l'abbé de Saint-Mesmin et le chapitre de Saint-Pierre-le-Puellier.

Quelque exceptionnel et bizarre que fût ce régime, la double influence des curés sur les affaires paroissiales eût présenté peu d'inconvénients, si chacun d'eux se fût réduit au gouvernement de la partie qui lui était dévo-

luc ; mais il n'en était pas ainsi : Égaux en autorité et
en influence, ayant les mêmes droits aux revenus et aux
profits, ils n'étaient, en somme, que les administrateurs
hebdomadaires de la paroisse. Souvent aussi, durant sa
gestion alternative, l'un des curés ne s'occupait qu'à
annuler ce que l'autre avait fait; et cet esprit de rivalité
était essentiellement nuisible à la prospérité des intérêts
paroissiaux.

Les doléances réitérées des habitants de Saint-Paul
finirent par arriver aux oreilles du Souverain Pontife.
Jean, curé de la portion relevant du chapitre, se rendit
à Rome, et ayant exposé au pape Grégoire IX les inconvénients de cette dualité, il en obtint des lettres apostoliques, prescrivant au doyen de l'Église d'Orléans
d'examiner la question et d'agir selon qu'il le jugerait
utile (onze des nones de mai 1237). Informés de la démarche du curé de Saint-Paul, l'abbé et les religieux de
Mici-Saint-Mesmin, collateurs de la deuxième moitié de
la cure, députèrent en toute hâte vers Raynold, évêque
d'Ostie, et légat du Saint-Siège, qui s'opposa à l'exécution des instructions pontificales (25 mai 1238) (1).

Voici donc une première fois le bon vouloir du
Saint-Siège paralysé par la résistance de l'un des collateurs ; et le pape respectueux des droits acquis devra
attendre pendant plus de quatre siècles que les temps
aient d'eux-mêmes préparé la réforme.

De leur côté, les chanoines de Saint-Pierre avaient
fort à faire pour résister aux empiètements. Vers 1553,
de graves dissentiments s'élevèrent entre ce chapitre et
le curé de Saint-Paul, Mathurin Piédru. Celui-ci refusait

---

(1) Voir, *Pièce justificative VI*, le rescrit de l'évêque d'Ostie.

de payer les quarante livres, stipulées par le décret
d'union, arguant qu'il fallait en déduire les décimes et
le don gratuit. Comme les deux parties s'opiniâtraient,
l'on dut plaider, et par sentence contradictoire rendue
aux requêtes du palais, et confirmée en cour de parlement le 1er décembre 1556, les chanoines furent maintenus dans leurs droits (1).

De pareilles difficultés tendaient à se renouveler, car
depuis quelque temps la cure, cessant d'être gérée par
un titulaire régulièrement nommé, n'était plus gouvernée
que par des vicaires provisoires et amovibles, fermiers
du chapitre de Saint-Pierre (2), et qui souvent étaient
déjà curés de l'autre portion.

En 1581 notamment, Michel Payen, curé de Notre-
Dame-des-Miracles, prit à ferme pour neuf années la
portion de Saint-Paul. Pendant ce temps, un autre
prêtre qui ne remplissait pas les conditions requises,
quoiqu'il fût chanoine et archidiacre de l'Église d'Orléans, M. Simon Mesnier, l'obtint de Rome par dévolu
et se fit mettre en possession, prétendant que l'union

(1) *Mémoire pour le chapitre de Saint-Pierre-le-Puellier*,
Ier cahier, p. 6, arch. du Loiret, sér. G., boîte 7 de la fabr. de
Saint-Paul.

(2) Cet usage irrégulier, contre lequel saint Bernard ne cessa de
s'élever avec force (*Pastor. de Sacerd. gerente vices*), subsista
assez longtemps, et il n'est même pas bien certain qu'il ne survé-
cut pas aux prohibitions dirigées contre lui par Louis XIV :
« Voulons, porte la déclaration du 23 janvier 1686, et nous
plait que les cures qui sont unies à des chapitres ou autres communautés ecclésiastiques et celles où il y a des curés primitifs,
soient desservies par des curés ou des vicaires perpétuels qui
seront pourvus en titre, sans que l'on puisse mettre à l'avenir
des prêtres amovibles, sous quelque prétexte que ce puisse
être. »

faite par le pape Jean XXIII était nullle et sans valeur.
Puis, pour suppléer au canonicat réel qui lui faisait
défaut, il se fit pourvoir par le pape d'un canonicat *ad
effectum obtinendi* ; enfin, il assigna M. Payen, pour se
faire restituer les fruits de sa ferme, et obtint une sentence « défendant audit sieur Payen d'inquiéter M. Mesnier dans la jouissance de la cure (1). »

Le chapitre ne pouvait se désintéresser d'un débat
qui reposait sur le mépris le plus flagrant de ses droits;
aussi, après avoir forcé M. Mesnier à se démettre, il
l'obligea à passer devant deux notaires apostoliques
un acte où il reconnaissait la validité du décret et le
droit du chapitre (2).

En 1602, un premier essai régulier de fusion des
deux parties de cure fut tenté. Favorisée par les difficultés issues des circonstances antérieures, la bonne
volonté générale semblait devoir rencontrer moins d'obstacles. Pendant que M. Simon Mesnier exerçait les
fonctions curiales à Saint-Paul, la cure de Notre-Dame
devint vacante. M. Haizon y fut nommé, mais il consentit à se démettre en faveur de M. Goislard qui,
profitant également de la démission de M. Mesnier,
réunit en 1602 les deux portions de Saint-Paul.

Bénéficier influent par son titre de chanoine de
Chartres, de conseiller et d'aumônier du roi, M. Goislard
pouvait obtenir ce qu'on eût sans doute refusé à d'autres.
Il semblait d'ailleurs prédestiné aux dignités; aussi fut-il

---

(1) *Mémoire pour le chapitre de Saint-Pierre-le-Puellier.*
(2) Liasse de pièces concernant la cure. — Cf. *Mém. pour le
chapitre, ibid.* — Voir, *Pièce justificative VII,* la reconnaissance
faite par M. Mesnier des droits du chapitre.

l'un des curés marquants de la paroisse. Peu de temps
avant sa mort cependant, il résigna la cure de Saint-
Paul à M. Alleaume, chanoine semi-prébendé de Sainte-
Croix, et qui se trouvait de la sorte dans une situation
identique à celle de M. Mesnier, n'étant ni l'un ni l'autre
chanoines de Saint-Pierre. Comme lui aussi, M. Alleaume obtint de Rome un canonicat *ad effectum* et vit
ses provisions rejetées par le chapitre qui nomma, *ex
gremio capituli*, Michel Peigné, pour desservir *in divinis*.
Comme la première fois, les chanoines firent dresser
un acte d'opposition (1) signé de tout le corps capitulaire et un litige s'ensuivit. Il se termina par la reconnaissance du droit de MM. de Saint-Pierre, et M. Goislard
dut résigner son canonicat réel à M. Alleaume.

Dans un espace de vingt années, trois curés s'étaient
succédé depuis la réunion, quand une nouvelle disjonction du titre curial ramena d'un seul coup tous les
inconvénients et les abus.

En 1735, M. Pierre Defay, curé de Saint-Paul et
auparavant chanoine de Saint-Pierre, fut pourvu d'un
canonicat dans l'Église d'Orléans. Le chapitre de Saint-
Pierre, craignant qu'il ne résignât la cure, éleva une
protestation préventive qu'il lui fit signer. Cette formalité
n'empêcha pas M. Defay de se démettre en faveur de
M. Chautard ; mais MM. de Saint-Pierre nommèrent

---

(1) Dans cet acte, la mauvaise humeur de Messieurs du Chapitre
se donne pleine carrière. « La compagnie, y est-il dit, fut d'autant plus satisfaite de la résignation de M. Goislard, qu'elle se
trouvait en même temps délivrée d'un confrère qui l'avait si lâche-
ment trahie, et qu'elle aimait mieux souffrir dans son sein l'instrument de la trahison que le traître lui-même. » (*Mém. pour le
chap.*, fº 55, rº.)

aussitôt un des leurs, M. Michel Gentil. Enfin, après deux
années passées en une infructueuse procédure, les parties choisirent pour arbitres : Pothier, Paris de Senne-
ville et Prévot de la Jannés, magistrats auxquels s'ad-
joignit Gabriel Curault, lieutenant général. Ces savants
jurisconsultes décidèrent unanimement que M. Chautard
conserverait la première portion de Saint-Paul, moyennant qu'il paierait quarante livres par an, au chapitre
de Saint-Pierre (1737) (1).

Fermement convaincus, par une expérience chèrement
acquise, que tant qu'elle durerait, la dualité du régime
curial serait une source éternelle de conflits, les paroissiens et le chapitre appelaient de tous leurs vœux
une réforme définitive. Le temps semblait donc venu de
faire une suprême tentative, et cette fois, la fusion
fut durable. En effet, le 5 juin 1746, MM. Daniel
Jousse, Luillier et Fleureau, marguilliers, présentèrent à
l'évêque, au nom des habitants, une requête fortement
motivée. L'on y faisait surtout prévaloir les considérations d'obéissance à la volonté du pape, formellement
exprimée dans les lettres apostoliques de 1237 ; enfin
l'on y rappelait le précédent essai d'annexion, dont la
prospérité paroissiale avait largement profité.

Mgr N. J. de Paris, tout porté à seconder ces dispositions, s'empressa d'ouvrir une enquête, et, le 7 mars
1750, prononça la réunion des portions. L'ordonnance
épiscopale, confirmée par lettres-patentes de Louis XV
enregistrées au parlement le 3 février suivant (2), ne

(1) *Mém., ibid.*, p. 7.
(2) Arch. de la fabrique de Saint-Paul, pièce parch. — Voir

fut toutefois rendue exécutoire qu'en 1755, lorsque le décès de M. Chautard, curé de Saint-Paul, laissa M. Étienne Bouchet, curé de Notre-Dame, sans associé à la cure (1).

Rien ne saurait mieux caractériser l'esprit d'indépendance et la force bien réelle, quoique occulte des corps ecclésiastiques, au moyen âge, que les incidents de la première tentative d'union, rendue vaine, quoique voulue de Rome, par la résistance latente de l'abbé de Saint-Mesmin. L'on put voir alors des considérations personnelles prévaloir aux désirs du Saint-Siège, et à l'intérêt d'une notable fraction d'habitants. Et pourtant, l'arrangement proposé par le Souverain Pontife donnait pleine satisfaction aux parties intéressées. Si un seul curé prenait le gouvernement de la paroisse, l'autre conservait ses droits à la moitié des revenus (2). Le refus de l'abbé de Saint-Mesmin, nous l'avons dit plus haut, fit échouer cette combinaison, et il ne fut pas donné suite aux intentions pontificales (3).

Pièces justificatives VIII A *et VIII* B, l'ordonnance épiscopale et l'acte de réunion prononcée par le roi Louis XV et contresignée par le chancelier d'Aguesseau.

(1) Voir, *Pièce justificative IX*, la liste générale des curés de la paroisse.

(2) Voir, *Pièce justificative X*, les revenus de la cure.

(3) A quelque époque que l'on examine les rapports des curés de la première portion de Saint-Paul avec le monastère de Saint-Mesmin, collateur de la seconde, on voit se dessiner nettement une rivalité motivée par la diversité des collateurs. En 1518, c'est Charles de Chabannes, chefcier de l'abbaye, qui veut contraindre Laurent Loyer, curé de Saint-Paul, à lui payer une rente annuelle de 60 s. p. à lui due, « *pro ratione sui officii,* » et qui, disait-il, lui avait été payée de tout temps. Mais, n'en pouvant produire la

En 1622, après vingt années d'un essai satisfaisant, l'évêque eût pu s'armer des lettres de Grégoire IX, et en exiger l'exécution : des obstacles suscités comme précédemment par l'abbé de Mici y mirent de nouvelles entraves.

Enfin, quand en 1750 la pétition des paroissiens lui eut fait entrevoir la possibilité de cette fusion, Mgr de Paris se borna à solliciter du bon vouloir des intéressés une transaction, que le collateur déjà opposant, M. Colbert, qui était à la fois abbé commendataire de Saint-Mesmin et doyen de l'Église d'Orléans, faillit faire échouer encore. Pour aboutir au résultat désiré, le chapitre de Saint-Pierre dut abandonner son droit de patronage de l'église paroissiale de Saint-Michel, en retour de celui de l'abbé sur la deuxième portion de Saint-Paul.

De tout temps, le personnel ecclésiastique de la paroisse se recruta dans des proportions considérables. En 1611, une ordonnance épiscopale porta à douze le nombre des prêtres habitués (10 octobre). De plus, les deux curés avaient chacun un vicaire.

M. Alleaume, dont nous avons raconté ci-dessus les

---

preuve, l'official d'Orléans le débouta de sa réclamation. — Une autre fois (1583-1588), l'abbé Chapt de Rastignac fait valoir sur la censive de Saint-Paul des revendications aussi peu justifiées que les précédentes et qui donnent ouverture à un procès. Les marguilliers et le curé, dans leurs mémoires rédigés par M. Pompon, avocat, n'eurent pas de peine à faire apparaître le mal fondé de cette demande et obtinrent gain de cause au tribunal du bailli d'Orléans. (Arch. du Loiret, boîte 25, liasse 129). — Les mémoires produits par les parties existent, imprimés, à la bibliothèque publique d'Orléans. La fabrique possède également les deux cahiers contenant sa défense et celle du curé de Saint-Paul.

démêlés avec le chapitre de Saint-Pierre, fit en 1650,
la fondation d'un établissement pour ses prêtres, et lui
donna le nom de *Séminaire de Saint-Paul.* Dans le
contrat passé avec la fabrique, il stipula sa renonciation
à toute juridiction sur ces ecclésiastiques, qui de la sorte
ne devaient relever que des marguilliers. Cependant, le
13 janvier 1669, cette clause fut révisée en assemblée
générale d'habitants, et le gouvernement des prêtres
habitués fut rendu aux curés, ainsi que le droit de les
choisir et de les frapper de révocation (1).

Les chapelains des confréries étaient-ils compris
parmi les douze prêtres auxiliaires ? Cela paraît peu vraisemblable. Les vingt-cinq autels érigés, tant au cimetière qu'à l'intérieur de l'édifice, eussent exigé un personnel de desservants bien plus considérable, en raison
des fondations quotidiennes. Le manque de proportion
entre le nombre des chapelains et celui des chapelles
nous induit donc à conjecturer que ces chapelains
étaient étrangers à l'église ; deux motifs servent de base
à cette supposition.

1° Les honoraires des chapelains de confréries étaient
acquittés par les associés à l'excluion de la fabrique.

2° Il résulte d'un avis émis et adopté le 16 juin 1669,
en assemblée générale d'habitants, qu'à partir de ce

---

(1) « Déclarent lesdits habitans pour tous les gagiers présens et
advenir, qu'ils n'entendent se prévaloir de la clause portée par
ledit acte de donation du quatriesme juin 1650, ains accordent que
les prestres et officiers du chœur de l'église dudit Saint-Paul soient
préposés, maintenus et destitués *par ledit sieur curé seul,* sans
que lesdits gagiers s'en puissent entremettre. » (Extr. d'un procès-
verbal d'assemblée, tenue le 13 janvier 1669, pardevant Jaquet,
notaire. Arch. de la fabrique, pièce papier.)

our, toute confrérie *qui ferait dire ses messes dans l'église*
serait soumise à une contribution de trois francs, affectée
à l'entretien de l'orgue et des cloches (1). Les confréries
avaient donc le choix entre Saint-Paul, ou toute autre
église, pour y faire leurs services et conséquemment
leurs chapelains ne participaient pas à l'obligation de
ne dire la messe qu'à Saint-Paul, imposée à tous les
prêtres habitués de la paroisse. Pour ce motif, ces
ecclésiastiques ne devaient pas être attachés à l'église.

Enfin, cette hypothèse nous semblerait en outre confirmée par un témoignage emprunté aux réglements de
la fabrique. Ainsi, jusqu'à la démolition des galeries du
cimetière (1709), l'on eut coutume d'acquitter les fondations aux autels qu'elles abritaient. Mais postérieure-
ment à ce fait, tous ces autels furent transférés dans
l'église, et leurs desservants astreints dès lors à y venir
dire leurs messes. S'il arrivait cependant que quelqu'un
d'eux jugeât à propos — comme le firent MM. Caillard
et de Saint-Mesmin — d'aller les dire ailleurs, il recevait bientôt un avertissement assez catégorique pour ne
laisser place à aucune discussion (2). N'y aurait-il pas
dans ce fait l'élément d'une preuve de démarcation bien
nette entre les prêtres formant le personnel ordinaire
de l'église, et ceux qui n'étaient rattachés à la paroisse
que par des fonctions transitoires ?

Tous les prêtres et officiers de Saint-Paul, outre
leurs honoraires fixes, participaient à l'occasion des *gau-*

---

(1) Archives de la fabrique, reg. P, fo 31.

(2) Arch. de la fabrique. Extr. de titres, etc., reg. T. —
M. Caillard était chapelain du Saint-Esprit, et M. de Saint-Mesmin
de Saint-Jean-Baptiste.

dés (1) et autres fondations, à un casuel tarifé par la fabrique, et souvent même par les fondateurs. En 1737,
les émoluments fixes des diacres et des sous-diacres
furent portés de vingt-cinq livres à trente, et en 1755, on
les accrut de vingt autres livres, sans préjudice de leurs
honoraires éventuels. Les chapiers, qui ne touchaient
que quarante-quatre livres, en eurent soixante (2). En
1669, vingt-huit de ces *gaudés* s'acquittaient à titre
de fondations perpétuelles, et les obits étaient en proportion ; si bien que le temps et les prêtres pour les
acquitter venant également à manquer, l'évêque s'était
vu forcé de les réduire (7 octobre 1611). Une seconde
réduction eut lieu en 1747 (3). Les modifications de
1611 donnèrent lieu à un règlement relatif aux services
à acquitter dans l'église. On y lit, entre autres dispositions, que le pain à bénir serait déposé sur l'autel avant
la grande messe (art. 23) ; — que la confrérie du Saint-
Sacrement continuerait à pourvoir aux prédications qui
se font à l'issue des vêpres (*ibid.*) ; — qu'une messe
solennelle, précédée de l'*O Salutaris* et du *Tantum ergo*,
serait chantée tous les jeudis, et qu'une semblable messe
se dirait tous les vendredis de l'année, le vendredi-saint
excepté, en l'honneur des cinq plaies (art. 24 et 25) (4).

Le marillier, officier d'un ordre supérieur, exerçait
au moyen âge des fonctions analogues à celles de tréso-

---

(1) Voir, *Pièce justificative XI*, le tarif des distributions. — On
nommait *gaudés* les saluts institués à l'intention des fondateurs
vivants ou morts.

(2) Arch. de la fabr., reg. DD..

(3) *Ibid.*

(4) Archives du Loiret, fonds de Saint-Paul, layette X, 217,
liasse, pièce parchemin.

rier (*œdituus*), et, plus tard, de sacristain (1). Le marillier était prêtre, et c'était à lui de veiller à l'entretien et à la garde des ornements et autres objets du culte.

Soit que vers le XIVe siècle la charge de *marillier* ayant été attribuée à des laïcs, il en fût résulté la confusion de son titre avec celui de marguillier, soit que le sacristain lui ait été complétement substitué, toujours est-il que cette qualification a totalement disparu et que les marguilliers, en un grand nombre de lieux, furent préposés à plusieurs des fonctions que le marillier remplissait avant eux.

Quant à la marguillerie, qui fut toujours conférée des personnes séculières, on peut ramener son institution au milieu du XIVe siècle. Les marguilliers sont les gardiens en titre du temporel de l'Église, *œdis curator et custos*, aussi bien que les administrateurs de toutes les affaires paroissiales, qui autrefois ne regardaient que l'évêque (2).

La fusion partielle du titre et des fonctions de marillier et de marguillier (*matricularii*) s'opéra vers l'époque où la gestion de tous les intérêts paroissiaux tomba exclusivement dans les mains d'officiers de condition laïque, c'est-à-dire au milieu du XIVe siècle, et peu d'années après le concile de Paris. Auparavant, l'administration des biens ecclésiastiques avait passé des mains de l'évêque dans celles des archidiacres, puis des curés

---

(1) Un réglement passé devant Jaquet notaire fut imposé au sacristain le 17 mai 1666. (DD, ch. xvi, p. 371.)

(2) Un canon du concile tenu à Orléans en 511 porte que les domaines, terres, vignes, esclaves, pécule... qui ont été donnés aux paroisses, demeureront en la puissance de l'évêque. (Canon XIV, 15.)

dont le marillier était l'aide et le suppléant. Aussi, cette charge était-elle confiée à un prêtre.

On voit, d'après l'acte de fondation de la chapelle de Saint-Jean-Baptiste, qu'il y avait à Saint-Paul vers 1397, des marguilliers laïques (1), appelés communément *gagiers*, parce qu'ils avaient principalement soin de l'œuvre.

En ce qui touche l'origine des fabriques elles-mêmes, qu'il ne faut pas confondre avec l'établissement de ces administrateurs laïques, chargés d'en gérer les revenus, elle n'est guère inférieure en antiquité à celle des églises (2). Suivant l'ancienne discipline ecclésiastique, renouvelée en 643 par le concile de Châlons, il était interdit aux personnes séculières de s'ingérer dans l'administration des affaires paroissiales (3). C'était l'évêque qui vérifiait l'emploi des deniers communs de l'église, jurisprudence que les temps ont bien modifiée, depuis l'immixtion des laïcs dans la gestion des choses ecclésiastiques, puisqu'on en arriva jusqu'à dénier aux évêques le droit d'inspection sur le temporel. Aussi, en 1613, les paroissiens de Saint-Paul, purent-ils, sans se montrer irrespectueux envers le chef du diocèse, émettre la résolution que désormais les gagiers, à la fin de leur gestion, n'auraient de comptes à rendre à nul autre qu'à leurs successeurs (4). L'usage de choisir les marguilliers

(1) Réplique pour les marguilliers de Saint-Paul contre le sieur Chapt de Rastignac, abbé de Saint-Mesmin, p. 6. — (Voir *Pièce justificative XII,* la liste des marguilliers ayant rendu des comptes).

(2) Réplique, *ibid.,* loc. cit.

(3) « Sæculares vero qui necdum sunt ad clericatum conversi, res parochiarum vel ipsas parochias minime ad regendum debeant habere commissas. »

(4) Acte d'assemblée d'hab. du 16 juin 1613 ; arch. de la fabr.

sur une liste de huit habitants fut modifié en 1688, et le nombre des candidats fut porté à douze (1).

Les marillier, sacristain et marguilliers avaient droit aux émoluments de leurs fonctions. Outre la garde des objets précieux de l'église, ils étaient aussi dépositaires de ses clefs, ils ouvraient et fermaient les portes, sonnaient les messes (2) et veillaient à l'entretien du mobilier, comme il apparaît de divers titres de la fabrique (3).

Le bedeau, fonctionnaire subalterne de l'église, percevait vingt livres de gages annuels. Sa charge fut instituée par avis d'habitants, le 12 janvier 1631. Comme tous les autres officiers du chœur, il avait part aux dis-

regist. de répertoire; extraits de pièces, délibérations, T. — S'il est vrai, comme le dit Doyen dans ses *Recherches sur les lois féodales*, que, jusqu'à la fin du Xe siècle, les fabriques n'ayant aucuns biens fonds, ne possédaient que ce que les fidèles leur donnaient en aumône, il ne l'est pas moins aussi que toutes ces possessions ecclésiastiques, devenues si considérables au XVe siècle, n'avaient pas elles-mêmes une autre origine. La seule différence, c'est que les aumônes données de la main à la main n'étaient soumises à aucune formalité contractuelle, tandis que c'était l'opposé pour celles qui entraient dans le domaine de l'église, par donation entre vifs ou par testament.

(1) Avis d'hab. du 1er août 1688, reg. DD.

(2) « A Paulus Duneau, marillier, LI sols, VIII deniers tournois, dont XX deniers tournois pour ses gages de marillier ; XV sols tournois pour avoir *coppeté* par chascun jour la messe de neuf heures ; V sols II deniers pour avoir coppeté les dimanches la messe de dix heures, pendant demi-année. » (Compte de 1539-1542, reg. f. arch. de la fabrique). — Ce mot *coppeté*, qu'on trouve ailleurs écrit *gobeté*, de sa vraie orthographe, signifiait tinter, sonner à petits coups.

(3) Arch. de la fabrique ; inventaire des joyaux, ornements, livres, etc., de la fabrique, 1462, reg. B.

tributions occasionnées par les *gaudés* et autres fondations.

Les devoirs quotidiens de sa charge consistaient à se rendre armé de sa verge et revêtu de sa robe à l'église, dès que le marguillier en avait ouvert les portes ; se tenir à la disposition des gagiers ; les précéder aux quêtes dans l'église ; faire ranger les pauvres près des portes ; imposer silence aux enfants et chasser les chiens, afin que le service et les prières ne soient interrompus ; porter le fallot devant le Saint-Sacrement, quand on l'administre aux malades ; fourbir et nettoyer les chandeliers, lampes, plats, burettes, etc., en un mot, s'acquitter ponctuellement de tous les services de son emploi (1).

Bien qu'il soit fréquemment question des orgues dans les papiers de fabrique, nous n'y voyons pas l'époque à laquelle on les adapta au service religieux à Saint-Paul. Les comptes de 1538 nous apprennent que la paroisse entretenait un organiste en titre (2) et un souffleur (3).

---

(1) Arch. de la fab., P., f⁰ 27, v⁰.

(2) « A Jacq. Devine, organiste de Saint-Paul, iv sols tournois pour son salaire d'avoir joué des orgues depuis le 1ᵉʳ septembre 1538 jusqu'au 1ᵉʳ décembre. — A lui, lx sols tournois pour avoir joué des orgues depuis le mois de janvier jusqu'au dernier de mars. » (Compte de 1538-1542, reg. F.) — Quelques autres noms d'organistes sont mentionnés dans les papiers de fabrique : 1596, Robert Haultdecœur, chapelain de Saint-Jean-Baptiste. — 1678, Laurent Thibaut, prêtre. — 1684, Colasse qui touchait l'orgue quoiqu'il ne fût pas nommé par la fabrique, et que pour cette cause les marguilliers inquiétaient, bien qu'il le fît à la demande du curé. (Arch. du Loiret, fonds de Saint-Paul, lay. x. 217, liasse.) — 1788, Grangé. — 1788, Étienne Thévenin ; ses gages étaient de 350 livres avec promesse d'augmentation de 150 livres au bout de trois ans.

(3) Pierre Bouzon, souffleur, avait xx sols de gages annuels.

Quoique les fonctions d'organiste pussent être exer-cées par toute personne habituée au jeu de cet harmo-nieux instrument, il est néanmoins à remarquer qu'aux temps les plus rapprochés de sa vulgarisation comme auxiliaire du chant ecclésiastique, on donna toujours la préférence à des prêtres, aussi bien à Saint-Paul qu'à Sainte-Croix (1).

Nous n'oserions affirmer qu'il n'existât à Saint-Paul aucune école de chant ou psallette, pour former les en-fants de chœur, comme il y en avait à la cathédrale, et aussi, croyons-nous, à Saint-Aignan; mais nous n'en n'avons rencontré aucune trace dans les comptes des marguilliers.

Il fut augmenté de v sols en 1520, quand on refit les orgues, « parce qu'il dit, qu'il a plus grand'peine à souffler les orgues nouvellement faites, parce que les soufflets sont plus grands ». (Arch. de la fabrique, compte de 1519-1523, 116 vº.) En 1788, le souffleur touchait 30 livres d'appointements.

(1) A Messire Jacques Charpentier, prêtre, organiste de ladite église, pour quatre années, xxx livres tournois. (*Ibid.*, Compte de 1519 jusqu'en 1564, reg. E.)

CHAPITRE IV

CONFRÉRIES ÉTABLIES DANS LA PAROISSE SAINT-PAUL.

———

Vingt-sept confréries, environ, ont leur siège en la paroisse. — Elles correspondent aux diverses corporations d'artisans. — Leurs chapelains. — Leurs noms : — Confrérie des Agonisants, — de Sainte-Anne, — de Sainte-Barbe, — de Saint-Blaise, — de Sainte-Catherine, — de Sainte-Cyre, — de Saint-Denis, — de Saint-Éloi, — de Saint-Eutrope, — de Saint-Fiacre, — de Saint-Gond, — de Saint-Grégoire, — de Saint-Jean-Baptiste, — de Saint-Jean-Porte-Latine, — de Sainte-Marguerite, — de Saint-Maurice, — de Saint-Michel, — de Saint-Nicolas, — du Saint-Nom-de-Jésus, — de Notre-Dame-Blanche, — de Notre-Dame-des-Miracles, — de Saint-Paul, — de Sainte-Radegonde, — de Saint-Roch, — du Saint-Sacrement, — de Saint-Sébastien, — des Trépassés.

Si nous n'avons pu retrouver, dans les papiers de fabrique, la date d'établissement de toutes les associations pieuses ayant leur siège en la paroisse Saint-Paul, nous savons qu'en 1734 leur nombre était de vingt-sept environ, car nous ne nommerons que celles dont il est parlé dans les comptes des gagers, en indiquant les dates les plus anciennes que nous ayons rencontrées (1). En général, chacune de ces confréries corres-

(1) Les noms des corporations constituant les confréries religieuses énumérées en ce chapitre se rencontrent rarement dans les comptes de fabrique, et, pour les assimiler, nous avons dû prendre pour guides les écrivains qui ont spécialement étudié

pondait aux divers corps d'états établis dans la ville. Trois siècles auparavant l'on en pouvait compter au moins seize, et la plupart avaient leur chapelain payé exclusivement des deniers des confrères.

La perte des anciens registres particuliers aux confréries, nous prive de relater ici les détails de la vie et du fonctionnement de plusieurs d'entre elles, et peut-être, pour la même cause, ne les connaissons-nous pas toutes. Dans la nomenclature qui va suivre, nous les plaçons dans l'ordre alphabétique, en faisant toutefois connaître la date la plus ancienne où elles nous sont apparues.

CONFRÉRIE DES AGONISANTS (1). — Elle siégeait à l'autel de Notre-Dame-de-Pitié. Le 28 février 1678, le pape Innocent XI lui accorda de précieuses indulgences. Ayant fait choix, porte la bulle (2), de l'église Saint-Paul, il voulut que tout prêtre qui y dirait la messe en état de grâce, le jour de la commémoration des morts et le lundi de chaque semaine, à l'intention des personnes défuntes, membres de la confrérie, pût obtenir

---

cette question : MONTEIL, dans son *Histoire des Français des divers États*, l'abbé MARTIGNY, dans son *Dictionnaire d'Archéologie chrétienne*, et JOUSSE, dans son *Détail historique d'Orléans*. Nous avons de préférence suivi ce dernier auteur, comme plus spécial à notre ville, mais nous ferons remarquer qu'il est souvent en désaccord avec les données que nous fournit MONTEIL, bien que celui-ci ait spécialement étudié la vie religieuse du centre de la France.

(1) Voir, au chapitre *fondations, in fine*, d'autres détails se rattachant à cette confrérie.

(2) L'original de cette bulle n'existe plus dans le trésor de la fabrique, qui n'en possède que la copie sur papier. Elle a été fulminée par Monseigneur de Netz, le 29 mars 1678. — Voir *Pièce justificative XIII.*

pour ces âmes une indulgence plénière, en forme de suffrage, et les délivrer des peines du purgatoire.

Après avoir traversé les mauvais jours de l'époque révolutionnaire, l'association renaissante, unie et confondue avec celle de Notre-Dame-des-Miracles, fut placée par Mgr Morlot, en 1840, sous les auspices du Divin Cœur de Marie, et agrégée à l'Archiconfrérie de ce titre, établie à Notre-Dame-des-Victoires, par M. Dufriche-Desgenettes, curé de cette paroisse. A cette union de prières, ayant pour but spécial la conversion des pécheurs, et à cette participation aux mêmes faveurs spirituelles, la Congrégation orléanaise de Notre-Dame joignit également le titre d'Archiconfrérie. Le pape Grégoire XVI, par une bulle du 12 septembre 1840, lui ouvrit le riche trésor des indulgences de l'Église.

1477. — CONFRÉRIE DE SAINTE-ANNE. — C'était celle des bouchers, des menuisiers et des ébénistes. Elle siégeait à la chapelle de ce titre (1), et elle contribua pour 20 sols tournois, en 1520, à la dépense du vitrail neuf qu'on y posa la même année.

1477. — CONFRÉRIE DE SAINTE-BARBE, patronne des couvreurs, des artilleurs et des mineurs.

1477. — CONFRÉRIE DE SAINT-BLAISE. — Ses proviseurs étaient élus dans la corporation des cardeurs et peigneurs de laine. Elle faisait célébrer un service annuel le jour de Saint-Blaise ; et, depuis 1709, deux grand'messes se chantaient dans la chapelle qui lui était consacrée, les jours de saint Jean-Baptiste et de saint Denis. Pour en acquitter les frais, les confrères faisaient par la ville

---

(1) La suppression de plusieurs chapelles de l'église amena le déplacement du siège des confréries correspondantes. Celle de Sainte-Anne notamment se transporta au grand cimetière.

une quête hebdomadaire, car leurs revenus fixes n'étaient que de 10 livres 4 sols 5 deniers de rente foncière, en neuf parties, dont l'une assise sur la maison dite le *Château de Madrid*, grande rue Saint-Laurent, où pendait l'enseigne de Saint-Sébastien. Il y aurait lieu de croire que ces quêtes rapportaient peu, car les charges venant à excéder les revenus, l'association s'endetta. Les marguilliers en demandèrent alors la réunion à la fabrique, par requête présentée au bailli d'Orléans. Elle leur fut accordée en 1773 (1). M. Gaudemet, prêtre habitué de la paroisse, lui avait légué 20 livres, en 1642 (2).

1477. — CONFRÉRIE DE SAINTE-CATHERINE. — Les membres se composaient des mégissiers et des tailleurs.

1477. — CONFRÉRIE DE SAINT-CHRISTOPHE. — Les portefaix et les charrons en étaient membres. En 1575, on trouve le nom de Saint-Jacques ajouté au précédent, au même autel, bien que les confrères de Saint-Jacques se recrutassent parmi les tapissiers, les chapeliers et les bonnetiers. Par une bulle du 11 janvier 1640, le pape Urbain VIII accorda aux associés de nombreuses indulgences plénières (3). Les comptes particuliers de la confrérie de Saint-Jacques, mentionnés dans un inventaire général des papiers de la fabrique (4), semblent avoir aujourd'hui disparu ; du moins n'en existe-t-il aucune trace dans les archives paroissiales, non plus

(1) Arch. de la fabrique, liasse 67.

(2) Arch. du Loiret, fonds de Saint-Paul, boîte 26.

(3) Arch. de la fabrique ; original parchemin scellé de plomb sur lacs de soie rouge et jaune.

(4) Arch. de la fabrique ; bref inventaire des biens et papiers de la paroisse Saint-Paul, reg. T.

que dans celles du dépôt départemental. Ils embrassaient la période comprise entre 1575 et 1672.

1477. — CONFRÉRIE DE SAINTE-CYRE siégeant à l'autel de Saint-Fiacre, sous les galeries du cimetière antérieurement à 1709, et ensuite dans l'église. Aucune corporation, croyons-nous, ne lui était affiliée.

1477. — CONFRÉRIE DE SAINT-DENIS. — Bien qu'il y eût un autel de ce titre, dont il est question dans l'inventaire en forme de martyrologe de 1462 (1), nous voyons qu'elle faisait dire ses messes à celui de Saint-Blaise, d'où nous serions portée à croire que l'autel de Saint-Denis ne fut point rétabli en réédifiant l'église.

CONFRÉRIE DE SAINT-ÉLOI. (Voir *Sommaire des temps modernes.*)

1477. — CONFRÉRIE DE SAINT-EUTROPE. — Nous n'avons pu découvrir quels corps d'état se plaçaien sous le patronage de ce saint.

1477. — CONFRÉRIE DE SAINT-FIACRE, pour les potiers de terre, les tuiliers et les jardiniers. — Elle siégeait au cimetière où elle avait une chapelle, dans laquelle s'acquittait une partie des fondations.

En 1601, la confrérie du même titre, canoniquement instituée dans la paroisse Saint-Donatien, prit ombrage de celle de Saint-Paul et se plaignit à l'official, comme d'un empiètement, qu'une association rivale et non approuvée par le Souverain-Pontife, se fût établie dans une église voisine. Elle demandait conséquemment que l'autorité compétente voulût bien faire cesser cet abus.

La plainte, qui n'était pas dépourvue de certains fondements, fut accueillie par l'official et défense fut faite

_____

(1) Arch. de la fabrique, B.

aux habitants de Saint-Paul de continuer à tenir leur confrérie. Ceux-ci, peu disposés à obéir, interjetèrent appel à l'officialité métropolitaine de Sens, qui leur donna gain de cause. Mais Saint-Donatien porta l'affaire à la primace de Lyon, et ce tribunal, ne jugeant pas le dommage aussi grand que Saint-Donatien l'alléguait, se contenta d'engager les parties à transiger à l'amiable. Ce sage conseil fut écouté, et la bonne harmonie ne tarda pas à se rétablir entre les deux églises (1).

1477. — CONFRÉRIE DE SAINT-GOND. — Ce saint était le patron des écorcheurs, sa statue fut brisée par les calvinistes, en 1562 (2).

1736. — CONFRÉRIE DE SAINT-GRÉGOIRE. — Elle fut instituée par ordonnance épiscopale du 1er septembre (3), et avait pour membres les chantres à l'exclusion de tous autres.

1477. — CONFRÉRIE DE SAINT-JEAN-BAPTISTE, siégeant au cimetière. — M. Gaudemet, prêtre habitué de la paroisse, lui légua, en 1642, 20 livres tournois, à partager avec celle de Saint-Blaise (4). Les associés étaient à Orléans les tonneliers et ailleurs les pelletiers, gantiers, mégissiers, tanneurs, corroyeurs et fourreurs (5).

1538. — CONFRÉRIE DE SAINT-JEAN-PORTE-LATINE (l'Évangéliste). — Ses proviseurs, pris parmi les papetiers, les imprimeurs, les relieurs, les libraires et les chandeliers en suif, contribuaient pour 7 sols 6 deniers tournois aux réparations de l'église. Chacun des

(1) Arch. de la fabrique, inventaire DD, p. 388.
(2) Bibliothèque publique d'Orléans, ms. 431, p. 19.
(3) DD., *ibid.*
(4) Arch. du Loiret, fonds de Saint-Paul, boîte 26.
(5) Voir MONTEIL, *Hist. des Français des divers États* II, pp. 113 à 145.

maîtres du métier de *Chandeliers en suif* devait verser
entre les mains des jurés une somme de 10 sols, pour
l'entretien du service religieux de la fête et d'une messe
basse qui se célébrait tous les dimanches de l'année,
« ainsi, portent les statuts, qu'il a esté fait de toute
ancienneté »; et aussi pour une autre messe basse, à
l'intention des âmes des maîtres défunts, le lendemain
du jour de la fête. (*Statuts et règlements de la corporation des Chandeliers de la ville et faubourgs d'Orléans.*
Bibl. publ. de cette ville, broch. H. 2759 *bis.*)

1477. — CONFRÉRIE DE SAINTE-MARGUERITE. — Même
observation que pour Saint-Eutrope.

1611. — CONFRÉRIE DE SAINT-MAURICE. — Les messes
se disaient au cimetière. Elle avait pour membres les
teinturiers et les fripiers.

1477. — CONFRÉRIE DE SAINT-MICHEL, dans l'église.
— Les confrères étaient les tondeurs et les tourneurs.

1477. — CONFRÉRIE DE SAINT-NICOLAS, pour les chan-
deliers-ciriers, et à Paris, les apothicaires.

1614. — CONFRÉRIE DU SAINT-NOM-DE-JÉSUS. — Elle
fut fondée, le 2 juillet, par M. Pierre de Goupillières,
prêtre sacristain de Saint-Paul, qui, en 1629, lui fit ériger une chapelle, et lui laissa une somme de 251 livres.
Un autre prêtre, M. Jules Leberche, augmenta les
deniers de la fondation par un legs, en 1631 (1). Le
pape avait accordé à la confrérie, des indulgences dont
la bulle n'existe plus, mais elle est mentionnée dans
les titres de la fabrique (2). Il n'est dit nulle part

---

(1) Arch. de la fabrique, inventaire P, fol. 8, v⁰.

(2) DD, chap. XXXIX. — Il y avait aussi des indulgences pour
ceux qui visiteraient les sept autels de l'église Saint-Paul. Cette
bulle doit être assez moderne, car avant le XVIᵉ siècle le nombre
des autels était bien supérieur à sept.

qu'aucune corporation d'artisans se rattachât à cette confrérie.

1476. — CONFRÉRIE DE N.-D. BLANCHE, dont les membres appartenaient aux corporations des foulons, drapiers, cardeurs, peigneurs, fileurs, retordeurs, tondeurs, friseurs, presseurs et tisserands en laine.

1346. — CONFRÉRIE DE NOTRE-DAME-DES-MIRACLES, purement religieuse et n'ayant aucun corps d'état sous son patronage. — Elle fut l'objet d'un grand nombre de legs et de donations. Les principaux sont ceux de Jean Richer, qui lui abandonne, en 1346, un terrain pour y réédifier son hôpital, qu'on appela dans la suite *l'Aumône de Saint-Paul* ou *des Filles* ; M. Jean Sachet, en 1621, fait don à l'*Aumône* de 12 sols 4 deniers parisis de revenu, et d'une rente égale à la confrérie (1).

Mʳᵉ Mathieu Gaudemet, prêtre, lui laisse 20 livres, par testament de 1642 (2).

Le 9 mars 1616, dame Aimée Ledagre, veuve Gravier, lui lègue 100 sols tournois de rente (3).

Le 18 mai 1640, dame Marie Billard, veuve Jérôme Legrand, lui lègue 6 livres, au même titre (4).

Le 11 mai 1639, 150 livres lui sont données par Mʳᵉ Mathurin Langelu, prêtre de la paroisse (5).

En 1646, elle reçoit de M. Simon Riou et de dame Boyetet, sa femme, 30 livres de rente par testament (6).

---

(1) Arch. du Loiret, fonds de Saint-Paul, liasse 310.

(2) Arch. du Loiret, fonds de Saint-Paul, boîte 26 de Notre-Dame-des-Miracles, et voir, pour l'exposé intégral des biens de la confrérie, la *Pièce justificative XIV*.

(3) Arch. du Loiret, pièce parch., nᵒ 303.

(4) *Ibid.*

(5) *Ibid.*, pièce parch., nᵒ 169.

(6) *Ibid.*, pièce parch., nᵒ 305.

En 1638, 10 livres de rente, de dame Michelle Bretheau, veuve Sallasse (1).

En 1665, 8 livres 10 sols de rente, de dame Étiennette Courtois, veuve Macé Monmireau (2).

En 1678, 12 sols parisis de Jean Sachet, bourgeois d'Orléans (3).

Enfin, en 1690, 20 écus soleil de rente lui sont donnés par dame Radegonde Robert, veuve Jean Cardinet (4).

Le 14 juin 1591, une sentence de l'official (5), confirmée par la prévôté le 26 février 1592, fit défense aux proviseurs de Notre-Dame de s'attribuer la qualité de gagers. Ils prirent alors le titre de proviseurs, qu'ils ne gardèrent pas même un siècle, comme il apparaît d'un acte d'assemblée paroissiale de 1678. Il y est dit, en effet, que les paroissiens auraient à élire trois nouveaux *directeurs* de la confrérie de Notre-Dame-des-Miracles, pour remplacer les trois *directeurs* sortants, et MM. Jogues, Debeausse et Jousse furent élus en cette qualité, le 19 juin (6). A partir de ce moment, l'appellation de *proviseur* ne reparaît plus dans les actes.

Lorsque la charge de bedeau fut instituée à Saint-Paul, en 1531, les paroissiens décidèrent, dans leur assemblée du 20 mai, que le banc de Notre-Dame-des-Miracles contribuerait à ses gages pour un cinquième,

(1) Arch. du Loiret, même pièce.
(2) *Ibid.*, pièce pap., 308.
(3) *Ibid.*, liasse 310, pièce parchemin.
(4) *Ibid.*, pièce parch., n° 309.
(5) Arch. de la fabrique, inventaire général de 1605-1614, reg. H. — Voir *Pièce justificative XV*, la sentence de l'officialité.
(6) Arch. du Loiret, fonds de Saint-Paul, boîte 26, pièce pap. n° 200, et même boîte, liasse 1re, 2 pièces parch.

tandis que deux cinquièmes resteraient à la charge du grand banc, c'est-à-dire de la fabrique (1).

1477. — CONFRÉRIE DE SAINT-PAUL. — En 1538, elle fut taxée à la somme de 31 sols 1 denier, pour sa quote-part des réparations de l'église. Elle élisait un *roi* dont il est question dans les comptes de 1520 (2). Les confrères étaient les cordiers.

Le Souverain Pontife avait accordé à l'association plusieurs indulgences plénières ; mais cette faveur ne devait pas excéder une période déterminée. M. Dubois, curé de la paroisse, en obtint le renouvellement à perpétuité du pape Léon XII, par bulle du 14 novembre 1827 (3).

1477. — CONFRÉRIE DE SAINTE-RADÉGONDE OU ARAGONDE. — Ses associés étaient les tisseurs de toile.

1477. — CONFRÉRIE DE SAINT-ROCH, ou des paveurs.

Les membres de la corporation des arquebusiers d'Orléans reconnaissaient aussi Saint-Roch pour patron de leur confrérie, et ils se rendaient à Saint-Paul le 16 août, jour de la fête du saint, pour y célébrer leur office (4).

1551. — CONFRÉRIE DU SAINT-SACREMENT. — Son institution est due à un vénérable bourgeois d'Orléans, Jacques Lenormand, qui fit, entre les mains de l'évêque,

---

(1) DD, chap. XVI, p. 371.

(2) Arch. de la fabrique ; registre de reconnaissances de rentes, E, f⁰ 3, v⁰.

(3) Arch. de la fabrique ; reg. de délibérations pour l'année 1827, f⁰ 2, v⁰.

(4) Nous devons cette intéressante communication à M. Émile Davoust, membre de la Société archéologique et historique de l'Orléanais, qui s'est livré à de savantes recherches sur la compagnie des arquebusiers d'Orléans.

la fondation, à perpétuité, d'un office complet et très-solennel du Saint-Sacrement, le dernier dimanche du mois. Trente prêtres en surplis devaient assister à la procession qui avait lieu dans l'église, à l'issue de l'office.

Les héritiers de cet homme de bien, pour des motifs qui ne se sont pas venus à notre connaissance, n'acquittèrent point la fondation (1) ; c'est pourquoi, en 1554, M. Hugues Lelièvre, seigneur de Marvilliers et de Maurepas, jugea nécessaire de la renouveler, en présence d'un notaire (2). A cet effet, il fit donation à la fabrique de 32 livres 12 sols de rente foncière et perpétuelle, sur un étal sis au grand bourg d'Orléans.

La confrérie faisait en outre acquitter deux *gaudés* : l'un tous les jeudis, fondé par M\u1d49 Madeleine Delafoi ; l'autre, le dernier dimanche du mois, institué par dame Élisabeth Desvaux, femme de M. Daniel Ronflard (3).

Le 28 janvier 1581, Pierre IV Chatelain, évêque d'Orléans, accorda quarante jours d'indulgence à toute personne qui assisterait, le dernier dimanche du mois, à tous les offices de la journée (4). Cette faveur spirituelle fut largement augmentée, en 1587, par le pape Sixte-Quint, qui daigna enrichir la confrérie de précieuses indulgences plénières (5).

Malgré le caractère honorable des fonctions de provi-

(1) Arch. de la fabrique, liasse de pièces diverses.

(2) Arch. de la fabrique, reg. H. — Le contrat fut passé en présence de Michel Darques, notaire.

(3) Arch. de la fabrique, DD.

(4) Voir *Pièce justificative XVI*, les lettres de Pierre Chatelain pour l'établissement de la procession du Saint-Sacrement.

(5) *Ibid.*, pièce parch. orig. scellée de plomb, sur lacs de soie rouge et jaune.

seurs et de gagers, il semblerait que les nombreuses
charges qu'elles imposaient portassent quelquefois les
paroissiens à ne les accepter qu'avec une certaine
difficulté. Dans plusieurs occasions, la fabrique dut
plaider avec des personnes nommées en assemblée d'habitants, et qui refusaient de remplir les devoirs de leur
charge. En 1641, notamment, elle eut un procès avec
M. de Boisroger, qui, après avoir accepté le mandat de
proviseur du Saint-Sacrement, refusait de s'acquitter
de ses devoirs, nonobstant sa prise de possession, et la
réception des *fruits*, c'est-à-dire un cierge à la Chandeleur et un morceau de pain bénit les dimanches. Il
s'en excusait sur ses fréquentes absences de la ville. Il
lui fut répondu qu'en ce cas il était tenu de se faire
remplacer, et il fut condamné, par sentence de la prévôté,
à garder ses fonctions pendant toute la durée de leur
exercice (1).

Une autre fois, en 1702, une résistance du même
genre fut opposée à une élection régulière, par MM. de
Malherbe et Boullard, officiers civils, que le sort avait
désignés pour être proviseurs de Notre-Dame. Comme
on l'avait fait précédemment, on rejeta leurs excuses.

Cette répugnance, d'ailleurs accidentelle, à remplir
des fonctions généralement très recherchées, provenait
sans doute de ce que le tour des mêmes personnes
pouvait revenir assez fréquemment. Il avait été en effet
réglé, en assemblée d'habitants du 13 septembre 1626,
que chaque fois qu'il y aurait lieu de procéder à une
élection de proviseurs du Saint-Sacrement ou de Notre-
Dame, les sortants seraient tenus de remettre aux gagers

(1) Arch. de la fabrique, DD, chap. xxi, p. 382.

uné liste de noms, parmi lesquels on choisirait les remplaçants. C'était l'application du suffrage universel, sous forme de vote au deuxième degré (1).

Antérieurement au 3 septembre 1758, date de la réunion de la confrérie au grand banc (2), elle contribuait pour un cinquième aux gages du bedeau.

1477. — CONFRÉRIE DE SAINT-SÉBASTIEN. — C'était par ses soins et à son autel que se disait la messe de tous les mercredis de l'année, fondée, par M. Jean Luillier, en l'honneur de la vraie Croix.

1519. — CONFRÉRIE DES TRÉPASSÉS. — Le plus ancien de ses registres de comptes existant actuellement dans les archives de la fabrique, est de l'année 1519 ; mais il y a tout lieu de penser que la confrérie est beaucoup plus ancienne. — Quant à la chapelle de ce titre, elle n'apparaît dans les comptes qu'à partir de 1658 (3). — Le 28 août de la susdite année, les marguilliers l'autorisèrent à instituer une grand'messe de *Requiem*, se célébrant chaque mercredi, et précédée d'une procession au cimetière, à laquelle devaient assister huit prêtres en surplis (4).

L'association touchait une rente de 10 livres, que M. Gaudemet lui avait léguée en 1642 (5). Elle avait aussi le produit des quêtes, les jours de la Transfigura-

---

(1) Arch. du Loiret, fonds de Saint-Paul, boîte 26, pièce parch.

(2) Arch. de la fabrique, reg. T. — Voir *Pièce justificative XVII*, les biens de la confrérie.

(3) Arch. de la fabrique, reg. T, fol. 37.

(4) Arch. de la fabrique, compte d'Alexandre Lucas et Guill. Aubry, proviseurs de la confrérie des Trépassés, pour 1519-1523.

(5) Arch. du Loiret, fonds de Saint-Paul, boîte 26, pièce pap. — Voir *Pièce justificative XVIII*, les revenus de la confrérie des Trépassés.

tion, Sainte-Cyre et Saint-Fiacre (1), et c'était à ce dernier autel que s'acquittaient les obits (2) avant 1646.

Tout ce qui avait trait à l'entretien du cimetière, à
la gestion de ses revenus, à l'ouverture des fosses et à
l'acceptation des legs dont il était l'objet, regardait les
proviseurs de la confrérie. La connaissance exclusive de
ces affaires ne leur fut retirée qu'en 1604, lorsque les
habitants eurent émis l'avis que les comptes des administrateurs sortants seraient désormais rendus aux marguilliers du grand banc, en présence des nouveaux
proviseurs. Soixante-et-un ans plus tard, la fabrique se
faisait autoriser, par sentence, à percevoir des habitants
un droit de 2 écus pour chaque ouverture de terre (3).

Enfin, en 1656, le banc des Trépassés, qui contribuait
pour un cinquième aux émoluments du bedeau (4), fut
définitivement annexé à la fabrique.

((1) Arch. de la fabrique, compte de la Confrérie de 1640-1656,
reg. S.

(2) « Ce qui a esté reçu à la queste par M: Gallery, nostre
prestre, par chascun jour de l'année, appartient audit sieur Gallery,
au moyen de ce qu'il est tenu chanter une messe tous les dimanches devant Mons. Saint-Fiacre, dessoubs les gallerys du cimetyère Saint-Paul » (Compte du banc des trép. pour 1650-1656, fº 5.)

(3) Arch. de la fabrique, DD, chap. xvi, p. 371.

(4) *Ibid.*; reg. T.

CHAPITRE V

L'ÉGLISE.

Formation de l'église Saint-Paul par la réunion des trois chapelles. — Choix du vocable. — Motif déterminant de ce choix. — Époque vraisemblable de la fusion des trois édifices. — Proportions de l'église au XVᵉ siècle. — Portes. — Clochers. — Leur usage. — La rue des Cloches. — Guetteurs. — Dommages occasionnés par leur présence. — Les Cloches. — Première accrue de Saint-Paul. — Bénédiction de l'autel de Notre-Dame-des-Miracles. — Repas offert à l'évêque. — Pose de la nouvelle statue. — Rouelle de Cire à l'autel de la Sainte-Vierge. — Les nouvelles orgues. — Le Calvaire. — Les plans anciens de l'église. — Sa destruction par les protestants. — Sa réédification. — Portail occidental. — Taille extraordinaire levée dans la paroisse. — Sépultures dans l'intérieur du temple.

Transportée à Avenum, et juxtaposée à la chapelle de Notre-Dame-des-Miracles, l'église paroissiale de Saint-Paul, pour satisfaire à sa nouvelle destination, dut recevoir des proportions beaucoup plus vastes que celles d'un simple oratoire. Il nous paraît même presque certain qu'à dater de cette réédification, la chapelle de Saint-Michel fût comprise dans l'ensemble du monument dont elle était jadis tout à fait séparée. Cette conjecture, à la vérité, ne repose sur aucun texte formel ; elle nous paraît néanmoins suffisamment légitimée par ce fait que, dans les papiers de fabrique postérieurs à la réfection de Saint-Paul, Saint-Michel cesse de porter le titre de chapelle et prend celui-ci d'*aile* de l'église.

Bien que le nouvel édifice ait été longtemps désigné sous le nom de Notre-Dame et Saint-Paul (1), l'on pourrait s'étonner qu'à raison de la célébrité du premier de ces deux sanctuaires, son vocable n'ait pas prévalu sur celui de Saint-Paul, quand eut lieu la fusion des deux édifices. Mais, quelle que fût la vénération dont elle était entourée, Notre-Dame ne pouvait communiquer à la nouvelle église un titre paroissial qu'elle n'avait pas elle-même, tandis que Saint-Paul partagea avec elle ou plutôt lui conféra celui dont il était revêtu. Notre-Dame-des-Miracles devint, nous l'avons dit, la deuxième moitié de Saint-Paul.

En perdant son entité propre, Notre-Dame devait tôt ou tard se confondre avec l'église qui l'absorbait. C'est ce qui s'exécuta dès que les développements de l'œuvre le réclamèrent. Il paraît vraisemblable que la réunion des édifices s'acheva au XVe siècle. En effet, de 1469 à 1482 (2), on fit d'importants travaux à l'église qui fut notablement agrandie. On construisit aussi le portail qui regarde le côté du couchant, et l'on voûta la chapelle de Notre-Dame.

(1) « A Aignan de Saint-Mesmin, gaigier de Saint-Pol, pour don fait à l'église de Nostre-Dame de Saint-Pol, pour la réparation du clocher. » (Compte de forteresse 1424-1426, fo 14, vo.)

(2) Arch. de la fabrique, compte d'Antoine Boucher pour 1477-1482. — Il résulte en effet des lettres passées sous le scel du bailliage, le 23 novembre 1469, que « les gens de Monseigneur le duc d'Orléans donnèrent congié aux gagiers de Saint-Paul de prendre deux piez sur la rue d'Avalon pour faire et fonder un pilier de pierre pour l'accroissement de la chapelle Notre-Dame de l'église Saint-Pol. » (Inv. de l'an 1500, D.)

Là date de cette fusion, à la vérité, n'est nulle part positivement énoncée ; mais il nous paraît résulter de l'ensemble des documents par nous analysés, que la nouvelle voûte exécutée à la chapelle de Notre-Dame, dont le chevet se trouvait à peu de chose près sur le même plan que celui de l'église — n'avait d'autre objet que de relier entre elles les deux parties disjointes de l'édifice.

Antérieurement à 1482, la longueur totale de la nef n'excédait pas, d'un côté, le dernier pilier de la chapelle actuelle de Notre-Dame-des-Miracles, et, du côté parallèle, le pilier correspondant de l'aile de Saint-Michel, où se trouvait une porte, placée alors un peu plus à l'est que la porte actuelle, et dont on distingue parfaitement le cintre, vis-à-vis le presbytère. Le portail correspondant au midi était celui de Notre-Dame, placé à la jonction des rues Saint-Paul et du Nez-d'Argent, *alias* des Cloches (1). Une *vis* ou escalier, sise tout auprès de cette porte, conduisait soit aux combles soit aux clochers (2).

Il y a tout lieu de croire que de ces deux clochers d'inégale grandeur, qui accompagnaient le portail de Notre-Dame de chaque côté, et qui sont représentés sur un plan d'Orléans, antérieur à 1575 (3), un seul était à

(1) M. l'abbé Dubois, ms. cité, t. I, p. 42.
(2) « Payé au foucier pour 12 journées employées à creuser pour faire le fondement de la visz qui est devant le pillier du portail de l'église, ou moys de septembre 1481. » (Arch. de la fabrique, compte de 1477-1481.)
(3) Ce plan, le plus ancien que l'on connaisse, fut gravé par un habile artiste nommé Raneurel. Il est postérieur à 1563, puisqu'il représente la citadelle de la Porte-Bannier récemment construite,

l'usage de l'église. Le plus petit était dénommé la *tour*. Il paraît vraisemblable que les quatre cloches y étaient déposées, et que c'est de là qu'on les tira en 1627 (1), pour les transférer dans la tour carrée actuelle. Le nom de rue des Cloches, que portait cette courte voie publique, et qu'elle a conservé comme un souvenir véridique du passé, lui convenait donc à tous égards; et n'est ni une appellation fantaisiste de notre époque, ni un nouveau venu dans le vocabulaire de la voirie orléanaise.

Le second clocher, beaucoup plus élevé, était affecté aux guetteurs chargés de surveiller les campagnes (2) et de signaler l'approche de l'ennemi. Un autre poste d'observation était au sommet du beffroi de Saint-Pierre-Empont (3).

La présence de ces guetteurs ne laissait pas d'occasionner aux monuments certaines avaries assez graves. En 1386, en effet, les gagers de Saint-Paul représentèrent au bailli d'Orléans que « le clocher (de leur église)

mais il est antérieur à 1575, car l'édition de la *Cosmogr. univ.* de Belleforest, où il figure, porte cette date. (Note de M. l'abbé DUBOIS, ms. cité, t. I, p. 35.)

(1) En 1627, la fabrique conclut un marché avec Jacq. Petit, charpentier, pour démonter les quatre cloches de la vieille tour et les placer en la tour nouvellement construite. (Arch. de la fabrique, DD, p. 390.)

(2) Voir, Arch. municip. d'Orléans, Comptes de forteresse, 1424-1426, mandement ii et *passim* : « A Symon Fournier guété de Saint-Pol d'Orliens, pour avoir guété ou clochier dudit Saint-Pol, le moy derrenier passé, iv sols parisis. »

(3) Tous nos comptes municipaux du xive et du xve siècle portent la mention des gages payés aux guetteurs de Saint-Pierre-Empont, « pour avoir guetté audit clochier, » et qui étaient de iv sols par mois. (Arch. de l'Hôtel-de-Ville d'Orléans).

qui, par le fait de la guète qui y estoit mis, estoit fort
dommagé et descouvert, coûteroit à réparer la somme
de 60 livres parisis. » Cités devant ce magistrat, les
procureurs de la ville s'entendirent condamner par
sentence à payer 20 livres parisis, tiers de la dépense
totale (1). La ville contribua de nouveau en 1424 à la
mise en état du clocher de Saint-Paul; mais, en 1520,
une nouvelle réparation étant devenue nécessaire, la
fabrique en fit seule les frais. Enfin, en 1539, elle réé-
difia complètement l'un des clochers comme en témoignent les comptes de cette année (2).

Dès 1477, on trouve dans les papiers de fabrique la
mention des quatre cloches. Elles s'appelaient *Paulus*, *Jean*, *Marie* et *Denis*, et elles pesaient ensemble
2,754 livres (3). L'installation de *Paulus* dans le clocher
eut lieu en 1519. Tout porte à croire qu'auparavant cette
cloche était dans la vieille tour dont nous parlerons en
donnant la description du cimetière.

En 1477, nous l'avons dit, d'importants travaux furent
entrepris à Saint-Paul, et c'est de cette époque que
date la première accrue de l'église (4). Après la construction de la nouvelle voûte des chapelles de Sainte-
Aragonde (Radegonde) et de Notre-Dame, et la pose d'une
verrière à cette chapelle, François de Brilhac, évêque

---

(1) Arch. de la fabrique, D.

(2) « Pour 40 erres de pierre à maçonner employées à l'édifice
d'une tour que l'on fait de neuf pour ladite église, LX sols tournois. » (Arch. de la fabrique, compte de 1539-1542; reg. f.)

(3) Le poids des cloches était ainsi réparti : la grosse, 1,017 livres;
la deuxième, 775; la troisième, 731, et la quatrième, 434 livres.
(Compte de la fabrique, T.)

(4) Arch. de la fabrique. Compte de 1477-1481.

d'Orléans, se rendant à l'invitation des marguilliers, vint en personne, le lendemain de Pâques, 3 avril 1480, bénir l'autel nouvellement érigé. A l'issue de la cérémonie, un repas, dont les comptes de fabrique nous ont transmis le menu, fut offert au prélat chez Antoine Boucher, l'un des gagers (1), dans le bel hôtel de l'Annonciade, où son père avait eu l'honneur de recevoir la libératrice de la France, et dont chaque pierre semblait être un témoin posé là tout exprès pour raconter au monde la merveilleuse épopée accomplie dans nos murs.

En vain chercherait-on dans les mets de ces agapes les boissons et les plats délicats dont le goût raffiné de notre siècle se plaît à surcharger nos tables. Les mœurs du moyen âge ne ressemblaient guère à celles d'aujourd'hui ; et, sous bien des rapports, la modeste hospitalité de nos aïeux, assaisonnée de cordialité et de bonne grâce, présentait, sous des dehors peut-être moins polis, quelque chose de plus franc et de plus aimable, pour ne pas dire de plus *humain*, en interprétant ce terme dans son acception purement philosophique. Là, rien de cérémonieux et de guindé ; les mets étaient simples, les convives affables, et une douce gaîté, trop souvent bannie de nos somptueux banquets, mettait sur tous les fronts un air de joie et de fête. Quant au fond de ces repas, c'était généralement à peu près le même partout : quelques pièces de résistance d'un genre ordinaire, peu de dessert, mais beaucoup de condiments ; et le tout arrosé des meilleurs vins de nos crus. Qu'on n'aille pas croire pourtant que l'art culinaire fût à

---

(1) Voir le menu du repas, *Pièce justificative XIX.*

peu près nul au XVᵉ siècle. Si les mets sont simples, ils
sont dressés et parés avec soin, *habillés*, pour user du
langage d'alors, avec un art qui était le seul luxe du
temps. Nos marguilliers, d'ailleurs, ne se crurent pas
obligés, pour traiter dignement leur évêque, de pro-
diguer le vin et les victuailles. Tel n'était pas l'objet de
la réunion : une cérémonie pieuse l'avait motivée, et
c'est dans l'embellissement de leur église qu'ils voulurent se montrer prodigues de magnificence.

La foule accourue à Saint-Paul fut grande sans
doute, car il y eut quelques accidents, sinon de personnes, du moins sous le rapport du mobilier, dont
certaines pièces furent fort endommagées. Les comptes
mentionnent notamment la table à pieds d'argent, qui
supportait les reliquaires et qui fut complètement
brisée (1).

Il semblerait que la bénédiction de la chapelle eût
précédé son complet achèvement, car la statue miraculeuse ne fut posée sur l'autel que le 11 août 1481.
Elle était fixée sur son socle par deux grandes chevilles
de fer (2).

Une lampe brûlait perpétuellement devant l'image de
la Vierge (3), et deux cierges, soutenus par les anges
placés aux côtés du sanctuaire, s'allumaient à des jours
marqués. Enfin, nous apprenons d'un compte de dé-

---

(1) Le 3 mai 1481, « payé à Drion Jaquet, orfèvre..., pour avoir
reffait la table à quatre piez d'argent là où sont plusieurs relliquère,
laquelle fut despechée (dépecée) quant l'ongs (l'on) benys l'autel
de Nostre-Dame, et pour avoir autres reliquère pour mestre audit
hautel. » (Compte d'Ant. Boucher, 1477-1481.)

(2) *Ibid.*

(3) *Ibid.* Compte de 1477-1481.

pense des receveurs municipaux d'Orléans, pour les années 1391-1393, qu'on y faisait brûler en outre une rouelle de cire fournie par quelques personnes de la ville, et à laquelle nos échevins contribuaient pour un quart (1).

Tout auprès de la chapelle étaient placées deux fontaines, auxquelles on posa des cannelles en 1522 (2). Quel pouvait être l'usage de ce singulier article de mobilier dans l'intérieur d'une église, à moins qu'il ne servît à contenir le vin et l'eau des messes? Si au contraire la fontaine était seulement à l'extérieur de l'édifice, comme peut également le laisser entendre la rédaction peu claire de ce passage des comptes de fabrique, il devient plus aisé d'en saisir le but. (3).

L'extension donnée à Saint-Paul de 1477 à 1483 occasionna d'importantes réparations à toutes les chapelles; mais un si court espace de temps ne suffit pas à leur achèvement, et le manque de fonds apporta de nouvelles difficultés à la célérité des travaux. Ce que voyant les

---

(1) « Pour I quarteron de cire pour la roelle de Saint-Pol, laquelle plusieurs bonnes gens de la ville d'Orléans soustiennent, et art (brûle) icelle roelle jour et nuit devant l'ymaige de Nostre-Dame. » (Compte de commune de P. de Saint-Mesmin, 1391-1393, Arch. de la ville.)

(2) Arch. de la fabrique. Compte de la Confrérie des Trépassés, 1519-1523, fº 107, vº.

(3) Le passage suivant d'une description de la basilique de Tyr, élevée par l'évêque saint Paulin, nous fait connaître l'objet des fontaines dont il est ici question. « Au milieu de la cour d'entrée sont placés les symboles de l'expiation, savoir les fontaines, qui, situées tout en face de l'église, fournissent une eau pure et abondante pour l'ablution, aux fidèles qui se préparent à entrer dans le sanctuaire... » (D. GUÉRANGER, Instit. liturgiques, p. 90.)

marguilliers, ils sollicitèrent et obtinrent, en 1520, la permission de faire abattre le haut de la vieille muraille de ville au-devant du cimetière, pour en avoir les matériaux (1).

La même année eut lieu l'installation des nouvelles orgues, dont les frais furent acquittés à l'aide d'une souscription paroissiale qui produisit 79 livres 14 sols 2 deniers tournois, y compris la vente du vieil instrument.

Sorti des ateliers de Jean Lecours, facteur renommé de ce temps, le buffet se composait de dix-huit jeux. Les soufflets absorbèrent sept peaux et demie de cuir de vache gras et une demi-peau de *cuir fou*, et le tout coûta 19 livres tournois (2).

Aux deux panneaux intérieurs des huissets, Nicolas de Fenestreaux peintre d'Orléans, exécuta pour le prix de 30 livres tournois (3) deux sujets qui lui furent indiqués : d'un côté *la Conversion de saint Paul*, de l'autre un empereur que le rédacteur du compte de 1519 désigne sous le nom d'*Octonnien*. A l'extérieur de cette boiserie se voyaient Notre-Dame et saint Paul.

Nous ne trouvons dans les papiers de fabrique aucune désignation du lieu où étaient installées les anciennes orgues. Nous y apprenons seulement qu'elles n'occupaient pas la chapelle choisie en 1519 pour y ériger le nouvel instrument, et qui était celle des saints Jacques et Christophe.

Il est également à remarquer que le point où se

(1) Arch. de la fabrique. Compte de la Confrérie des Trépassés, 1519-1523, f° 107, v°.

(2) *Ibid.* f° 133, r°.

(3) *Ibid.* f° 138, v°.

trouvait la chaire n'est indiqué dans aucun des comptes
de cette époque, bien qu'on en rencontre la mention
dans l'inventaire de 1462 (art. 108). Il y est dit cependant que, sur une traverse de bois, qui croyons-nous,
faisait face à la chaire, reposait un calvaire aussi en
en bois composé de trois figures coloriées : le Christ
croix, Notre-Dame et saint Jean (1).

Il est bien regrettable qu'aucun plan de la configuration primitive de l'église et de sa disposition intérieure
n'ait trouvé place en nos dépôts publics. Nous devons
toutefois conjecturer qu'il en existe au moins un dans
une collection d'amateur, et c'est sans doute celui qu'indique M. Vergnaud Romagnési, dans sa topographie
orléanaise (2). Il aurait été dressé, dit-il, en 1788 d'a-
près des plans anciens, et l'on y voit les constructions
primitives de Saint-Paul, son caveau souterrain, sa tour
avec le mur de la deuxième enceinte, enfin le cimetière
et ses galeries, le presbytère, les maisons environ-
nantes, etc. Après cette description si détaillée et si
précise, l'on devrait s'attendre à ce que M. Vergnaud fît
au moins connaître la provenance de ce plan, dont il
paraît parler *de visu* ; mais sur ce point il garde le
plus complet silence.

A la vérité, il en existe un autre, relativement moderne, annexé aux comptes de fabrique. Il porte la date
de 1669 (3) ; mais, ayant été tracé après deux accrues
de l'église, il ne peut donner une idée exacte de sa

---

(1) Arch. de la fabrique. Compte de la Confrérie des Trépassés,
1519-1523, fo 107, vo.

(2) *Histoire d'Orléans*, t. I, p. 37.

(3) Arch. de la fabrique, rég. 357, des biens de la cure.

configuration primordiale. De plus, il se rapporte exclusivement à la location des places, d'où il suit que certaines chapelles, qui ne renfermaient aucun banc à mettre en location, ne s'y trouvent pas indiquées. Nonobstant ces lacunes, nous avons pensé qu'il ne serait pas inutile d'en donner ici la reproduction. Dans ce plan, l'église compte six piliers de chaque côté de la nef, et la grande porte du fond, qui fait face à la rue de Recouvrance, y est également indiquée. Elle avait été ouverte en 1477, et on la rétablit quand Saint-Paul fut relevé de ses ruines à la suite des guerres de religion. Mais cette réédification ne fut pas sans difficultés. Les protestants n'avaient sans doute abattu l'église que pour profiter de la vente des démolitions, et il n'était pas facile de leur faire lâcher prise. Une grande partie des matériaux avait déjà été vendue par eux (1), quand la fabrique, pour sauver le reste, leur intenta, en 1563, un procès dont nous ne connaissons pas l'issue. Mais il y a tout lieu de conjecturer que ces revendications trop hâtives ne produisirent pas les effets attendus, puisque quatre années ne s'étaient pas écoulées, que les mêmes circonstances ramenaient les mêmes épreuves.

On profita de cette réédification forcée de l'église pour augmenter encore les proportions de son ensemble. Le devis des nouvelles constructions, arrêté en 1622, devant Dumont notaire, comprenait aussi l'agrandissement de la chapelle de Notre-Dame dont la voûte ne fut parachevée qu'en 1666 (2). Celle de Saint-Paul

---

(1) Arch. de la fabrique, liasse.

(2) *Ibid.*, T, f⁰ 34. — Il est souventes fois question, dans les comptes, de la chapelle de Notre-Dame sans aucun qualificatif. Nous supposons, en ce cas, qu'il s'agit de Notre-Dame-des-Miracles

l'était depuis 1651. Enfin, on fit devant le portail de
l'ouest, vis-à-vis la rue de Recouvrance, un porche à
deux arcades avec un pan et un pignon (1).

Quelque pressantes que dussent être les réparations
commencées, dès 1574 (2) la caisse paroissiale, presque
à sec, n'y pouvait plus faire face, et bien des points
restaient en souffrance. L'on ralentit les travaux ; puis,
en 1739, les ressources étant complètement épuisées, il
fallut recourir au seul moyen vraiment efficace de parer
aux situations difficiles, et les paroissiens se firent
autoriser à lever sur eux une taille de 19,016 livres (3).

Dans la suite de ce travail, deux chapitres seront
spécialement consacrés au cimetière et aux épitaphes
retrouvées dans l'église. Bien que le moment ne soit
pas encore venu d'exposer ici ce double sujet, nous
ne pouvons nous dispenser de signaler, tout au moins,
l'usage devenu bientôt abusif et qui se perpétua jusqu'au XVIIIe siècle, de donner la sépulture dans l'intérieur du temple à toutes les personnes qui en faisaient
la demande. Cette coutume, on le conçoit, présentait
de nombreux inconvénients, surtout au point de vue

qui était la principale; mais l'on pourrait aussi appliquer la réfection dont il est question en cet endroit, à la chapelle de Notre-
Dame et Saint-Gilles ou Notre-Dame-de-Pitié, si tant est qu'elle
ait consisté en autre chose qu'en un simple autel.

(1) Arch. du Loiret, fonds de Saint-Paul, boîte 25, pièce 137.

(2) On appliqua à la réédification de Saint-Paul la rente de
30 livres que M. Mathurin Méry, prêtre, avait léguée au cimetière,
le 15 mars 1557. (Fonds de Saint-Paul, arch. du Loiret, liasse,
pièce papier).

(3) Arch. de la fabrique, inventaire DD.

de la salubrité. Elle appelait donc une urgente réforme.
Une assemblée paroissiale, réunie le 9 avril 1769,
conclut au retrait absolu de toute autorisation ultérieure, excepté pour les personnes qui justifieraient de
certains droits acquis, tels que celui de patronage.
Puis, pour parer au déficit pécuniaire résultant de
cette interdiction, il fut en même temps résolu que la
somme de 10 livres, exigible pour droit de sépulture,
serait portée à 15 pour les bénéficiaires de l'exception,
en y comprenant les 3 livres dues pour droit d'ornements et argenterie.

CHAPITRE VI

CHAPELLES INTÉRIEURES.

Division des chapelles en deux groupes. — Leur origine. — Les chapelles dans l'église : Notre-Dame-des-Miracles, — Saint-Michel, — Le Sépulcre, — Le Saint-Esprit, — Sainte-Anne, — Notre-Dame-Blanche, — Saint-Sébastien, — Saint-Jacques et Saint-Christophe, — Notre-Dame et Saint-Gilles, — Le Saint-Nom-de-Jésus, — Les Fonts, — Saint-Blaise, — Saint-Roch, — Sainte-Radegonde, — Saint-Claude, — Saint-Denis, — Saint-Eutrope, — Saint-Lyé, — Saint-Gond, — Saint-Nicolas, — Saint-Bruno, — Saint-Jean.

Antérieurement à 1709, les chapelles dépendantes de Saint-Paul peuvent se diviser en deux groupes, à cause de leur situation.

Le premier comprend celles qui étaient dans l'inté- rieur de l'édifice; quant aux chapelles à l'extérieur de l'église, elles étaient formées par les arcades du cime- tière. Il y avait aussi celle de l'Aumône des Filles, qui, annexée à cet hôpital, dépendait, comme lui, de la paroisse.

Pour mieux établir la distinction dont nous parlons, il ne sera question dans ce chapitre que des chapelles de la première catégorie et nous rattacherons à chacune d'elles les détails que nous avons laborieusement glanés dans les comptes de fabrique.

Elles étaient au nombre de vingt-deux ; car on don-

nait aussi, par extension, le nom de chapelles à de
simples autels adossés aux piliers, érigés, pour la plupart, par les confréries ou corporations qui y faisaient
célébrer leurs services. Peut-être est-il inutile d'ajouter
que toutes ne remontent pas à la construction première
de l'église. Il en est qui ne datent que de ses accrues,
ou, qui furent successivement érigées dans la suite.
Mais les deux que nous sachions être contemporaines
de la fondation sont Notre-Dame-des-Miracles et Saint-
Michel, situées à droite et à gauche du maître-autel
et qui ont, de tout temps, fait moralement partie de
l'église.

Il ne nous a pas toujours été possible de déterminer
l'emplacement précis de tous ces autels ; le plan de 1669,
nous l'avons déjà dit, n'en indique que quelques-unes.
Leurs noms étaient :

Notre-Dame-des-Miracles, — Saint - Michel, — Le
Sépulcre, — Le Saint-Esprit, — Sainte-Anne, — Notre-
Dame-Blanche, — Saint-Sébastien, — Saint-Jacques et
Saint-Christophe, — Notre-Dame et Saint-Gilles, — Le
Saint-Nom-de-Jésus, — Les Fonts, — Saint-Blaise,
— Saint-Roch, — Sainte-Radegonde, — Saint-Claude,
— Saint-Denis, — Saint-Eutrope, — Saint-Lyé, —
Saint-Gond, — Saint-Nicolas, — Saint-Bruno, — Saint-
Jean.

Nous ne reviendrons pas ici sur tout ce qui a déjà
été dit, touchant Notre-Dame-des-Miracles, au cours des
précédents chapitres. Son histoire est celle de l'église
elle-même. La chapelle, comme il est positivement af-
firmé dans un registre des délibérations de la fabrique,
avait de tout temps, depuis l'annexion, été sise dans la
partie supérieure de la basse aile de l'église, au midi,

et c'en était l'autel principal (1). C'est bien là, d'ailleurs, qu'elle est marquée sur le plan de 1669. Elle fut
transférée à l'issue de la Révolution dans la chapelle
actuelle qui était auparavant dédiée au Saint-Nom de
Jésus.

SAINT-MICHEL. — La chapelle de Saint-Michel, parallèle à la précédente, occupait le haut de la nef latérale
du nord. L'agrandissement de la sacristie, en 1794, y
fit entrer une notable partie de ce sanctuaire, dont
l'entrée faisait face au presbytère. Cette porte marquait
le commencement du cloître.

De 1626 à 1629, l'on exécuta à la chapelle des travaux
considérables (2). L'autel reconstruit en 1651 fut alors
mis au niveau du grand-autel (3). Enfin, de 1673 à
1681, l'on y posa un lambris payé 200 livres, des deniers fournis par dame Madeleine Salomon, bourgeoise
d'Orléans (4).

Depuis 1725, une petite chambre construite au-dessus
de la voûte de Saint-Michel renfermait les soufflets des
orgues (5).

LE SAINT-ESPRIT. — La chapelle du Saint-Esprit fut
établie conformément à la fondation qui en fut faite,
le 20 mars 1367, par deux époux orléanais, Guillaume Turpin et Gilon, sa femme, sous la réserve des
droits de patronage pour eux et leurs descendants. Le

(1) Extr. d'une requête présentée au Préfet du Loiret, le V germinal an XIII (26 mars 1805,) par Aignan Pompon, Fr. Geffrier
et Pierre Tassin-Maupas, marguilliers. — (Reg. nº 2 des délibérations de la fabrique, 1805-1827, p. 7, Arch. de la fabrique.)
(2) Ibid., DD, p. 390.
(3) Ibid., chap. XVI, p. 371.
(4) Fonds de Saint-Paul, arch. du Loiret, liasse, pièce 284.
(5) Arch. de la fabrique. — Extr. de titres, reg. T.

chapelain, dont les revenus s'élevaient à 69 livres 12 sols (1), était tenu de célébrer quotidiennement la messe (2).

Il semble permis d'inférer de plusieurs passages d'un compte de 1519 que cette chapelle était vis-à-vis celle de Saint-Roch, dans le chœur. Il en devait être ainsi, car, lorsque la communion pascale était solennellement administrée le jour de la Résurrection, les chevrons placés horizontalement pour soutenir la tente servant d'abri à la Sainte Table, aboutissaient à l'une et à l'autre chapelle. La communion était donnée devant l'autel de Saint-Roch ; et c'est par la porte de celle du Saint-Esprit que sortaient les fidèles pour retourner à leurs places. Des lices ou barrières protégeaient la circulation (3)

---

(1) Voir, *Pièce justificative XXI*, le détail des revenus de la chapelle. — Nous avons retrouvé çà et là dans les papiers de la fabrique les noms de quelques chapelains : 1462, Jacques de Mareau, licencié ès-lois, sous chantre et chanoine de l'Église d'Orléans (acte de Tassin-Berthlelin, notaire à Orléans), puis curé de la portion de Notre-Dame en 1479. — 1611, Pierre Auvray. — 1618, Samuel Pasques. — 1676, Luc de Bugy. — 1719, Joseph Chevallier, prévôt de Tillay. — 1733, Caillard. (Arch. de la fabrique, T).

(2) Voir *Pièce justificative XX*, les lettres du duc d'Orléans autorisant la fondation de la chapelle. Elles sont précédées de celles d'Hugues, évêque d'Orléans, approbatives de ladite fondation. Une copie sur papier de ces lettres, porte que Guill. Turpin et Gilon ont délibéré et résolu de fonder dans l'église *cathédrale* de Saint-Paul, auparavant consacrée en l'honneur de Notre-Dame, une messe qui serait célébrée au maître-autel de ladite église ou à quelque autre qu'elle y ferait construire... (Arch. du Loiret, lay. 6, fonds de Saint-Paul, Sér. G.).

(3) « Audit Johanneau, pour deux grandes tables d'environ quinze pieds de long chacune et une petite d'environ six pieds, pour servir à recevoir *Corpus Domini* le jour de Pasques davant (devant) Saint-Roch... et pour une pièce de chevron contenant cinq toises

ÉGLISE St PAUL EN 1669

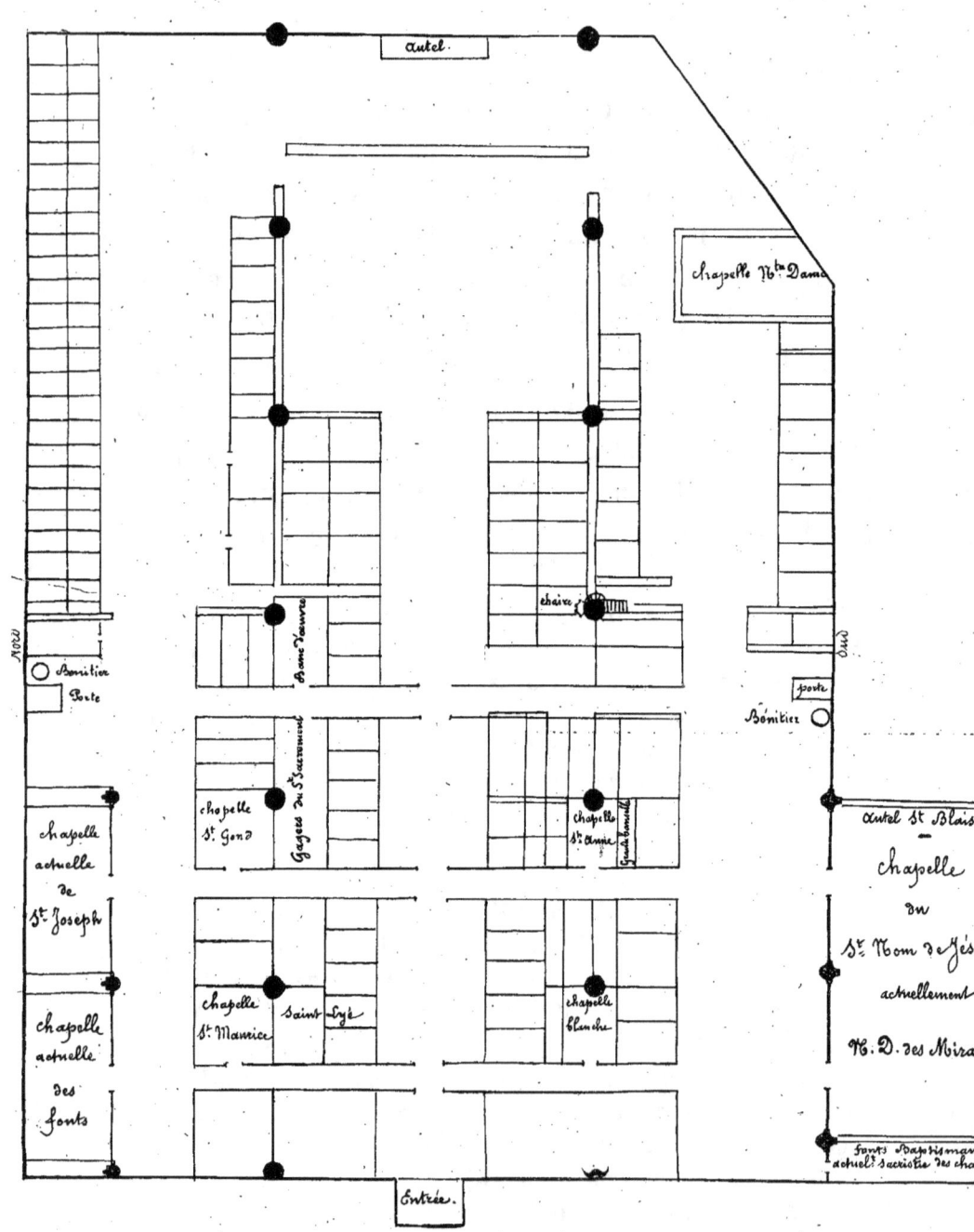

du côté des chapelles du Saint-Esprit et de Notre-Dame (1).

LE SÉPULCRE. — Rien n'était plus commun au moyen âge que l'érection de chapelles en l'honneur du sépulcre de Jésus-Christ ; c'était la conséquence d'une dévotion, et cette dévotion avait pénétré en France à la suite des croisades. On en voyait dans plusieurs villes, notamment dans le cloître de l'église Saint-Maurice à Vienne, en Dauphiné (2). Saint-Paul en possédait une, fondée en 16... par Guill. Le Berche, bourgeois d'Orléans, dont l'épitaphe est reproduite ci-après (chap. X), mais elle était à l'intérieur du temple, dans la nef septentrionale, à côté et au-dessous de celle dédiée à Saint-Michel.

Il est vraisemblable que son titre put la faire choisir, de préférence à toute autre, pour y élever le tombeau de Notre-Seigneur pendant la semaine sainte ; mais ce n'est point cette destination temporaire qui lui valut son nom. Le Sépulcre était son titre ordinaire et elle n'en porta jamais d'autre. Si, au contraire, elle ne l'eût reçu qu'accidentellement, son vocable habituel lui eût été restitué dès qu'elle eût cessé de servir à cet usage, et nous ne voyons rien de semblable. Toutes les fois, en effet, que cette chapelle est nommée dans les comptes

---

mis au travers de ladite allée du cousté dudit Saint-Roch pour aider à tenir dudit cousté le ciel de la table de Nostre-Seigneur... pour ung huys de bois fait en ladicte huisserie de la chapelle du Saint-Esperit... pour une pièce de mambreuze d'envyron sept toises servant de lice, pour faire passer les gens yssans de ladite table de Nostre-Seigneur par ladite huisserie. (Arch. de la fabriqeu, compte de 1519-1523).

(1) Arch. de la fabrique DD.

(2) LE BRUN DES MARETTES, Sr DE MOLÉON, *Voyage liturg.*, p. 5.

de l'église, on ne la trouve jamais autrement qualifiée que *Chapelle du Sépulcre* (1).

Il en est fait mention dans une assignation ou cédule signifiée, à la requête des marguilliers, le *vendredi Benoît*, onze avril 1437, aux curés de Saint-Paul, pour les obliger à retirer un plat d'étain par eux déposé au Sépulcre, à l'effet d'y recevoir à leur profit les offrandes des fidèles. Cette coutume parut préjudiciable aux intérêts de l'église (2). Enfin, il en est encore question dans le testament notarié de la dame Luillier, veuve du trésorier général Jacques Boucher, qui en 1439 la désigna pour sa sépulture.

SAINTE-ANNE. — Dans le plan de 1669, la chapelle Sainte-Anne est située dans la nef du midi, devant le grand banc et adossée au quatrième pilier. La voûte en fut terminée en 1520 ; mais le vitrail qui devait l'orner n'étant pas encore prêt, on fit « boucher et murer la vitre (fenêtre), pour la froidure de l'yver, en attendant que la vitre neuve y fût faite (3). » La bibliothèque liturgique y fut transportée en 1519 (4).

SAINT-GOND. — Cette chapelle Saint-Gond était dans la

(1) « A Guillot, pour boesz, espingles et ficelle, pour faire le paradis du sépulcre pour les Pasques mil CCCCLXXVIII. » (Arch. de la fabrique, compte 1477-1481.) — Ce n'est qu'en ces dernières années et avant le retour à la liturgie romaine, qu'on commença à donner le nom officiel de Sépulcre à la chapelle du reposoir, dans les églises où il n'en existait aucune de ce titre ; mais cet usage fut désapprouvé par la congrégation des Rites. (Voir *les Drames liturgiques de l'Église de Nevers*, par M. l'abbé BOUTILLIER, p. 75. Nevers, Fay, 1880.)

(2) Arch. de la fabrique, inventaire des rentes, Reg. H.

(3) *Id.*, Compte de la Confrérie des Trépassés 1519-1523, p. 133, ro.

(4) *Ibid*, fo 113, vo.

nef du nord, vis-à-vis de celle de Sainte-Anne, et derrière le banc du Saint-Sacrement.

Notre-Dame-Blanche. — Elle faisait suite à la chapelle Sainte-Anne et était le siége de la confrérie des foulons, dont l'autel fut démoli en 1681, et à laquelle on fit alors la concession d'un banc dans la chapelle de Notre-Dame-de-Pitié. Le compte de cette année nous apprend que trois autels, qui ne sont pas nommément désignés, mais qui se trouvaient aussi près des piliers, furent également démolis (1). Ce n'était pas, du reste, la première fois que les foulons avaient maille à partir avec les marguilliers. En 1476, ils s'étaient vus citer au tribunal du prévôt, pour avoir déplacé l'autel de la confrérie, sans l'autorisation et malgré les réclamations de la fabrique. Mais les parties ayant fini par transiger, le bon accord s'était rétabli (2).

Saint-Sébastien. — Quelques lignes d'un compte de 1519 nous induisent à conjecturer que la chapelle de Saint-Sébastien était placée derrière les stalles (3) du chœur, dont on fit rogner les dossiers, car leur hauteur excessive, paraît-il, obstruait la vue de l'autel (4).

Saint-Jacques et Saint-Christophe. — La chapelle de ces saints était contiguë à la tour (5), et conséquem-

---

(1) Arch. de la fabrique, répertoire de titres T, p. 40.

. (2) Id., reg. D, invent. de 1500.

(3) « Pour avoir coppé et rongné les doulciers des chaires du cueuer de ladite église, remys le bois d'icelle et avoir fait ung siège par derrière et du cousté de Saint-Sébastien... » (Id. Compte de 1519, fol. 103, rº.)

(4) « Les dictes chaires coppées et rongnées pour plus facilement de tous coustez veoir sur le maistre autel d'icelle église. » Ibid., loc. cit.

(5) Ibid.

ment au midi. En 1519, on y installa les orgues neuves, et à cette occasion, on fit faire deux *huisseries* ou portes, l'une dans l'escalier de la tour, pour aller sur la voûte de la chapelle et de là aux soufflets des orgues, l'autre à la muraille contre laquelle les orgues s'appuyaient, « pour entrer oùdit pupiltre (1). » Une lucarne ouverte dans la voûte donnait communication de l'église aux soufflets (2). Quand, à la suite de la destruction de Saint-Paul, au XVIᵉ siècle, on dut se mettre à réparer tant de ruines, la fabrique fit faire un instrument nouveau, et on l'installa, comme il a été dit, dans la chapelle de Saint-Michel.

NOTRE-DAME ET SAINT-GILLES. — En 1297, Raoul d'Orléans, un de ces chrétiens comme il s'en rencontrait à profusion au moyen âge, voulant manifester sa piété envers la Sainte-Vierge, institua en son honneur dans l'église de Saint-Paul une chapelle desservie par un vicaire perpétuel. On la trouve désignée dans les titres, tantôt sous le nom de Notre-Dame et Saint-Gilles, tantôt sous celui de Notre-Dame-de-Pitié (3).

Assurément, l'érection d'un autel nouveau, dédié à Notre-Dame, dans une église où un sanctuaire célèbre

(1) Arch. de la fabrique, fᵒ 105, vᵒ.

(2) *Ibid.*, *loc. cit.*

(3) Arch. de la fabrique DD, p. 74. — C'est donc à tort que l'anonyme qui a recueilli les inscriptions funéraires qui se voyaient à Saint-Paul avant 1789, désigne la chapelle du Sépulcre sous le second vocable de Notre-Dame-de-Pitié. (Voir Biblioth. nation., fonds fr., ms. 8229, vol. 14.) Mais il se pourrait qu'à la suite de la réédification de Saint-Paul, au XVIᵉ siècle, l'autel de Notre-Dame-de-Pitié eût été transféré dans la chapelle du Sépulcre, comme celui de Saint-Blaise le fut plus tard dans la chapelle du Saint-Nom-de-Jésus.

lui était depuis longtemps consacré, pourrait sembler une superfétation sans objet, car on ne voit guère d'ordinaire, dans le même temple, deux chapelles distinctes dédiées au même saint. Il y avait déjà, il est vrai, à Saint-Paul, l'autel de Notre-Dame-Blanche, mais c'était le siège d'une confrérie ou corporation d'artisans, plutôt qu'un autel spécialement dédié à la Vierge ; il y avait aussi Notre-Dame-de-Lorette ; mais cette chapelle était dans le cimetière.

On pourrait cependant justifier la pensée inspiratrice de cette fondation, faisant en apparence double emploi, si l'on voulait se souvenir qu'au XIIIe siècle Notre-Dame-des-Miracles, bien que faisant virtuellement partie de l'église Saint-Paul, pouvait en être encore matériellement disjointe. Il y aurait alors dans ce fait un commencement de preuve de son adjonction tardive au bâtiment principal.

Quant à ce nouvel autel de Notre-Dame, qui semblerait être le même que celui qu'on désignait sous le titre de Notre-Dame-de-Pitié, son emplacement ne nous est pas connu, car il ne figure pas sur le plan de 1669 ; mais il devait être peu éloigné de la chapelle de Notre-Dame-des-Miracles. Les comptes de fabrique du XVIIe siècle n'en font nulle mention, ce qui nous porte à conjecturer qu'il fut transporté dans une chapelle ou qu'il disparut lors de la réfection de l'église au XVIe siècle (voir, page précédente, la note 3). Cependant, faute d'une désignation plus claire, nous n'oserions affirmer que les détails qui vont suivre ne se rapportassent pas à cet autel plutôt qu'à celui de Notre-Dame-des-Miracles qui était placé, nous l'avons dit, à l'extrémité supérieure de la nef du midi.

Peu d'années avant la Révolution, M. Colas des Francs, qui s'allia plus tard à la famille Barbot du Plessis, déposa entre les mains de M. Labruny, prêtre de Saint-Sulpice, une somme de 12,873 livres pour la reconstruction de l'autel de la Sainte-Vierge. Immédiatement mis à l'étude et approuvé par les pouvoirs publics, les 5, 12, et 18 octobre 1792, ce projet avait déjà reçu un commencement d'exécution, lorsqu'ils dut être forcément suspendu. L'architecte de la fabrique va lui-même nous en apprendre la cause : « *Le citoyen Rocher allait terminer l'entière exécution de ce morceau d'architecture, lorsque le culte des républicains fit oublier qu'il y eût d'autres temples que celui de la Raison. Lorsqu'enfin cette ci-devant église fut fermée, cette circonstance a tout suspendu* (1). »

C'est qu'en effet il y eut pour notre ville, comme pour la France tout entière des jours, où le cours de sa vie normale sembla momentanément arrêté. L'on eût dit que la Providence, par cette douloureuse épreuve, voulût lui faire expier la pléthore glorieuse de dix-huit siècles de prospérité. Saint-Paul en eut sa part comme les autres édifices religieux; mais si l'on met en parallèle les tristes vicissitudes qu'il eut à subir avec celles des autres églises d'Orléans, on doit reconnaître qu'il fut relativement épargné.

Tandis qu'une bonne partie de nos édifices religieux étaient vendus et démolis ou livrés à des usages profanes et mêmes abjects, Saint-Paul fut seulement condamné

---

(1) Compte-rendu, par le citoyen Rocher, des ouvrages de construction faits pour la chapelle de la Vierge le 28 germinal an II. (Arch. de la fabrique, liasse de titres relatifs à la chapelle. — Pièce papier.)

à devenir le temple de la jeunesse; une autre de ses
parties servit de temple calviniste.

Le plus fort de la tourmente apaisé, l'antique sanctuaire put être rendu à l'exercice du culte. L'influence
qu'avait su conquérir son curé dut être pour beaucoup
dans la préservation de l'édifice et dans la tolérance
dont on usa à son égard.

Grâce à certaines concessions qu'il ne nous appartient
pas d'apprécier, M. Barbazan avait su conserver avec
l'administration républicaine d'excellents rapports dont
il fit profiter sa paroisse.

Le pillage et la démolition des églises, pratiqués sur
une large échelle, avaient mis à la disposition des particuliers un très grand nombre d'objets provenant de
nos sanctuaires. Il ne fut pas dès lors difficile de trouver à bon compte une fort belle statue de la Vierge
pour orner la nouvelle chapelle. Le citoyen D***, qui ne
s'était pas fait faute de ces transactions de biens dits
nationaux, dont sortirent des fortunes scandaleuses et
si subites, traita avec les marguilliers, et, pour le prix
de 300 livres, leur procura une magnifique statue de
marbre blanc, trouvée dans la chapelle des Chartreux (1).
On la posa sur un autel aussi en marbre, ayant appar-
tenu aux Bénédictins de Bonne-Nouvelle (2), et vendu à
la fabrique, ainsi que deux autres, issus de la même
source, par le citoyen Lebrun, de triste mémoire. Quant
à ce second acquéreur de tant de propriétés publiques
et privées, qui n'achetait à vil prix les monuments et
les églises que pour en revendre les matériaux en dé-

(1) Liasse de quittances relatives à la chapelle de la Vierge.
Arch. de la fabrique.

(2) *Ibid.*

tail, il en détruisit ainsi une bonne partie. Si les tours
de Sainte-Croix elles-mêmes purent être sauvées de la
destruction, ce fut grâce à la résistance opposée par
quelques courageux citoyens à ses malfaisants projets,
laquelle l'empêcha de les mettre à exécution.

Le déplacement de la seconde chapelle de la Vierge,
voisine de Notre-Dame-de-Miracles, et qui fut réédifiée
au centre du chevet de l'église, derrière le maître-
autel, disposé à la romaine — apporta une sensible
modification à la physionomie du sanctuaire. Il fut, par
suite de ces travaux, complètement restauré, et on lui
donna l'aspect qu'il a encore aujourd'hui.

Le SAINT-NOM-DE-JÉSUS. — Cette importante chapelle
qui renfermait aussi l'autel de Saint-Blaise, fut érigée
en 1629. On y acquittait les offices de cette dernière
confrérie, et les deux services solennels institués à perpétuité par M. Charles le Pezant, maître des comptes de
Normandie, à l'intention de son fils, Louis le Pezant,
qui, écolier de l'université d'Orléans, fut massacré dans
une sédition (1). (Voir son épitaphe, chap. X.) Le trésor
de la fabrique y fut déposé en 1670 (2). En 1803, le
titre de la chapelle ayant été supprimé, on y transféra
l'autel de Notre-Dame-des-Miracles, qu'on y voit encore
aujourd'hui.

SAINTE-RADEGONDE. — La chapelle de Sainte-Radegonde, nom que les marguilliers, suivant l'orthographe
du temps, écrivaient *Aragonde*, est mentionnée dans un
compte de fabrique de 1480, à l'occasion des réparations

_____

(1) Arch. de la fabrique DD, art. 54 de l'inventaire, page 92.
(2) *Ibid*. Reg. T. — Un inventaire des titres, ornements et
papiers de la fabrique fut déposé en 1748 dans l'étude de Percheron, notaire à Orléans.

considérables qui y furent faites ; mais il nous serait difficile d'en déterminer l'emplacement (1). Nous en dirons autant des autels de Saint-Roch, de Saint-Claude (2), de Saint-Denis et de Saint-Eutrope, ces deux derniers nommés dans l'inventaire de 1462 (3), de Saint-Lyé, de Saint-Gond et de Saint-Nicolas (4). Quant à ceux de Saint-Bruno et de Saint-Jean-Baptiste, construits en 1794, lorsqu'on régularisa le sanctuaire, ils furent placés aux extrémités supérieures des basses-nefs. La statue de saint Bruno provenait des Chartreux, et l'autel du couvent bénédictin de Bonne-Nouvelle.

CHAPELLE DES FONTS. — Elle avait autrefois à sa droite l'autel de Notre-Dame-des-Miracles et à gauche celui du Saint-Nom-de-Jésus. Elle fut ensuite transférée plus près du couchant à côté et à la suite de Notre-Dame-des-Miracles qui remplaça l'ancienne chapelle du Saint-Nom-de-Jésus. En 1823, on la ferma d'une porte et on l'affecta à l'usage des chantres, après avoir installé les fonts dans une chapelle nouvellement érigée et dédiée à saint Joseph.

On reconstruisit aussi à cette époque le maître-autel et la chapelle de Saint-Jean-Baptiste, qui faisait pendant à celle de Saint-Bruno, au haut des nefs latérales. Ces travaux coûtèrent ensemble 1,800 livres, et le maître-autel à lui seul fut payé la même somme (5).

(1) Nous lisons dans le compte de 1480 qu'une « prosne » (traverse en bois) allait du grand bénitier au pilier de la chapelle (1477-1481), ce qui indique qu'elle était dans la partie inférieure d'une des nefs.

(2) Ibid., reg. T.

(3) Ibid., reg. B, art. 31 et 67.

(4) Ibid., papiers de fabrique, passim.

(5) Ibid., liasse de la chapelle de Notre-Dame.

Enfin, pour terminer les indications relatives au sanctuaire, nous nous bornerons à dire que la sacristie agrandie empiéta sur la partie supérieure de l'aile de Saint-Michel.

CHAPITRE VII

CHAPELLES EXTÉRIEURES.

Saint-Jean-Baptiste. — Saint-Maurice. — Saint-Fiacre et Sainte-Cyre.
Notre-Dame-de-Lorette. — Chapelle anonyme. — Les Trépassés.

Sept chapelles dépendantes de Saint-Paul existaient en outre hors de l'église : Saint-Jean-Baptiste, Saint-Maurice, Saint-Fiacre et Sainte-Cyre, Notre-Dame-de-Lorette et la chapelle qui en était proche — dont le nom n'est pas indiqué; enfin Saint-Mathurin et l'Aumône-des-Filles. Quant à la huitième, celle des Trépassés, bien que tout nous induise à conjecturer qu'elle était sise sous les galeries du cimetière, nous n'avons pu en acquérir l'entière certitude, n'ayant jamais trouvé dans les comptes de fabrique la moindre indication de son emplacement. Dans ce doute, nous la rangeons parmi les chapelles du cimetière. Elle était, comme presque toutes les autres, le siège d'une confrérie, et une partie des comptes de ses proviseurs existe encore dans les archives de la fabrique. De plus, elles nous paraît avoir été tout spécialement affectée aux cérémonies funèbres et à une partie des obits qui s'acquittaient au cimetière. Avant sa réunion au grand banc, c'est-à-dire à la fabrique, ses proviseurs percevaient le casuel auquel donnaient lieu les services pour les morts ; cette annexion eut lieu en 1656 (1), et deux ans après, les marguilliers abandonnaient au sacristain, par acte notarié, la chapelle et les parements d'autel moyennant une rente de cent livres (2).

CHAPELLE DE SAINT-JEAN-BAPTISTE. — Le 3 août 1397, Jean le Texier et sa femme, voulant faire œuvre pie, instituèrent, par testament reçu en l'étude de Cormier, une chapelle en l'honneur de saint Jean-Baptiste, et imposèrent pour condition que le chapelain, dont la collation devait appartenir aux gagers, serait porte-croix à Saint-Paul (3). Ses revenus s'élevaient à 298 livres de rente annuelle (4).

La chapelle de Saint-Jean, sise sous les galeries du cimetière, attenait au plus ancien presbytère du curé de la première portion de Saint-Paul, auquel elle fut annexée en 1709, quand elle cessa d'être entretenue. Lorsqu'en 1687, M. Goislard, curé des deux portions, fit réédifier le presbytère, on ménagea un espace vide entre la chapelle et le nouveau bâtiment curial. Enfin, en 1712, on l'y incorpora définitivement, et l'autel fut transféré dans l'église (5). Le cabinet actuel du curé de Saint-Paul en occupe l'emplacement.

CHAPELLE DE SAINT-FIACRE. — La chapelle de Saint-Fiacre, siège de la confrérie de ce nom et de celle de Saint-Cyre, s'élevait, comme la précédente, sous les

---

(1) Arch. de la fabrique, T, fol. 35.

(2) *Ibid.*, fol. 37.

(3) *Ibid.*, reg. d'inventaire P, fol. 11, v°. — Voir, *Pièce justificative XXII*, A, B et C, les extraits de l'acte de fondation, les noms des chapelains et les revenus de la chapelle.

(4) Arch. de la fabrique, reg. T.

(5) *Ibid.*, Réplique des marguilliers à l'abbé de Saint-Mesmin.

galeries du cimetière. On y acquittait une partie des fondations (1). En 1643, la chapelle fut supprimée et les autels transférés dans l'église où la nouvelle chapelle de ce titre fut achevée l'année suivante (2). Il paraîtrait qu'elle aurait été placée dans le voisinage de celle des fonts, car on lit dans un compte de la confrérie des Trépassés pour 1652, qu'il fallut faire des clefs pour fermer la chapelle aussi bien que les coffres qui s'y trouvaient, afin « d'empescher d'entrer en ladite pour faire signer les *parrins* et *mareines*, d'autant que les nappes sont touttes tachées d'ancre (3). »

CHAPELLE DE SAINT-MAURICE. — Nous ne pourrions offrir sur elle que peu de renseignements, si les comptes n'eussent conservé les détails d'un conflit qui s'éleva en 1604 entre la fabrique et ses proviseurs. Les gagers de Saint-Paul ayant quelques réparations à faire au pavé de l'église, firent enlever celui de la chapelle de Saint-Maurice, sans en avoir obtenu l'autorisation des proviseurs des Trépassés, administrateurs de toutes les chapelles du cimetière. Ceux-ci, peu satisfaits de ce procédé sommaire, citent les marguilliers devant l'official d'Orléans et obtiennent une sentence favorable à leurs revendications. Mais au lieu de s'y soumettre,

---

(1) Le passage suivant d'un compte de la confrérie des Trépassés indique clairement la situation et la destination de cette chapelle. « Ce qui a esté receu à la queste par M. Gallery, nostre prestre, par chascun jour de l'année, appartient audit sieur Gallery, au moyen de ce qu'il est tenu chanter une messe tous les dimanches devant Monsieur saint Fiacre dessoubz les gallerys du cimetyère Saint-Paul. » (Compte du banc des Trépassés, 1640-1656, reg. S, archives de la fabrique).

(2) *Ibid.*, fo 19, vo.

(3) *Ibid.*, fo 54, ro.

les gagers convoquent, le 15 mars, une assemblée générale d'habitants. Les griefs y sont exposés et d'un
commun avis l'on décide de résister à la sentence,
attendu que les marguilliers administrateurs de tous
les biens de l'église le sont également du cimetière qui
n'en est que l'annexe, et qu'ils ont en outre qualité pour
régir toutes les confréries dont ils sont les supérieurs.
A la suite de cette résolution, l'assemblée statua que les
proviseurs de la confrérie de Saint-Maurice seraient
incessamment invités à présenter les comptes de leur
gestion, après quoi on procéderait à leur remplace-
ment (1).

On voit par ce curieux incident avec quel soin les
marguilliers écartaient l'immixtion épiscopale de leur
gestion des affaires de l'église.

NOTRE-DAME-DE-LORETTE ET CHAPELLE ANONYME. —
Nous la trouvons nommée dans un compte de la confrérie des Trépassés ainsi qu'une autre *petite chapelle*,
qui n'est pas autrement désignée et qui s'élevait à côté
d'elle sous les galeries. En 1520, on avait fait peindre
en couleur et or par un peintre orléanais, nommé
Jean Méry, « une *similitude* de la Transfiguration de
Notre-Seigneur, en bois, qu'un nommé Jacques Hachin
avait donnée audit cimetière. » Cet objet d'art était
renfermé dans une sorte de boîte fermée de « deux
huissets » peints à l'intérieur comme à l'extérieur.
Cette sorte de châsse ou plutôt de tabernacle fut « posée
en la *petite chapelle* à cousté de la chappelle Nostre-
Dame-de-Lorette, dudit cimetière (2). » Quant à ce

(1) Arch. de la fabrique, liasse de divers titres, pièce papier.
(2) *Ibid.*, compte de la confrérie des Trépassés, 1520-1523.

dernier autel, il fut placé dans l'aile de Saint-Michel lorsqu'on le transféra dans l'église.

Quelle pouvait être cette *petite chapelle* ornée d'un objet si artistement enluminé qu'on avait dépensé 25 livres tournois à le faire peindre (1). Portait-elle le titre de la Transfiguration ? C'est ce que le compte où nous puisons ces détails a omis de nous apprendre. Ce ne peut être, en tous cas, celle dont il nous reste encore à parler, car la fondation de celle-ci — si toutefois elle eut jamais lieu — serait postérieure au 9 avril 1697. Cette année, en effet, un bourgeois de Bordeaux, nommé Pierre Leroy, et vraisemblablement natif d'Orléans, fit une donation testamentaire de 8,000 livres à l'église Saint-Paul, pour la fondation à perpétuité d'une chapelle destinée à la sépulture de sa famille. Si la place manquait à l'intérieur de l'édifice, cette chapelle serait construite au dehors, mais le plus près possible. Le chapelain, nommé par l'évêque et choisi de préférence dans la famille du donateur, y dirait une messe quotidienne pour le repos de son âme et ferait un catéchisme par semaine aux enfants de la paroisse (2). Rien n'indique que ces dispositions aient jamais reçu leur effet.

Les deux dernières chapelles dépendant de Saint-Paul dont il nous reste encore à parler étaient comme les précédentes hors de l'enceinte du cimetière. Elles feront l'objet d'un chapitre spécial, dans lequel nous dirons également quelques mots des maisons hospitalières auxquelles elles étaient jointes.

(1) Arch. de la fabrique. *Ibid.*
(2) Fonds de la fabrique de Saint-Paul, arch. du Loiret, boîte, liasse, pièce 281.

CHAPITRE VIII

LES HOPITAUX DE LA PAROISSE SAINT-PAUL.

————

Hospice de Saint-Mathurin. — Aumône des filles. — Hôpital de la grand'rue Porte-Renard (aujourd'hui rue des Carmes.)

Il est question, dans un ancien inventaire de la fabrique, de l'hôpital de Saint-Mathurin, comme dépendance de l'église Saint-Paul. C'est à ce titre que nous lui donnons place ici, bien que sa situation le laisse en dehors des limites de la paroisse. Sans doute, les marguilliers étaient collateurs de sa chapelle, et, pour ce motif, il est nommé dans les papiers de la cure. Cet édifice hospitalier fut gravement endommagé au temps des guerres religieuses (1).

Fondé pour les aveugles par le saint roi Louis IX, il était, dit l'abbé Dubois, sis au nord du point actuel de jonction des rues Bannier et du Colombier (2).

(1) LA SAUSSAYE, *Annales Ecclesiæ Aurelian.*, XV, 19.

(2) Il est dit dans les titres de la fabrique Saint-Paul que l'hospice Saint-Mathurin était sis rue de la Porte-Bannier. — La porte Bannier, d'après les indications de l'abbé Dubois, ne faisait pas exactement face à la rue Royale ; elle était un peu à l'est vers l'extrémité de la place du Marché-au-Blé (Martroi) et à 65 pieds environ du pavillon formant aujourd'hui l'encoignure de la rue Royale. (Abbé DUBOIS, t. I, p. 105, ms. cité.)

On en réunit en 1556, les biens à l'Aumône générale, c'est-à-dire à l'administration chargée de pourvoir à la subsistance des pauvres. Le 24 mars 1620, ses administrateurs vendirent l'emplacement de l'hôpital Saint-Mathurin aux religieuses de la Visitation qui y édifièrent leur monastère.

En 1672, tous les biens de l'hospice des aveugles furent réunis à l'hôpital général qui possède encore aujourd'hui en Beauce une ferme nommée *ferme des Aveugles*, autrefois dépendante de cette antique Maison-Dieu (1).

Aumône des Filles. — L'*Aumône* des filles était une maison de refuge fort ancienne, fondée antérieurement au XIIIᵉ siècle et sise *es fossés le roy*. Le tracé de la deuxième enceinte d'Orléans, par suite de l'annexion d'Avenum, ayant nécessité au XIVᵉ siècle la réconfection des fossés, ces travaux amenèrent la destruction de l'Aumône. Jean Richer, chevalier et maître des requêtes, donna alors à la confrérie de Notre-Dame-des-Miracles une place qu'il avait au vieux marché (2) pour y réédifier

_____

(1) Abbé Dubois, t. i, p. 184, ms., *ibid.*

(2) M. l'abbé Dubois croit trouver dans cette réédification de l'aumône Saint-Paul, en 1346, la preuve que la deuxième clôture d'Orléans, motivée par l'annexion d'*Avenum*, fut faite l'année précédente ; car, dit-il en substance, si l'aumône bâtie sur les fossés du roi a été reconstruite ailleurs en 1346, c'est que les fossés avaient été refaits l'année précédente. Ce raisonnement du docte antiquaire n'est pas absolument concluant, en ce qui concerne le fait même de l'annexion. En effet, le titre qui mentionne la réfection des fossés ne précise aucunement l'année où l'on procéda à cette vaste opération ; et d'ailleurs elle ne put être simultanée sur tous les points de l'enceinte. Jean Richer pourrait en outre n'avoir donné son terrain que longtemps après le commencement des travaux de clôture, d'autant plus qu'il n'existe

cet hôpital (1). On en voit encore des vestiges dans la
maison portant le n° 5, dit l'abbé Dubois, et on y distingue même dans la muraille un ancien bénitier. Des
arcades, reliant à droite et à gauche les maisons voi-
sines à celle-ci, indiquent qu'elles faisaient également
partie de l'hospice. Ce fut sans doute l'un de ces immeubles dont la fabrique fit l'acquisition en 1382.

Jusqu'en 1556, cet établissement où l'on donnait l'hospitalité aux femmes vagabondes a gardé le nom d'*Aumône
Saint-Paul*; mais, dans le but de supprimer la mendicité,
Henri II déclara la même année que les pauvresses hors
d'état de subvenir à leur nourriture seraient admises et
demeureraient dans cette maison hospitalière, et dès lors
elle fut désignée sous la qualification d'*Aumône des filles*.

Ses revenus avaient principalement leur source dans
les donations dont elle fut autrefois l'objet. L'inventaire
de 1462 en mentionne une qui lui fut faite en 1446 par
dame Marguerite, femme de Jehan Aubelin. Il paraît
cependant que le mari de la testatrice n'exécuta point
ses dernières volontés, car la Prévôté dut l'y contraindre par sentence rendue le 17 mai 1449 ; mais la fabrique, au nom des proviseurs de l'*Aumône,* consentit à
transiger moyennant une certaine somme (2).

non plus aucune preuve que la réédification de l'Hôpital de Saint-
Paul ait immédiatement suivi la réunion du bourg de Dunois à la
ville. M. Vergnaud-Romagnési, examinant à son tour l'époque probable du tracé de la deuxième enceinte, la fixe aux environs de
l'année 1300. « Philippe-le-Bel, dit-il, institua en 1302 douze notaires pour les douze quartiers d'Orléans, ce qui prouve que déjà
Avenum était joint à la ville. » (*Histoire d'Orléans,* t. I, p. 9.)

(1) Arch. du Loiret, fonds de Saint-Paul, extr. d'anciens titres,
pièce 146, boîte.

(2) Arch. de la fabrique, reg. B.

Une autre dame considérable de la paroisse, Jehanne Luillier, veuve du trésorier général Jacques Boucher, dans son testament du 29 avril 1449, exprimait la volonté qu'une des quatre torches de ses funérailles fût attribuée à l'*Aumône* de Saint-Paul « pour servir à la levacion du corps Nostre Seigneur. » Elle lui léguait également, ainsi qu'aux trois *Aumônes* de Sainte-Croix, Saint-Paterne et Saint-Antoine, quatre draps de lit de deux lez (1).

Une rente de 8 livres fut donnée en 1521 au même établissement charitable par Jean de Cahours, prêtre, aumônier et gardien de cette maison Dieu (2).

En 1621, Jean Sachet l'inscrivit dans son testament pour 12 sols 4 deniers parisis de rente (3).

Enfin, le 21 juillet 1702, Catherine Cérette, dame Gendron, lui fit un don testamentaire de 800 livres (4).

L'Hôpital de la Porte-Renard. — Une troisième maison de refuge existait en 1473 dans les limites de la paroisse et on la trouve mentionnée dans les papiers de fabrique. Elle était sise grand'rue de la Porte-Renard (5), nommée aujourd'hui rue des Carmes.

---

(1) Le testament de Jeanne Luillier nous a été gracieusement communiqué par M. Boucher de Molandon, l'un de ses descendants.

(2) Fonds de Saint-Paul. Lettres passées sous le scel de la Prévôté d'Orléans pour l'exécution du testament de M. J. de Cahours, pièce parch. à double queue, boîte 6, liasse, archives du Loiret.

(3) *Ibid.*, liasse, pièce parchemin, n° 310.

(4) *Ibid.*, pièce pap., n° 279.

(5) Il apparaît d' « unes lettres de prise du 11 janvier 1473, passée par J. Courtin, que Pierre Bretonville, boulanger, a pris à rente de Jaquette, veuve Jehan-Drillault, une maison séant en la grant

Nonobstant le grand nombre d'établissements hospi-
taliers entretenus par la charité orléanaise (1), les
indigents sans asile s'étaient accrus dans des proportions tellement imprévues, à la suite des prises
d'armes calvinistes, qu'on ne savait plus comment re-
médier à tant de misère. En vain une ordonnance du
bailliage vint-elle, le 10 mai 1567, enjoindre à tous
les habitants de la ville, quelle que fût leur foi religieuse, de se cotiser pour procurer la nourriture à ces
milliers d'êtres criant la faim ; — en vain aussi eut-on
recours à cet autre moyen réservé pour les extrémités
pressantes, l'impôt ; et celui-ci prit le nom de *taille
des pauvres* (2). Mais en présence d'une pareille multitude affamée l'on fut bientôt convaincu de l'inef-
ficacité de ces expédients. Ce fut alors qu'en 1571
toutes les communautés paroissiales réunies dans leur
église respective furent invitées à aviser aux moyens
d'ériger, sous le titre d'hôpital, une vaste Maison-Dieu,
pour y loger et nourrir tous ces vagabonds sans res-
source.

L'assemblée générale des paroissiens de Saint-Paul
délibéra le 6 avril et les habitants désignèrent unani-

rue de la Porte-Renart, *en laquelle est situé ung hospital*, à la
somme de vIII francs 1/2 de rente et à la charge de loger les
pauvres en une chambre dudit hostel et le entretenir et fournir. »
(Arch. de la fabrique, inventaire D, art. 91.)

(1) Trois autres maisons de refuge existaient en outre dans la
ville : l'*Aumône* de Sainte-Croix ou grand Hôtel-Dieu du chapitre,
fondé par Étienne de Garlande au XIIᵉ siècle ; — l'*Aumône* des
garçons ou de Saint-Paterne, établie par la confrérie des écrivains ;
— et l'*Aumône* Saint-Antoine, sur le pont, où l'on donnait l'hospitalité aux pauvres voyageurs.

(2) Arch. de la fabrique, reg. T.

mement l'hôtel de l'Arsenal pour devenir le siège de cet établissement de bienfaisance (1).

Nous ne pourrions, sans élargir considérablement le cadre où nous avons dû circonscrire cette étude et la faire sortir des limites que nous nous sommes tracées, rappeler ici les innombrables fondations dues aux familles de la paroisse, en faveur des hôpitaux ou des pauvres assistés. Mais s'il nous a été impossible de les énumérer toutes nous avions au moins à cœur de signaler les deux plus importantes : celle de M. Antoine Fontaine, écuyer, conseiller et secrétaire du roi qui, en mourant, légua en 1646 cent cinquante livres de rente aux pauvres (2) de Saint-Paul, et la munificente dona-

(1) Archives de la fabrique, répertoire de titres, délibérations, etc., T.

(2) Charles-Antoine Fontaine des Montées était père de M. Charles Fontaine des Montées, qui fut évêque de Nevers en 1719. Voici l'extrait de son testament olographe daté du 2 février 1715 : « Je donne et lègue aux pauvres de la paroisse de Saint-Paul d'Orléans cent-cinquante livres qui seront payées tous les ans au mois de septembre par mes enfants, leurs descendants ou héritiers, et mises entre les mains de la personne qui aura le soin desdits pauvres, pour être employées à acheter du bois qui sera distribué par la personne, ou de son ordre, pendant l'hiver auxdits pauvres. Et afin que cela ne puisse pas manquer, il sera fait un fonds de cinq mille livres, ou ils resteront entre les mains de mes enfants qui fera (versera ?) tous les ans lesdits cent cinquante livres entre les mains de ladite personne qui aura la charité d'avoir soin desdits pauvres ; et je prie Monsieur le Curé de ladite paroisse d'y donner son attention. » Cette pièce est revêtue de l'approbation de l'évêque de Nevers. (Arch. de la fabrique, liasse relative à la donation). — Quelques difficultés s'élevèrent ultérieurement, parait-il, au sujet de la remise de ces 5,000 livres à la fabrique et des 10,000 livres qui devaient assurer la fondation de son obit. L'évêque de Nevers s'engagea alors à verser annuelle-

tion de l'admirable M. Masson de la Manerie, mort
en 1749, l'un des plus généreux soutiens de toutes
les œuvres de bienfaisance de cette ville, qui affecta
8,000 livres de rente au soulagement des indigents du
seul quartier Saint-Paul (1). (Voir au chap. X la magnifique épitaphe que lui érigèrent les paroissiens re-
connaissants et que Polluche a recueillie dans l'église.)

ment aux gagers une rente de 20 livres, équivalant à sa part des
charges de ladite fondation. (*Ibid.*, DD, art. 95, p. 155, et art. 5,
p. 471.)

(1) Arch. de la fabrique, DD, supplém., chap. VI, p. 486.

CHAPITRE IX

LE CLOITRE OU CIMETIÈRE SAINT-PAUL.

Noms divers donnés au cloître. — Ses limites. — Suppression de la venelle. — La vieille tour. — Sa réédification. — Maison bâtie sur ses fondements. — La tour carrée du nord, achevée en 1627. — On y installe les cloches. — Ses nom et usages anciens. — Elle est vendue comme bien national. — Presbytère de Nôtre-Dame-des-Miracles, dit maison du marillier. — Le séminaire de Saint-Paul. — Fondations Alleaume et Debeausse. — Acquisition d'immeubles. — Transaction avec le chapitre de Saint-Pierre. — Suppression du séminaire. — On y installe les écoles de la section. — Revendication de l'immeuble par la fabrique. — Il lui est restitué. — Presbytères de Saint-Paul et de Notre-Dame-des-Miracles. — Leur réfection. — Ils sont mis en ruine par les protestants. — Réparés en 1578. — Nouvelles avaries et seconde restauration. — Adjonction du terrain de l'ancienne chapelle Saint-Jean à la maison curiale. — Taille de 5,000 liv. — Le cimetière. — Ses premiers développements. — Son bornage. — Nouvel accroissement. — Communication ouverte avec la maison de l'Annonciade. — Les nouveaux piliers des galeries. — Troisième accrue du cimetière. — Fermeture des galeries. — Leur suppression. — Assemblées de paroisse. — Local des archives paroissiales. — Reconciliation du cimetière.

Tout l'espace environnant l'église portait, suivant la partie qu'on voulait désigner, le nom de *cloître* ou *ci-metière*, de *petit cloître*, ou enfin de *petit cimetière* (1).

(1) Un grand et un petit estasson adossés à l'église, construits sur le *petit cimetière* et dont l'emplacement servit en 1629 à édi-fier la chapelle du Saint-Nom-de-Jésus, étaient loués en 1564 à

On y avait planté des ormes (1), qui furent arrachés
en 1807 (2).

Le *cloître* ou *cimetière* commençait, du côté septen-
trional, à l'encoignure nord-est de l'aile dite de Saint-
Michel et renfermait seulement le presbytère et la chapelle de Saint-Jean-Baptiste.

On appelait *petit cloître* le terrain compris entre la
partie supérieure de l'aile Saint-Michel et les maisons
qui lui font face.

Enfin le *petit cimetière*, longeant l'église au midi et
enveloppant les chapelles des Fonts et du Saint Nom de
Jésus, se terminait à la rue Saint-Paul qu'on ne dis-
tinguait pas, à cette époque, de celle des *Cloches*.

Ces différentes dénominations sont consignées dans
un acte du 2 novembre 1469, par-devant Tassin-Ber-
thelin (3). Laissant de côté ces distinctions, nous voyons
qu'à l'ouest le cloître était borné par le mur de ville,
auquel s'appuyait la maison de l'*Annonciade* (4). A
partir de la tour actuelle, ce mur allait rejoindre la rue
dite des *Cloches*, du *Nez-d'Argent* ou des *Curés*. Il
avait pour limite, au nord, les maisons continuant l'alignement du presbytère, jusqu'à la rue du *Cheval-*

Jehan Villeneuve, mercier. (Arch. du Loiret, Fonds de Saint-Paul,
boîte 6, liasse 8, pièce parch.)

(1) « Pour escheniller et emunder les ormes du cimetière
Saint-Paul, baillé quatre livres. » (Arch. de la fabrique, compte
de la confrérie des Trépassés de 1639 à 1643, reg. S, f° 30, v°.)

(2) *Ibid.*, reg. des délibérations des marguilliers, n° 2, de 1805
à 1827, p. 7.

(3) *Réplique signifiée par les sieurs marguilliers contre le
sieur Chapt de Rastignac et contre le sieur Barbazan.* Mém.
impr., p. 10. (Arch. de la fabrique.)

(4) La maison de l'Annonciade s'appuyait du côté de l'ouest
sur la deuxième enceinte. (L'abbé DUBOIS, ms. 451 *bis*, p. 42.)

Rouge aussi nommée rue de la *Vieille-Foulerie*. L'église le fermait à l'est, tandis qu'il l'était au midi par la rue du *Nez-d'Argent*. Une venelle, partant de la rue des *Cloches* et aboutissant à la rue de *Recouvrance*, passait entre le cimetière et les maisons qui en formaient au sud la bordure. Elle n'avait été ouverte que depuis la dernière accrue de la ville; mais elle donna lieu à tant d'inconvénients, qu'on dut la faire disparaître en 1537. La paroisse en fit l'acquisition pour agrandir le cloître.

Depuis la suppression de cette venelle, les maisons au midi du cloître, parmi lesquelles figuraient la vieille tour et l'ancien presbytère de Notre-Dame-des-Miracles, dit maison du marillier, ne furent plus séparées du cimetière.

La Vieille-Tour. — Cet antique monument, sis au midi de l'église et dont l'existence est aujourd'hui complètement oubliée, n'a rien de commun avec la tour actuelle. Elle est fréquemment mentionnée dans les titres de la fabrique et sa situation nous induit à conjecturer qu'elle faisait partie de l'enceinte d'*Avenum* (1). Fort éprouvée par les ravages du temps et

(1) La situation de cette ancienne tour est parfaitement déterminée par les passages suivants extraits de la *Réplique des marguilliers*, pp. 14 et 15 : « On lit dans une reconnaissance du 24 mars 1581, fournie par les gagers de Saint-Paul au chapitre de Saint-Pierre-le-Puellier, que la maison du marillier tenait d'un long à Mre Jacques Poutray [au lieu de la muraille de ville]; ouvrant d'autre bout sur le cimetière dudit Saint-Paul et en un coin attenant à une maison où sont les fondements de la tour de ladite église. » — D'autre part, on lit dans le registre des censives de Saint-Pierre-le-Puellier, pour la même année, et rédigé

n'étant peut-être pas disposée de façon à recevoir com-
modément les cloches, on l'avait laissé tomber en
ruine. Toutefois, elle dut pendant un temps servir à
cet usage, car rien ne détruit l'hypothèse que l'un
des deux clochers, accompagnant le portail, n'ait été
construit qu'en 1469, lorsqu'on élargit Saint-Paul dans
sa partie méridionale. Quoi qu'il en soit, dès que la
vieille tour cessa d'être utilisée pour les cloches, on la
fit servir d'assises à un corps de logis que la fabrique
louait à ses prêtres, et derrière lequel était le presbytère de Notre-Dame, dit aussi *maison du marillier*.
Déjà presque en ruine en 1481 (1), cette construction,
édifiée sur la tour, avait été occupée en 1461 (2) par
M. Jean Philippe, prêtre et marillier de Saint-Paul,
dont le nom est cité dans l'inventaire de 1462 (3).

Cette ancienne tour, on le voit, ne saurait donc, à

---

par Adeneau, notaire, ce passage qui confirme exactement ces
données. Le quartier de Saint-Paul était ainsi constitué au midi :
« La rue du coing du cimetière Saint-Paul, appelée la rue des
Curés [*alias* du Nez-d'Argent ou des Cloches]; l'église de Saint-
Paul d'Orléans, pour une maison de présent en ruine, où est à
commencer à édifier la tour de ladite église de Saint-Paul, tenant
d'un cousté au cimetière de ladite église, d'autre à la maison ci-
après déclarée, d'un bout, par derrière, aux hoirs Milixan De-
laveau et d'autre, ouvrant sur ladite rue..... » — Le procès-verbal
antérieur, de 1545, donne des indications parfaitement conformes
à ce qui est dit ci-dessus. Les marguilliers, dans leur *réplique*,
interprétant littéralement cette expression : « *Où est à commencer à édifier la tour* », en infèrent que la reconstruction en
aurait été entreprise en 1581; mais nous croyons que cela veut
dire seulement qu'en cet endroit se trouvaient les fondements de
la tour qu'on y voyait naguère.

(1) *Réplique des marguilliers*, etc., p. 13.
(2) Arch. de la fabrique, reg. DD, chap. X, p. 319.
(3) *Ibid.*, reg. B, *passim*.

aucun égard, être confondue avec la tour actuelle, qui
fut commencée en 1621 et peut-être même en 1539 (1),
comme en témoigne un compte de cette année (2). On
y lit, en effet, ce passage significatif : « Pour quarante erres de pierre à maçonner employées à l'édifice
d'une tour que l'on fait de neuf, pour la dicte église,
60 livres parisis. » — Cet article, à la vérité, pourrait aussi s'appliquer à la reconstruction de l'un
des deux clochers placés devant le portail du sud, et
qu'on appelait également la *tour* de l'église Saint-
Paul (3).

La Tour du Nord. — Quant à la tour carrée du
Nord, quoi qu'il en soit de l'époque à laquelle on a pu
en commencer l'appropriation (4), elle ne fut achevée
qu'en 1627 et nullement en 1629, comme on l'a écrit
à tort. Nous en trouvons la preuve dans le marché
passé en 1627 avec le charpentier Jacques Petit, « pour

---

(1) Archives de la fabrique, reg. T, p. 34.

(2) Archives de la fabrique, compte de 1539 à 1542, reg. F.

(3) Archives de la fabrique. Inventaire D.

(4) La tour du Nord, dit l'abbé Dubois, fut édifiée sur les fondements d'une ancienne tour de la deuxième enceinte d'Orléans,
nommée l'*eschiffre de Saint-Paul*, à cause sans doute d'un escalier ou eschiffre servant à monter sur les murs. On y avait établi
pendant les guerres un engin ou baliste servant à lancer des
pierres et qu'on nommait *couillart*, parce que ces pierres étaient
enfermées dans un épais sac de cuir appelé en latin *culeus*.
(Ms. cité, t. I, p. 146.) Un compte de fabrique de 1478 mentionne
la réfection d'un autre engin appelé « la grue [et] qui avait été
despéciée » au mois de mai précédent.

Dans la voûte de cette tour en forme de cul de four à huit pans,
ouvraient autant de croisées. Au pourtour était une plate-forme
avec balustrade en pierre soutenue aux angles par quatre piliers
butans carrés. (Arch. du Loiret, boîte 25, pièce 137.)

démonter les quatre cloches de la vieille tour et les placer en la tour nouvellement construite. » (1).

En 1796 (22 brumaire an v), un homme de néfaste mémoire, dont le nom s'est déjà trouvé sous notre plume quand nous avons eu à rappeler la dévastation de nos. édifices publics, le citoyen Lebrun se rendit acquéreur de la nouvelle tour, pour le prix de 4,400 livres; mais il fut heureusement stipulé qu'il serait tenu d'en enlever l'horloge à ses frais et de la replacer dans l'église (2). La difficulté de cette opération l'obligea à suspendre ses projets de démolition; il se contenta donc d'affermer la tour à la fabrique moyennant 150 livres; et, des jours meilleurs étant survenus, il ne fut plus question de donner suite à ce dessein.

En 1814, les marguilliers firent réparer la chambre de l'ancienne horloge pour y installer celle que devait leur fournir un habile horloger de la ville, M. Dubois. Mais, lorsque deux ans plus tard l'artiste livra son œuvre, le devis de 3,000 livres fut reconnu inférieur à sa valeur réelle et cette somme fut doublée (3).

Les démarches poursuivies par la fabrique, pour rentrer en possession de la tour, n'aboutirent qu'en 1818. Il fut alors convenu entre Lebrun et les gagers, que ceux-ci deviendraient propriétaires du monument en lui payant 400 fr. de rente pendant sa vie et 3,000 fr. à ses héritiers après sa mort (4).

(1) Arch. de la fabrique, DD, p. 390 et T, p. 34.
(2) Archives de la fabrique, liasse de pièces du XVIIIᵉ siècle!
(3) *Ibid.*, registre des délibérations de 1805 à 1827, fᵒˢ 71 et 89.
(4) *Ibid.*, fᵒ 92, rᵒ.

MAISON DU MARILLIER OU PRESBYTÈRE DE NOTRE-
DAME-DES-MIRACLES. — Nous avons dit ci-dessus, en
indiquant l'emplacement de la vieille tour, que la maison dite du *marillier* ou *presbytère de Notre-Dame-
des-Miracles* était au midi de l'église, derrière celle
qu'on avait élevée sur les fondements de cette tour (1).
Pourquoi portait-elle ce dernier titre? C'est ce que l'on
ne saurait s'expliquer, car elle ne servit jamais d'habitation aux curés de Notre-Dame. Ils demeuraient à côté
de ceux de Saint-Paul.

LE SÉMINAIRE DE SAINT-PAUL. — La difficulté qu'é-
prouvaient les douze prêtres habitués et les deux vicaires à trouver des logements convenables à proximité
de l'église, inspira à M. Alleaume, seul titulaire des
deux portions, la pensée de les réunir tous dans des
locaux contigus et appropriés à cet usage. Ce groupe
d'habitations reçut le nom de *séminaire* de Saint-Paul.
Il fit en conséquence, le 4 juin 1650, par devant Laurent Bordes, notaire au Châtelet d'Orléans, une donation de 8,000 livres, pour l'achat d'une maison (2).
Mais cette somme eût été insuffisante pour loger un

(1) La maison du marillier n'eut d'ouverture sur la rue des
Cloches, dite aussi des *Curés* ou du *Nez-d'Argent*, qu'après la
suppression, en 1537, de la venelle allant de la rue Saint-Paul
actuelle à celle de Recouvrance. (Voir *Cerche* de 1543.) Mais il
est à remarquer qu'au XVIᵉ siècle encore le nom de rue du
Nez-d'Argent s'appliquait de préférence à la rue Saint-Paul,
depuis celle du Cheval-Rouge, jusqu'à celle de la Chèvre-qui-
Danse; tandis que la partie qui longe l'église au midi recevait
plutôt le titre de rue des Curés ou des Cloches. (Reg. des délibérations nº 2, 1805-1827, fº 5, rº.)

(2) Voir, *Pièce justificative XXIII*, la donation de M. Alleaume.

aussi grand nombre de personnes, si un autre prêtre
orléanais, M. Debeausse, ne l'eût complétée par un don
de 5,000 livres. Autorisés par un avis d'habitants du
5 avril 1671, les marguilliers utilisèrent le vieux presbytère de Notre-Dame pour la construction nouvelle (1).
Ils y ajoutèrent trois autres maisons d'un seul tenant,
sises entre les rues du Nez-d'Argent et Gâtebois, successivement acquises en 1668 et 1669. La première
appartenant à M. Gallard, prévôt d'Orléans, coûta
2,920 livres ; elle touchait à la maison des Trois-Clefs.
La seconde fut achetée du sieur Lange, fondeur, moyennant 330 livres. Enfin M. Gorrand céda la troisième
pour le prix de 650 livres (2).

· Tous ces immeubles devaient au chapitre de Saint-
Pierre-le-Puellier des droits de seigneurie utile (3), qui
furent convertis en une rente annuelle de 36 livres,
plus une somme de 150 livres, une fois payée, pour
raison des profits de relevoison à plaisir (4).

Jusqu'à la Révolution, les prêtres de Saint-Paul occu-
pèrent le *séminaire*; mais quand la suppression du
culte motiva celle de ses ministres, la ville, s'emparant

(1) Archives de la fabrique, T, p. 38.
(2) *Ibid.*, reg. P, 1668-1672, fos 23, 35.
(3) Ce profit féodal consistait dans les droits payés par les
censitaires au seigneur censier, c'est-à-dire propriétaire d'un fief
servant.
(4) La *relevoison à plaisir* n'avait cours qu'à l'égard des héritages renfermés dans les anciennes barrières d'Orléans et s'acquittait à l'occasion des mutations de censitaires. Ceux-ci avaient
le choix entre le payement intégral d'une année de loyer ou
l'abandon pour le même temps de la maison soumise audit profit.
Cette option s'appelait *guesver*. (Voir POTHIER, *Coutume d'Orléans*.)

de cette propriété de la fabrique, y installa les écoles
de la section. Le 10 vendémiaire an XII, les marguilliers
adressèrent à M. Crignon-Désormeaux, maire d'Orléans,
une pétition pour rentrer en possession de leur bien.
Ce *postulatum* ne fut pas alors accueilli (1) et le local
ne fut rendu à l'église qu'en 1809 (2).

LES PRESBYTÈRES DE SAINT-PAUL. — Les maisons af-
fectées de tout temps au logement des curés des deux
portions étaient sises au nord de l'église, vis-à-vis le
portail de Saint-Michel. Celle qu'occupait le curé de
Saint-Paul attenait à une maison vendue en 1281 aux
prêtres de cette église, par Girard-Mouton (3). Deux
siècles plus tard, ils la baillaient à rente à M. Pierre
Ynthier.

Bien que convenablement réparée en 1437 par M. Simon Guéret, curé (4), la maison presbytérale, en 1481,
croulait de toutes parts. Dans la pensée de procurer à
la fabrique un double avantage, celui de diminuer ses
charges et d'accroître le cimetière, les deux titulaires
aux portions de Saint-Paul, MM. Legastellier et de
Mareau, firent à l'église l'abandon de la *masure* et de
ses dépendances, avec tous leurs droits au tréfond, à
condition qu'il leur serait fourni un presbytère neuf

---

(1) Archives de la fabrique, liasse, pièce 169, 3.

(2) *Ibid.*, reg. des délibérations de la fabrique n° 2, 1805-1827,
p. 54.

(3) *Réplique des marguilliers*, p. 16.

(4) Simon Guéret, curé de Saint-Paul et chanoine de l'église
d'Orléans, figure dans l'acte capitulaire du 20 août 1421, par
lequel est acceptée la fondation à perpétuité d'un obit solennel
institué par Jean Stewart, connétable d'Écosse, tué à la journée
des Harengs. (Arch. du Loiret, fonds de Sainte-Croix, sér. G.)

(22 novembre et 26 décembre 1482) (1), et M. Legastellier y ajouta un don de 20 livres tournois (2).

Cette transaction reçut son exécution immédiate et l'on construisit deux petits hôtels semblables, ayant rez-de-chaussée de deux pièces, étage et grenier, avec une petite cour de vingt pieds pour chaque corps de logis. Un mur les séparait dans toute leur largeur (3).

Tant que durèrent les travaux, le curé de Saint-Paul occupa le maison de M. Ynthier, qui la prêta moyennant un dédommagement pécuniaire (4).

A la suite des guerres du XVIe siècle, la maison presbytérale étant devenue inhabitable, M. Mesnier avait dû chercher ailleurs un asile, quand, le 8 juillet 1578, une assemblée d'habitants arrêta le devis des nouvelles réparations qui furent considérables (5). On exhaussa le presbytère d'un étage. Les travaux durèrent une année pendant laquelle le curé fut logé dans une maison de la paroisse (6).

Les troubles de la Ligue occasionnèrent à l'habitation curiale de nouvelles avaries et M. Mesnier fut même contraint de l'abandonner. M. Goislard, son successeur, se contenta d'en faire réparer la moitié, c'est-à-dire la demeure particulière du curé de Notre-Dame, tandis que le reste demeurait en ruines. Quatorze toises de ter-

(1) Archives de la fabrique, liasse de pièces du presbytère.
(2) *Ibib.*, *pièce parch.*
(3) Voir le plan ci-annexé.
(4) Archives de la fabrique, liasse de pièces du presbytère.
(5) *Ibid.*, à cet acte d'assemblée est annexé le devis des nouveaux ouvrages.
(6) *Ibid.*, quittance du sieur Lucas pour la somme de 4 livres 52 sous 6 deniers, pour demi-année de loyer du curé de Saint-Paul.

- Occident. -

Rue de Recouvrance allant à la partie Septentrionale du marché de la porte Renald et par sa partie Méridionale à la Rivière.

Cloistre de St Paul

Cimetière

CLOITRE SAINT PAUL en 1452

Reconstitué par Champion en 1755 d'après les plans anciens (album et vues anciennes bibl. pub. d'Orléans)

L'Annonciade.

an 1788.

Echelle de 19 Toises

- Orient. -

rain emprunté au cimetière furent annexées aux constructions nouvelles (1). Enfin, en 1712, le presbytère
du curé de la portion de Saint-Paul ayant été de nouveau relevé, l'on mit à profit le terrain abandonné
de l'ancienne chapelle de Saint-Jean, pour l'adjoindre
à la cure (2). Il est toutefois vraisemblable que cette
restauration fut faite d'une manière très restreinte,
puisque, suivant un acte d'assemblée du 3 mai 1756,
la paroisse résolut de lever sur elle-même une taille
de 5,000 livres pour le rétablissement de la maison
curiale (3).

LE CIMETIÈRE. — Dans cette topographie des terrains
joignant l'église Saint-Paul, que nous n'avons jusqu'ici
considérés que sous le rapport des édifices qu'ils renfermaient, nous n'avons donné aucun détail sur le cimetière proprement dit, c'est-à-dire sur la partie non
bâtie du cloître. Ce cimetière ne reçut que graduelle-
ment les développements qu'il atteignit par la suite.
Ses proportions primitives étaient assez peu étendues,
puisqu'il était borné par le mur de ville traversant le
jardin de l'*Annonciade*. En 1404, l'on procéda à son
bornage et cette opération s'exécuta en présence de
Me Jean Chezeau, official de l'évêque et des deux curés

(1) Arch. de la fabrique, *Mém. des marguill.*, déjà cité, p. 26.
(2) Le cabinet actuel du curé de Saint-Paul occupe l'emplacement de la chapelle. L'espace vide qui existait entre elle et
l'ancien presbytère se reconnaît distinctement à l'irrégularité du
local. Le mur qui sépare la cure de la maison de l'Annonciade
présente, entre le cabinet et le salon, une saillie de deux pieds
sur une étendue d'environ sept de longueur. (*Mém. des marguill.*, p. 106.) Le plan permet de mieux apprécier ces détails.
(3) *Ibid.*, p. 29.

de la paroisse : Maître Jean de la Guète et Messire Mathieu de Daru, docteur ès-lois et décrets (1).

En 1512, quelques propriétaires riverains cédèrent pour l'agrandissement du cimetière dix-huit toises environ de terrain, entre le cimetière et la rue *Mâcheclou* (de Recouvrance), à condition qu'on y élèverait un mur haut de quatre pieds, pour l'isoler du surplus de leurs héritages (2).

Un deuxième accroissement eut lieu en 1516. Le 3 août, MM. René Ragueneau, notaire et secrétaire du roi et Jean Boucher, contrôleur de l'artillerie et propriétaire de cette maison de l'*Annonciade* (3), dont le nom éveille tant de souvenirs dans les cœurs orléanais, laissèrent à la fabrique, par testament, quatre toises de terrain s'étendant en largeur depuis l'héritage de Jean Belot, jusqu'à l'enclôture du cimetière. Deux conditions accompagnaient cette largesse : l'ouverture par les marguilliers d'une porte entretenue à leur frais, pour aller de la maison sur le cloître, et l'inscription de la donation au martyrologe de l'église, ainsi que la charge à perpétuité d'un anniversaire solennel.

Le troisième agrandissement fut réalisé en 1537, par l'adjonction au cimetière de la petite ruelle supprimée au midi de l'église.

(1) Archives de la fabrique, reg. D.
(2) *Ibid.*, reg. DD.
(3) Arch. de la fabr., liasse, *pièce parch.* et reg. H. — L'acte en fut passé devant Blanchard, notaire à Orléans. (DD, p. 310.) — La maison de l'Annonciade confinait alors à l'ancienne porte Renard.

Les proviseurs des Trépassés ont consigné dans leurs comptes le détail des importants travaux faits du 2 octobre au 16 novembre 1519. On éleva notamment deux nouveaux piliers de galeries « *en venant sur le derrière des Quatre fils Aymon devers la porte Regnard* », pour la somme de 67 livres tournois.

En 1525, la fabrique fit une nouvelle acquisition de quatre toises de terrain (1), et en 1651 l'on inaugura une série de travaux importants : les galeries antérieurement exhaussées (1623) furent fermées (2), et l'ensemble de la dépense atteignit 287 livres (3). Mais en 1709, la suppression de toutes ces arcades ayant été décidée, l'on en commença la démolition, qui s'acheva en 1808. Ce fut alors qu'on posa, du côté regardant la rue de Recouvrance, l'une des deux portes de fer avec pilastres en pierre, donnant accès du cimetière dans cette rue (4). Les deux autres ouvraient : l'une sur la rue des *Cloches*, l'autre sur la ruelle aboutissant à la rue du *Cheval-Rouge*.

Sous ces galeries, occupant toute la partie nord du cimetière, depuis le presbytère jusqu'à la rue de Recouvrance, et dont le style différait peu de celles du grand cimetière, s'élevaient les chapelles énumérées en l'un des précédents chapitres. C'était là aussi que siégeaient les assemblées paroissiales d'habitants (5).

Bien avant 1784, on cessa d'inhumer à l'entour de

(1) Archives de la fabrique, liasse du cimetière.
(2) *Ibid.*, reg. T.
(3) *Ibid.*, compte de la conf. des Trépassés de 1640 à 1655, reg. S.
(4) *Ibid.*, reg. des délibérations de la fabrique de 1805 à 1827.
(5) *Ibid.*, reg. T.

Saint-Paul. Déjà en 1753, grâce à la générosité d'un paroissien, l'on avait pu pratiquer au travers du cimetière un passage pavé, commençant au portail ouest et rejoignant les rues de la *Crosse* et des *Chats-Ferrés*. Cette opération coûta 600 livres et nécessita l'aplanissement et l'alignement, au niveau du pavé, de toute cette partie du cloître. Un emmarchement en pierre de dix degrés reliés par trois plates-formes, et posé devant la rue de *Recouvrance*, facilitait les communications avec l'église (1). Ce fut à l'occasion de ces importants travaux que les huit beaux ormes, qui étendaient leur ombrage sur ce paisible dortoir où sommeillaient tant de générations, durent être complètement supprimés (2).

Le curieux inventaire-martyrologe de 1462 nous apprend qu'à une époque qui n'est point précisée, mais déjà ancienne alors, — car le fait était consigné dans « certains minutes et mémoires d'aucunes choses qui, le temps passé, ont touché les gaigiers de ladite église », le cimetière ayant été « polu et interdit », avait dû être réconcilié (3). Il s'y était probablement commis quelque meurtre. Nous avons lu, en effet, dans l'enquête de 1537, occasionnée par le projet de suppression de la petite ruelle sise au midi du cloître, que cet endroit servait de refuge aux rôdeurs de nuit et autres gens mal intentionnés. L'ancien titre, auquel fait allusion cet article de l'inventaire, a malheureusement disparu des archives de la fabrique.

(1) Arch. de la fabriqne, reg. DD, chap xiv, p. 445.
(2) *Ibid.*, reg. n° 2 des délibérations de la fabr., 1805-1827, p. 7.
(3) *Ibib.*, reg. B, f° 26, r°, art. 48.

CHAPITRE X

LES SÉPULTURES ET LES INSCRIPTIONS DE L'ÉGLISE
SAINT-PAUL.

Personnes inhumées dans l'église de 1477 à 1538. — Épitaphes de
Boniface Lamyrault, — de Claude Sain, — de Guillaume et François
Beauharnois, — de Simon Robillard, — de Jean-Baptiste Masson de
la Manerie, — de Marguerite Deloynes, — de François Le Vassan, —
de Pierre Morisset, sieur de Saumery, et de dame Françoise Hanet,
— d'Olivier Mignot, — des familles Rousse et Lenormant, — de Catherine Maindestre et de Nicolas Lenormand, — de Roze Bruzeau et
de Roze de Villeneufve, — de Marie Cardinet, — de Gervaise Mignot,
— de Messire Jacques Alleaume, — des Habert, — de Michel Girard
et Charité de la Loge-Collet, — de Jeanne Rabier, — de Constantin
Hubert et sa famille, — de Claude d'Archambault, — des Sevin,
— de Guillaume Roussillart, — de Jean Leberche et Madeleine
Levassor, — de Messire Christophe de Valembraz, — de Pierre
Leberche et de sa famille, — de Jacques et Claude Germe et
Radegonde Jaquet, — de Messire André Goislard, — des Delescluze,
des Le Barbier, — de Jean Leredde et Marie Sceillier, — de Claude
Leredde et Nicole Mignan, — de Barbe Delespine, — des Fontaine, — de Charles Debeausse et Michelle Durant, — de François
Angran et Marie Douet, — de Louis Le Pesant, — de Louis Baudouyn et Nicole Roberday, — des Tunvache, — de Montant-Rivaut
et Bastienne Panivard, — de Claude Rousseau, — de Jehan C....
et Marguerite Blanchart, — de Marguerite Maricese, — de la
famille Maurice, — de la famille Resnier, — de Pierre Billard et
Marie Leroy, — de Robert Haultdecœur, — de Martin Gallot, — de
Jacques Boucher.

Ce chapitre est en quelque sorte la continuation du
précédent; car, si, dans les pages qu'on vient de lire,
il a été rendu compte de ce qui concerne le cimetière,

il nous a semblé qu'un rapide souvenir consacré aux
sépultures aujourd'hui disparues de l'église Saint-
Paul n'aurait ni une moindre utilité, ni un moindre
intérêt.

Certes, ce nous eût été un bonheur inespéré de retrouver complète la liste de tous ceux dont les corps
reposaient sous les dalles séculaires de l'église, et comme
confiés à la garde des nombreux patrons de ce vénérable
sanctuaire. La fortune ne nous réservait pas une telle
faveur, et il en résulte d'importantes lacunes dans cette
partie de notre travail. Elles sont, on l'a déjà deviné, la
conséquence de la perte de plusieurs registres apparte-
tenant à la confrérie des Trépassés. Les plus anciens
en date, ceux du XIVe siècle, manquent tous à l'appel.
Nous y eussions trouvé, aussi bien que dans les comptes
postérieurs, la nomenclature des familles ou des personnes ensevelies à l'intérieur de l'édifice. L'énumération que nous sommes à même d'offrir n'est donc pas
antérieure au XVe siècle.

Les familles ayant leur sépulture dans l'église Saint-
Paul en 1477, sont les suivantes : Cormereau, — Hue,
— Lemazier, — Colas, — Cailly, — Bonnemet, — Le
Bascle, — Le Pelletier, — Boillève, — Lelong, —
L'Aubespine, — Boullet, — Tailleboys, — Sachet, —
de Sancerre, — Luillier, — Martin, — Petau.

En 1519, nos comptes relatent les personnes ci-après
nommées :

Un fils de Thibault Mynier, contrôleur. — Dame
Poupaillart. — Un fils de Daniel Cardinet. — Jean Bé-
chard, dit l'Enfant. — Perrette Paris, femme Lucas, —

Hervé Paris. — Etienne Lamyrault (mentionné ci-après dans l'épitaphe, parmi les trois qui ont élevé le monument). — Anne Le Vefville. — Un enfant de Guy Roillart. Aignan Liberge, fils. — Étienne Colas et Marie Prévost, sa femme. — Jean Pichot, prêtre. — Françoise Decoutz, femme Guill. Roillard. — Veuve Jean Gillart. — Anne Trotereau. — Un enfant d'Hugues Chesnard. — Dame Gaultier. — Veuve Pierre Boutart. — Perrette Girault, dame Fouquereau. — Dame Jean Adeneau.

1520. — Nicolle Branger. — Famille Desouches. — Anne Lamyrault, femme Christ. Lucas.

1521. — N. Champagne. — Messire Hugues Le Besge. — Deux filles de Jean Mynier. — Jeanne Simon, femme Nicolas Damain. — Dame Christophe Le Barbier. — Anne Auverjon, femme Christ. Remy. — Dame Nicolas Trippault. — Famille Trotet. — Veuve Thibault Archenault. — Jean Delarche. — Étienne Legroux. — Enfant de Jean Meslé. — Enfant de Hugues Guymonneau. — Famille Lallemant. — Christophe Landré. — Veuve Pierre Chevallier. — Famille Durand. — Guillemette Robineau, femme de M. Pierre Hardy, contrôleur de Dieppe. — Veuve Jean Sevin. — Noble dame Anne Compaing, veuve du feu général Briçonnet. — Dame Jean Boitard. — Olivier Bazin. — Guill. Philippon.

1522 (nouveau style). — Famille Beauharnois. — Enfant de Pierre Girard. — Denis Leberge. — Jean Lemercier, dit Moireau. — Fils de Jean Robert. — Fille d'Hervé Poissonnet. — Étienne Liberge, prêtre. — Pierre Lelectier, *maître de l'Ave Maria.* — Pierre Blandin. — Jean Bourcier et sa femme. — Richard Courtois. — Dame Robert, le Cousturier. — Jean Hatte.

— Jean Saichet. — Jean Sonnant. — Guill. Amenton.
— Enfant d'Hugues Chesnard.

1523. — Mathurin Gallard. — Yvonnet Maulgars.

1538. — Guill. Barbelon. — Jean Boudet. — Famille
Stample. — Famille Amenjon. — Femme Nicolas
Fagoue, paveur. — Demoiselle Sallas. — Lebesge. —
Jean Fleury. — Famille Deloynes. — Famille Tourne-
mothe.

Si cette énumération de personnes, toute incomplète
qu'elle soit, conserve la valeur d'un souvenir domes-
tique et intime pour les familles qu'elle peut encore con-
cerner, elle n'offre, par contre, à l'histoire, que bien
peu de secours, puisqu'elle ne fournit aucun rensei-
gnement sur les personnages qui en font l'objet.
D'autres documents étrangers aux fonds paroissiaux,
mais heureusement arrivés à notre connaissance, vont
nous donner pourtant la facilité d'y suppléer dans une
certaine mesure; car, en permettant que la mémoire
des faits se transmette et se perpétue d'âge en âge par
les monuments, pour l'instruction des peuples, la Providence a également daigné permettre que les noms de
ceux qu'elle s'est choisie pour en faire l'instrument de
ses œuvres ne demeurassent point ensevelis dans l'oubli. Et c'est ainsi qu'en dépit des ravages du temps et
de ceux des hommes bien plus meurtriers encore, elle
place, à l'instant voulu, quelque guetteur isolé sur la
grève, pour recueillir les fugitives épaves que le vent
du siècle allait disperser à toujours.

Polluche eut, dans notre province, l'honneur d'être
l'un de ces agents providentiels. Comme s'il eût intui-
tivement prévu la destruction prochaine qui attendait nos

monuments religieux, cet infatigable érudit, auquel la
province orléanaise devait déjà tant de travaux solides,
se mit à recueillir les inscriptions funéraires les plus
remarquables qu'on voyait autrefois dans les églises et
les chapelles du diocèse. Cinq inscriptions historiques
de Saint-Paul sont, de la sorte, parvenues jusqu'à nos
jours.

L'église de Saint-Paul, pourtant, en renfermait un
grand nombre d'autres qui, non plus que les précédentes, ne devaient être perdues pour nous. Si, les jugeant d'une moindre importance au point de vue de
l'histoire, Polluche ne crut pas devoir les transcrire,
une autre main, restée dans l'ombre, mais non moins
dévouée à nos souvenirs paroissiaux, les releva pieu-
sement ; et c'est grâce à elle qu'il nous a été donné de
les reproduire en ce présent chapitre, dans leur in-
tégralité, depuis la reconstruction de Saint-Paul, au
XVIe siècle, jusqu'au XVIIe.

La plupart de ces épitaphes sont celles d'anciens et
modestes bienfaiteurs de la paroisse. Elles avaient donc,
ne fût-ce qu'à ce titre, leur place marquée dans un
écrit tout spécialement destiné à en reconstituer tous
les souvenirs.

Chose étrange ! Alors que tant d'érudits consacrent
leurs nuits et leurs veilles à faire revivre, pour les
transmettre aux âges futurs, les vénérables legs des
siècles disparus, d'autres, saisis d'on ne sait quelle
fureur destructive, s'efforcent en même temps d'anéan-
tir toutes les révélations du passé, comme si la gloire
des nations consistait à n'avoir point d'histoire, à ne se
point connaître d'ancêtres et à ne dater que d'hier. In-
concevable manie ! Aberration déplorable qui lutte pour

la cause de la destruction et du néant, avec un zèle digne d'un meilleur emploi ! C'est cette odieuse fureur qui a livré à l'oubli tant de mémoires vénérables, tant de mémorables faits, mutilé tant de chefs-d'œuvre, anéanti, enfin, tant de pages marquées pour l'immortalité.

La première des épitaphes retrouvées par Polluche est, suivant l'ordre des dates, celle de la famille Lamyrault. Elle était gravée sur une table de pierre attachée à un pilier du chœur ; et, au-dessus de l'inscription, se voyaient, dit le généalogiste d'Hozier, qui a également reproduit cette épitaphe, neuf personnes agenouillées, qui sont celles dont les noms y sont énumérés (1). Ce monument, détruit au temps des troubles du XVIe siècle, fut restauré par les survivants de la famille Jean, Claude et Étienne :

« Hoc sub tumulo surrecturi (2) conduntur Bonifacius Lamyrault (3) ex Rhætis oriundus, vitafunctus anno (4)

---

(1) D'HOZIER, *Généalogies*, t. IV, art. *Lamyrault*. — Contrairement à l'opinion d'Hubert, d'Hozier nie que cette famille soit issue du pays des Grisons ; « c'est, dit-il, une chimère sans fondement. »

(2) *A morte resurecturi.* (D'HOZIER, *ibid.*)

(3) Boniface Lamyrault, sieur de la Touche, en Sologne, commissaire du roi à Orléans, sur le fait des aides ordonnées pour la guerre de 1389, succéda à son aïeul dans le gouvernement et capitainerie du Pont-de-Cé. Il épousa Gillon Fleury et mourut en 1410. (HUBERT, *Généalogies*, t. III, ms. 457 *bis* de la Bibliothèque publique d'Orléans.)

(4) *A Christo*, N, 1390. (D'HOZIER, *ibid.*) — Nous ferons remarquer que la date que propose d'Hozier n'est point la même

M CCCC X°. Johannes et Stephanus (1) ejus ff. (2), Johannes nepos (3), Stephanus pronepos (4), Hervetius abnepos, Johannes atnepos (5) qui decessit mense dec. XVI, M D LXXVI in familias (6) autem nominisque memoriam et piarum precum expectationem, Johannes Claudius et Stephanus (7), Johannis atnepotis piis. (8) ff. hanc bellis civilibus et intestinis dirutam et eversam tabulam reposuere.

« Claudius Thevenier *alias* de Chaalon faciebat 1578 (9). »

que celle d'Hubert et de Polluche dont nous offrons ici le texte ; elle aurait donc été inexactement reproduite par l'un ou l'autre de ces savants. Une autre copie manuscrite de l'inscription, certifiée véritable par M. Alleaume, curé de la paroisse, et qui nous a été communiquée par M. Herluison, éditeur et membre de la Société archéologique de l'Orléanais, porte également 1390 ; c'est sur cette copie que d'Hozier a imprimé l'épitaphe. — Le dessin qui surmonte l'inscription représente, en effet, neuf personnes revêtues de longues robes, agenouillées devant un crucifix élevé.

(1) Jean Lamyrault, fils de Boniface, n'est nommé ni dans la généalogie composée par Hubert, ni dans celle de d'Hozier... Étienne, son frère, sieur de la Touche, élu sur le fait des aides de la guerre ordonnées par le roi dans le diocèse d'Orléans en 1396, 1404, 1405 et 1413, épousa Françoise de Troyes. (HUBERT, *ibid.*)

(2) *F.* (D'HOZIER, *ibid.*)

(3) Jean (II, suivant l'épitaphe) Lamyrault, sieur de la Touche, fils d'Étienne, Ier du nom, vivait en 1449 et 1456. Il épousa Catherine Hue, fille de Jean Hue.

(4) Étienne Lamyrault, IIe du nom, sieur de la Touche, vivait en 1486, fut échevin d'Orléans en 1509 et 1510, et s'allia à Anne Paris, fille d'Hervé Paris, écuyer.

(5) Hervé et Jean III, tous deux fils du précédent. — Hervé, seigneur de la Touche, fut échevin d'Orléans en 1527-1528, et épousa Germaine Aubert. — Jean IV, son frère, fut la tige des seigneurs de Langlochère, du Bouchet, Plissay, etc.

(6) *Familiæ.* (D'HOZIER, *ibid.*)

(7) Jean V, Claude et Étienne III Lamyrault, fils de Jean III.

(8) *Pii.* (D'HOZIER, *ibid.*)

(9) POLLUCHE, ms. 461, p. 113, Biblioth. publ. d'Orléans.

Les Lamyrault ont pour armes : un écusson panché d'or, une fasce de gueule en chef et une rose épanouie de même en pointe; une couronne radiale à fleurons et pour cimier une nymphe tenant une rose à la main droite (1).

Près la chapelle de Notre-Dame-de-Lorette, sur un marbre noir enclavé dans le mur, se lisait l'inscription funéraire que voici :

Cy gisent attendant la résurrection générale, les corps de deffunts honnorables personnes Claude Sain, lui vivant bourg⁸ d'Orléans qui, âgé de 79 ans, est décédé le 21 de juillet 1580 (2), et Étiennette Kathelin, sa femme qui, âgée de quatre-vingt-vi ans, est décédée le dixiesme jour de febvrier M vᶜ LXXXVII. Priez Dieu pour leurs âmes (3).

Armoiries. — Deux écussons : le premier de sable à une fasce d'or, chargée d'une tête de Maure barbue garnie d'un tortil et accompagnée de 3 coquilles d'argent.

----

(1) D'HOZIER, *loc. cit.*

(2) Claude Sain, seigneur de la Belle-Croix, bourgeois d'Orléans, dont il fut nommé maire en 1571 et plusieurs fois réélu en d'autres élections d'officiers, épousa, dit Hubert, Catherine Cathelin et non Étiennette, comme le porte l'épitaphe. Ils eurent pour fils Claude Sain, seigneur de la Belle-Croix, échevin et receveur de la ville en 1599, qui fut père de Claude Sain, abbé de Saint-Euverte et chanoine de Saint-Aignan. (HUBERT, *ibib.*, t. VII, p. 222.)

(3) POLLUCHE, ms. *ibid.*

Près de la chapelle de Notre-Dame, sur un marbre noir :

Guillelmus (1) et Franciscus (2) de Beauharnois D. D. d'Outreville, de la Grilière singulari et rara illa germanitatis gratia f. f., majorum splendori, gloriæ, dignitati egregiè responderunt. In Aurelianensi ditione annis L totis, ille publicæ pecuniæ dieretes, hic legum ac judiciorum eodem, illo in conventu præfs, posthac mortale depositum, pignus immortalitatis avito monumento reddidere in senectute bona. Guillelmus nonagenarius minor IIII kal. decembr. an. MDCLIII absque suo herede ; Franciscus octogenarius inverso fati ordine, VII kal. junii anni MDCLI, superstitibus suis iisdemque Guillelmi hæredibus qui mæstissimi patrem matremque imo p. p. (propinquos) optimos.....

> Unanimes uno fratres junxere sepulchro
> Hos sibi junxisti, jam tibi junge Deus (3).

Armes. — Un écusson d'argent à une fasce de sable surmonté de trois merlettes de sable au chef (4).

---

(1) Guillaume Beauharnois, cinquième du nom, seigneur de la Chaussée et d'Outreville, conseiller du roi en ses conseils, président et trésorier général de France à Orléans, épousa demoiselle Marie Rousseau dont il n'eut point de postérité. (HUB., II, p. 32.)

(2) François Beauharnois, seigneur de la Grillière et de Villechauve, frère du précédent, conseiller du roi en ses conseils d'État et privé, président et lieutenant-général au bailliage et siège présidial d'Orléans, s'allia à demoiselle Anna Brachet en 1509. (HUBERT, *loc. cit.*)

(3) POLLUCHE, ms. cité, p. 113.

(4) HUBERT, *ibid.*, p. 21, r°.

A un pilier de la nef :

Au nom de Dieu :

Sous ce marbre poli gist Simon Robillard (1).
Son corps étoit mortel, mais son âme immortelle,
Nous a laissé ci-bas sa mémoire éternelle,
Pour avoir bien vescu et sans haine et sans fard.
Il vivoit aimant Dieu ; il est mort en sa crainte,
Attendant son repos en cette cité sainte.
Ne pleurons point sa mort ; ne regrettons la vie ;
Seroit vouloir son mal que de le veoir en vie.

Décédé le jour de Saint-Michel, vingt-neuviesme septembre mil sis cens neuf.

℟. Priez Dieu pour son âme. HI.

Et Jaquette Lelièvre, sa femme, qui décéda le..... (2).

La cinquième et dernière épitaphe relevée par Polluche est celle de M. Masson de la Manerie, dont nous avons largement exposé ailleurs (3) les titres à la reconnaissance de sa ville natale. C'est par l'éminent jurisconsulte Jousse, témoin des incomparables vertus de ce héros de la charité chrétienne, qu'a été composée

(1) Simon Robillard, bourgeois d'Orléans, fut l'un des bienfaiteurs de l'église.

(2) Dame Jaquette Lelièvre étant veuve de Simon Robillard et désirant continuer ses bonnes œuvres, fit don à la fabrique d'une rente de 20 livres 10 sols, pour l'entretien de deux cierges brûlant devant l'autel. (Voir ci-après chap. XIII, *Fondations*.)

(3) Voir notre récente publication : *l'Enseignement primaire, avant 1789, à Orléans et dans les communes de l'arrondissement.* Au moment où nous nous apprêtions à la faire paraître, nous fîmes de nombreuses recherches pour retrouver l'épitaphe de M. de la Manerie, et en son lieu nous dûmes nous contenter d'offrir la belle inscription commémorative qui se voit dans l'une des chapelles de Notre-Dame-de-Recouvrance.

l'inscription que nous avons le bonheur d'offrir ici.
Puisse-t-elle reprendre place un jour dans cette église,
où M. Masson de la Manerie eut jadis sa sépulture,
pour rappeler à une paroisse dont il fut l'insigne bienfaiteur que, comblé des dons de la fortune, il sut se
rendre pauvre, au sein de la richesse, en n'usant de
ses biens que pour secourir l'indigent.

D. O. M.

Hic beatam ressurrectionem expectat
Johannes Baptista Masson de la Manerie (1),
Regis cubicularius nobilis
Vir magna et amplissima rei familiaris copia,
Sed majori erga pauperes et infirmos
Liberalitate insignis.
Illum Dominus super multa in terris constituerat
Verum ut prudens et fidelis dispensator
Ipse in divitiis pauper
Non sibi sed pauperibus dives vixit ;
Sicque pro terrenis quos ærugo demolitur
Æternos sibi in cœlo thesauros comparavit,
Lugeat civem Lutetia, alumnum Aurelia,
Lugeant parentem optimum infirmi ac pauperes
Quibus ille ut æternum pietatis suæ
Monumentum relinqueret,
Decies centena millia librarum
Et privatim hujus parochialis Ecclesiæ
Scholis et pauperibus
Quadraginta millia testamento suo legavit.
Obiit die VIIᵃ julii anno Domini M DCC XXXXIX,
Ætatis vero suæ LXXXIV.

Dispersit dedit pauperibus,
Justitia ejus manet in sæculum sæculi. (Ps. CX.)

Fecit : D. Jousse.

---

(1) J.-B. Masson de la Manerie était fils de Jean Masson et

Épitaphe sur plaque de cuivre, au pilier gauche, près de Notre-Dame-des-Miracles. Au bas, une femme agenouillée :

Cy devant gist deffunte honorable femme dame Marguerite de Loynes, vefve de deffunt honnorable homme Claude Paris bourgoyse dorléans ; laquelle décéda le vendredy du Lazare durant le Jubilé 24 mars 1594 ; laquelle aussy a donné par son testament à cette église Saint-Paul d'Orléans la somme d'un escus sol. ung tiers de rente, à prendre par chacun an sur une maison assise sur la grande rue Sainte-Caterine, au coing Saint-Sulpice, où demeure à présent Daniel Gidoin orfèvre ; à la charge et Contrat passé par devant Jean le Grand notaire 20 oct.

p. d. p. s. a.

Les armes des de Loynes sont : coupé de gueules et d'azur, le 1er à la fasce gironnée d'or et d'azur, accompagnée de deux vivres d'argent ; le 2e à sept besants d'or. — Les Paris portent : d'azur au chevron d'or, accompagné de deux étoiles et d'un lion du même.

Épitaphe gravée sur pierre dans le mur, à droite de l'autel de Notre-Dame-des-Miracles. Au-dessous, un homme en prière :

Ci-gist François le Vassan filz de feu Aignan le Vassan et de Jehanne Touchet jadis ses père et mère lequel trépassa le 4e jour de septembre 1569.

p. d. p. s. a.

---

d'Anne Fontaine. Il eut pour frère aîné M. Antoine Masson, secrétaire du roi, qui fut comme lui un des plus généreux bienfaiteurs des pauvres et de l'instruction primaire.

Tombe de marbre noir, à droite de l'autel, dans la chapelle Notre-Dame-des-Miracles.

(Un écusson.)

Au nom de Dieu

Et à la mémoire de deffunt honorable homme Pierre Morisset seigneur de Saumery, bourgeois d'Orléans lequel décéda le 21e jour d'avril l'an 1635.

Et de dame Françoise Hanet sa femme laquelle déc. le.....

p. d. p. le r. de l. a.

Beati mortui qui in Domino moriuntur.

Sur une pierre, au-dessous de l'épitaphe précédente :

Ci-gist honorable personne Olivier Mignot en son vivant boulanger marchant, demourant en cette ville d'Orléans qui déc. le 17e jour de juillet 1587 et Marie Bonhommet sa femme qui déc. le 18 déc. 1627.

p. d. p. s. a.

Tombe de pierre plate surmontée d'un écusson, à l'entrée de la chapelle de Notre-Dame-des-Miracles.

Au nom de Dieu

Icy reposent soubz cette tombe les corps de plusieurs de la famille de Messieurs les Rousse et le Normant en mémoire desquelz ce présent monument a esté érigé et ordonné par messire Nicolas le Normant prêtre chanoine de Saint-Honoré de Paris. Priez Dieu pour leurs âmes.

Requiescant in pace.

Sur une plaque de marbre noir, au pilier attenant à Notre-Dame-des-Miracles :

(*Un écusson.*)

Au nom de Dieu

Cy gisent les corps d'honnestes personnes dame Catherine Maindestre, vefve de M. Claude Rousse notaire royal au Chastelet Dorléans et de dame Caterine Rousse leur fille, aussi vefve d'honorable homme Nicolas le Normand bourg. dorléans père et mère de messire Nicolas le Normand prêtre chanoine en l'église Saint-Honoré de Paris et cy devant chanoine de Sainte-Croix qui décéda le..... lequel pour le salut de leurs âmes et pour le sien, a fondé en cette église, à perpétuité, un salut qui se doibt dire par chacun an le 8e jour de décembre, qui est la fête de la Conception de la Vierge, à 5 heures du soir ; et le XI juin un anniversaire solempnel pour les desfuncts, scavoir : la veille, les vêpres et vigilles à 5 heures du soir et vigille à 9 leçons..... une grande messe de requiem à diacre et sous diacre comme aussy deux messes basses ; le tout selon qu'il est mis plus au long par les contracts de fondation passez à Orléans le 18 d'aoust 1666 par devant Clément Jacquet notaire royal et l'autre passé le 24 d'aoust 1683 par devant Jacques Cavel notaire royal.

Requiescant in pace

L'épitaphe qui suit était gravée sur bois, à droite de la chapelle de Notre-Dame-des-Miracles :

Cy devant gist Roze Bruzeau elle vivante femme de Gentian de Villeneufve, marchant demourant à Orléans ; laquelle trespassa le 7e jour de décembre 1559,

p. d. p. s. a.

Cy gist Roze de Villeneufve elle vivante femme de Clément
Thue marchant, demourant au portereau d'Orléans, laquelle
trespassa le lundy 15ᵉ jour doctobre 1571. p. d. p. s. a. *Requiescat in pace, Amen.*

> O mort cruelle et redoutable
> Rozes vives a fait mourir
> Par ton dart cruelle indomptable
> De mère et fille les corps as pris
> Chrestiens prions pour leurs âmes
> Que Dieu leur donne paradis.

                    1571.

Sur une plaque de cuivre, à droite de la chapelle de
Notre-Dame-des-Miracles :

Cy gist honorable femme Marie Cardinet en son vivant
femme d'Estienne Lamyrault bourgeois et marchant de cette
ville d'Orléans qui déc. le mercredy 7ᵉ oct 1587.

                    p. d. p. s. a.

                Effigie de sa charité

> Charité de son cœur déracinoit le fiel
> Charité se faisoit aymer de tout le monde
> Charité se rendoit en aumosne féconde
> A 24 ans en Dieu il l'a conduit au ciel.

Sa devise : croire, espérer, aymer m'ont unie à Jésus.

                            J. Buret m'a fait.

Les Cardinet portent : d'azur au chêne de sinople, costoyé de
deux hermines de sable.

A côté et à droite de l'inscription qui précède s'en trouvait une autre sur une pierre où était représenté un homme.

Cy devant gist le corps de honorable homme Gervaise (*sic*) Mignot marchand boulanger en cette ville d'Orléans qui décéda le 4ᵉ jour de juillet 1573.

p. d. p. s. a.

Vous direz d'un bon zelle et bon vouloir *pater noster*

Vous qui passerez, etc.

Tombe de pierre plate placée au pied de l'autel de Notre-Dame-des-Miracles.

Mᵗᵉ. Jaques Aleaume vivant docteur et soubz doyen de la maitrise de Sorbonne, curé de cette église qui décéda le 27 de février 1613.

Armes : d'azur à trois coqs d'or.

Au-dessous de l'inscription suivante sur plaque de cuivre, placée à droite du même autel, près la sacristie, était représentée toute une famille priant.

Cy gist honneste personne Pierre Hubert luy vivant marchant boucher des grands et petits bourgeois de cette ville d'Orléans lequel trespassa le jeudy 20ᵉ jour de septembre 1584, lequel en rendant l'âme à Dieu criat Jésus — et Madame Robillard sa femme qui décéda le 13ᵉ jour d'avril 1616 — et Magdelaine et Guillaume et Jehanne et Pierre et Constantin les Haberts ses enfans. La ditte Jehanne Habert

décéda le 20ᵉ jour de juing 1582 — et honneste personne
Jehan Habert lequel décéda le 20ᵉ jour de juing 1564.

p. d. p. l. a.

Dire *pater noster* et *ave Maria* pour l'intention de leurs
.âmes.

———

Tableau de bois fixé au pilier qui soutient la chaire
et portant, au-dessus de l'inscription suivante, deux
écussons :

Cy gist honorables hommes Jean Jogues vivant bourgeois
et marchant en cette ville d'Orléans qui décéda le 24ᵉ septembre 1641.

Et Marie le Vassor sa femme qui décéda le 28ᵉ juing
1646.

Et honorable homme Jean Jogues bourgeois et marchant
qui décéda le 1ᵉʳ jour d'avril 1653.

Et honorable femme Marie Baraton qui décéda le 22ᵉ jour
de may 1675.

Et honorable.....

Et honorable.....

Colloquet eos dominus cum principibus.

Armes des Jogues : d'or au chevron de sable, chargé de trois
étoiles d'or et accompagné en chef de deux têtes et cols arrachés de cerfs, affrontées au naturel, et en pointe d'un rocher
d'argent, posé à senestre, d'où jaillit une fontaine formant une
onde au naturel, sur laquelle nage une cane contournée d'argent.

L'autre écusson, sans doute celui des Baraton, est d'argent à
cinq losanges posées en fasces de gueules, accompagnées de sept
croisettes ancrées de sable, quatre en chef et trois en pointe (1).

———

(1) Ces armoiries diffèrent de la description qui en est faite dans

Sur une pierre élevée derrière le pilier, à gauche du grand crucifix :

Cy gist deffunte honnorable personne Michel Girard mᵉ mason tailleur de pierre à Orléans, qui décéda le 21ᵉ jour de décembre 1637 et Charité de la Loge Collet sa femme qui décéda le 25 septembre 1666.

p. d. p. s. a.

Sur plaque de marbre, à droite en entrant par la porte du côté de la chapelle de Notre-Dame-des-Miracles :

Au nom de Dieu.

En cette chapelle reposent les corps de deffunct honorable home Jaques Paris bourgeois et marchant en cette ville d'Orléans, lequel a donné en cette église la somme de 9 livres 1 sol de rente foncière aux charges portées par son testament passé par Mᵉ Maria Faulcheux notaire royal à Orléans, le 24 août 1638. Le décedz duquel arriva le 27ᵉ du mesme mois et an.

Et de dame Marie Paris sa femme, laquelle décéda le 21 décembre 1645.

Et d'honorable home Louis Gaudefroy, bourgeois d'Orléans qui décéda le 5 octobre 1660.

p. d. p. l. a.

---

le manuscrit à la suite de l'épitaphe ; on y lit : d'argent à trois navires de sable, les voiles d'argent, deux en chef et l'autre en pointe, accompagnés de deux sirènes.

Sur une pierre contre le mur, à droite proche le balustre du chœur :

Cy gist deffuncte honneste femme Jeanne Rabier femme de sire Michel le Thereau marchant appotiquaire de la ville d'Orléans et fille de feu Jean Gabier (*sic*) marchant et appotiquaire de la ditte ville, qui décéda le 15e jour de septembre 1573.

Priez Dieu pour son âme .

Sur une autre pierre derrière le pilier, à droite proche du chœur :

Cy gisent les corps de deffuncts honnorables hommes Constantin Hubert marchant demeurant à Orléans qui décéda le 21e jour de juillet 1651 — et de Françoise Fournier sa femme qui décéda le 21e jour d'octobre 1662 — et de François Hubert leur filz aussy marchant au dit Orléans qui décéda le 30e jour d'aoust 1661 — et de Françoise Dequoy sa femme qui décéda le 29 mars 1573.

Et Françoise Hubert leur fille qui décéda le.....

Priez Dieu pour leurs âmes.

L'épitaphe suivante était sur marbre noir, au quatrième pilier à gauche, près la grande porte, accompagnée des armes de la défunte :

D. O. M.

Genere et forma præstanti, sed fide et castitate præstantiori, Claudiæ d'Archambault uxori amantiss. præmatura

morte peremptæ Nicolaus Gruelius conjux in perpeluam
memoriam meritiss. (*sic*, pour mœstiss.?) lugens.

P.

Ob. anno salutis cɔ. ɩɔ. ɪɪɪ^{xx}x.
Calend. Janua. ætat. suæ 25°.

Sur une pierre au premier pilier à gauche, près la
grande porte :

Cy gisent les corps de deffunt honorable homme Guillaume Sevin marchand bourgeois de cette ville d'Orléans qui
décéda le 5ᵉ janvier 1641 — et Élizabeth Facheu sa femme
qui décéda le 18 octobre 1635 — et Marie Sevin leur fille, qui
décéda le 22ᵉ mars 1625, — et Charlotte Sevin leur fille qui
décéda le 23ᵉ de mars 1645, — et Élizabeth Sevin leur fille,
qui décéda le 20ᵉ de décembre 1659 ; laquelle a donnée à la
fabrique de Saint-Pol une rente fontière de 7 livres 10 sols
par chacun an à prendre sur une maison assise au faubourg
de la paroisse Banière (*sic*), ou pend pour enseigne la fleur
de lis de Saint-Paterne, à la charge qu'il sera dit tous les ans
deux grands services, sçavoir un le 18ᵉ octobre et l'autre le
23ᵉ de mars.

p. d. p. s. a.

Dans la nef, sur une pierre, à droite en entrant par
la grande porte :

(*Un écusson.*)

Cy auprès gist feue honneste personne Guill. Roussillart en son vivant bourgeois et marchant drapier d'Orléans
lequel décéda le 26ᵉ jour d'ao. 1544.

p. d. p. s. a.

Dire *pater noster* ou *de profundis.*

A la seconde vitre, à gauche, en entrant par la petite porte du côté de la maison du curé, sont représentés un homme et une femme priant.

Cy gist honn. Jean le Berche qui décéda le XX.....e jour de juillet 157..

p. d. p. s. a.

(*Un écusson.*)

Cy gist deffunte honorable femme Magdelaine le Vassor en son vivant femme de deffunct honorable homme Jean le Berche marchant, demeurant en cette ville d'Orléans laquelle décéda le 19e jour de mars 1573.

p. d.

(*Autre écusson*).

Sur plaque de marbre noir attachée derrière l'autel de la chapelle du Saint-Sépulcre, dit Notre-Dame-de-Pitié :

(*Un écusson.*)

D. O. M.

Cy gist proche l'autel messire Christophle de Valembraz vivant escuyer prestre habitué en l'église Saint-Paul dorléans, qui décéda le 21 février 1657 ; qui a donné à la confrérie Saint-Jaques et Saint-Christophle de la ditte église par son testament passé présent Bernard Privé et Gabriel Huraut notaires à Orléans, le 4 février 1655, une maison et jardin assise en la rue Favette paroisse de Notre-Dame-de-Recouvrance, à la charge de luy dire les premier et dernier jour de chacun mois une messe basse et un grand service le lendemain de la feste Saint-Jaques et Saint-Christophle, à perpétuité.

p. d. p. s. a.

Sur un marbre noir au fond de la chapelle Notre-Dame-de-Pitié.

(*Deux écussons*, dont l'un : d'azur à trois pommes d'or.)

Au nom de Dieu

Et à la mémoire de Pierre le Berche l'esnée marchant bourgeois d'Orléans et dame-Marie Moynet sa femme ; et de Pierre le Berche, le jeune, leur filz aisne, Anne Vaillant sa femme ; Pierre Mussard officier de la Maison du Roy, Marie le Berche sa femme, leur fille aynée ; Jehan le Berche, Anne Lionnard sa femme ; Cezar le Berche, Caterine Barre sa femme ; Claude le Berche, Anne le Masne, sa femme ; Nicolas, Jaques, Francois et Louis le Berche, tous leurs enfans ; et de Magdelaine et Marie Chauvreux, filles de Claude Chauvreux, contrôleur du grenier à scel d'Orléans et de deffuncte Magdelaine le Berche, sa femme, aussy leur fille. Lequel le Berche père et aussi à la mémoire de Hervé, Nicolas, Jehan le Berche lesnel et Jehan le Berche le jeune, son père et ses ayeul, bisayeul et trisayeul, eux vivans marchans bourgois du dit Orléans, et demourant en cette paroisse de Saint-Pol, et en ymitant le dit Jehan le Berche lesnel, son ayeul, et Guille le Berche, vivant seigneur de Caulne, son oncle et fondateur de la chapelle du Saint-Sépulchre, en la ditte Église, qui ont fondé la messe basse qui se dit chacun dimanche, le dit le Berche père a pareillement fondé mes, a chacun jours de lundy, une messe basse des trespassez avez ung libera à la fin de chacune messe, sur la fosse, qui se dira en la ditte chapelle à 7 heures en esté et à 8 heures en hyver come desdites fondations en apert au testament faict par le dit le Berche au mois de janvier dernier 1624; le tout pour le remède des âmes dessus dictes et de tous autres trepassez.

Dieu nous donne la paix.

Un tableau de bois couvert en parchemin, placé dans la chapelle du Saint-Sépulcre, portait l'inscription suivante :

Sachent tous que par Testament et ordonnance de dernière volonté de Pierre Leberche l'aisné, bourgois d'Orléans, escrit et signé de sa main, le 2ᵉ jour d'avril 1627, desterminé faire dès le mois de jan. 1626 come le porte l'escrit et sculture dans la table de marbre de lept. (épitaphe), posé au dit an dans cette dit..... sépulchre, en cette église de Mʳ. Sᵗ Pol au dit Orléans sa paroisse, il apert ce qui ensuit :

C'est à scavoir que le dit Pierre le Berche l'aisné a fondé par le dit Testament à tousiours mais, à commencer après son décedz, une messe basse des trepassez avec le libera, qui sera chanté dans la ditte chapelle à chacun jours de lundy à tousiours mais, par le chapelain d'icelle chapelle, et ce pour le repos des âmes de luy, de Marie Moynet sa femme, de celle de leurs ayeuls pere et mere, enfans et de tous autres fidelles trespassez, à scavoir depuis la Toussaint jusque à Pasques, à l'heure de 8 heures ; et depuis Pasques jusque à la Toussaint, à l'heure de 7 heure du matin.

Pour laquelle fondation et faire tous les frais nécessaires et possibles, il a ordonné 25 liv. v s. de rente, le tout comme plus amplement comporte le sus dit Testament estant entre les mains de Marie Moynet sa femme ; laquelle fondation des dits 25 liv. de rente à tousiours mais et à prendre et employer comme le porte le dit Testament. Il désir de faire scavoir à tous qu'il appartiendra avoir fait la ditte fondation en imytant deffunt Jean le Berche son pere ayeul, lequel peu avant son décedz advenu en l'année 1565, a fondé par son Testament, que ledit Leberche l'aisné certifie avoir veu et depuis esgaré, et ce en l'église Sᵗ Paul, avant la construction de cette ditte chapelle une messe basse chacun jour de dimanche en l'année moyennant, la somme de 7 liv. x s. tz. de rente fonzière.

Laquelle rente depuis et pour la rédification de la ditte église St Paul, Mrs les gagiers d'alors vendirent moyennant la somme de 200 liv. tz. à la charge notamment qu'il feroit chanter la ditte messe suivant l'intention de nostre dit ayeul Jean Leberche laisné, ce que les successeurs gagiers auroient dit continuer et icelle, joint à mon advis à cent messe basse qui se disent ou doivent dire en la ditte église St Paul pour tous les bienfaicteurs, ce que estant selon son jugement reconu par Guille Leberche vivant sr de Launay son oncle, que l'intention de leurs père et ayeulx estoient presque anéantie, Leberche auroit par son Testament et ordonnance de derniere volonté escrit et signé de sa main, en datte du 6e de Juillet 1609 estant en son papier journal au feuillet costé lxx verso, dont a esté par moy Estienne Chaussier, Notaire Royal du Chastelet du dit Orléans, extrait et transcrit ce qui ensuit contenu au dit testament.

Extrait du dit Testament du dit deffunt Guille Leberche vivant ser de Launay bourgois d'Orléans :

J'ay donné à l'église St Paul d'Orléans à tousjours mais, la somme de 25 liv. tz. de rente foncière annuelle et perpétuelle chacun an, payable à pareille jour que ie décideray, en un an ensuivant, laquelle l'avoir et prendre par les gagiers de la ditte esglise St Paul spécialement et nommément en et sur un lieu et metterie appelé Launay ou bois Morant, paroisse St Jean Leblanc près les Capucins, consistant en maison... pressoir, grange, cour, jardin, thoit à vache et puitz à eau et 3 arpens d'un pré en une pièce et généralement sur tous mes autres biens et héritages et rente que ie délaisserez par mon trépas, à la charge que les dits gagiers et leurs successeurs gagiers de la dite église St Paul seront tenus faire dire chanter et célébrer à l'autel de ma chapelle, par chacun Dimanche à tousiours mais, une messe basse depuis Pasque jusque à la Toussaints à l'heure de 7 heure du matin et depuis la Toussaint jusques à Pasques à l'heure de 8 heures ; laquelle messe sera sonné de la plus grosse cloche de la

*dite église par 30 coup. Ensemble de continuer mon ani-
versaire à tousiours et à jamais, qui est de faire chanter
vigilles à 9 leçons et le lendemain une grande messe de
requiem à diacre et soubz diacre et ung* libera, *tant après
vigilles qu'après la messe de requiem, continuant du jour
de mon décedz en un an et de là en avant à toujours et
à jamais. Et ne pouront les dits gagiers et successeurs
gagiers vendre, engager et aliéner et eschanger ny permuter la dite rente de 25 livres par moy donnée en quelque façon et maniere que ce soit car telle est mon vouloir.
Et pour le dit extrait fait a esté le dit papier journal
rendu. Fait ce 25ᵉ jour de Février l'an 1627.*

Signé : Chaussier.

*Comme aussy d'autant qu'il na peu estre trouvé lieu
pour adjouter les jours, mois et année du décedz de chacun des peres, meres et enfans de ceux inscrit dans l'épi-
taphé de la ditte table de marbre posé en icelle chapelle
du Sᵗ Sépulchre, seront icy inscrit, pour estre à mesure
de leurs décedz remply des jours, mois et année du décedz de chacun d'eux comme en suit :*

*A scavoir du dit Pierre Leberche laisné pere, décédez
le......
de Marie Moynet sa femme, déc. le.....
de Pierre le Berche le jeune, leur filz aisné, déc. le.....
et dame Vaillant sa femme, déc. le.....
de Pierre Mussard officier, commensal de la maison du
Roy, leur 1ᵉʳ gendre, déc. le......
de Marie le Berché, leur fille aisnée, sa femme, déc. le
18 de juillet 1637,
de Claude Chauvreulx, leur second gendre, déc. le.....
de Magdelaine Leberche sa femme, déc. le 18 de May
1623,
de Jean Leberche, déc. le.....
de Anne Lionnard sa femme, déc. le.....
de Cezar Leberche, déc. le.....
de Caterine Barré sa femme, déc. le.....
de Claude le Berche, déc. le.....*

de Anne Lemasne, déc. le.....
de Nicolas Leberche, déc. le.....
de Jacques Leberche, déc. le.....
de François Leberche, déc. le.....
de Louis Leberche leur dernier enfant, déc. le.....
qui sont tous les enfans restez aus dit Pierre le Berche
l'aisné et sa femme, lors du dit Testament par luy fait
le 2ᵈ jour d'avril 1627, lequel il exorte, par son dit Tes-
lament et ces présentes, de suppléer à accroistre à leurs
loyal pouvoir, bien entendu de celuy ou ceux qui faire le
pouront, à cette petite devotion et de leurs ₒ prédécesseurs
priant tous les passants, et spécialement tous ceux qui
chanteront ou feront chanter en la ditte chapelle et ceux
qui par dévotion viendront visiter le pourtrait et repré-
sentation du Sᵗ Sépulchre de Nostre Sauveur et redemp-
teur Jesus-Christ en la ditte chapelle, de prier Dieu pour
les âmes de ceux trespassez d'entre eux et pour ceulx qui
reste vivans qu'il leur donne son sᵗ paradis. Ainsi soit-il.

L'anniversaire du dit deffunt Glle. le Berche, vivant
sʳ de Launay, doit estre chanté le .....ᶜ jour de .....
dautant que c'est le jour de son décedz.

Sur une pierre, au pilier placé à gauche du grand crucifix :

Cy gist deffunt honnorable homme Jaques *Germe* luy vivant sieur Boissemé, bourgeois et marchand d'Orléans, qui décéda le 12 juin 1618 et Radegonde Jaquet sa femme. Elle décéda le 21 jour de septembre 1623.

Et Claude Germe leur filz lequel décéda le.....
jour de.....

Priez Dieu pour leur âme

In te Domine speravi non confundar in eternum.

(Au-dessous, une licorne accostée de deux chênes.)

Au-dessous de cette épitaphe était l'inscription suivante sur plaque de cuivre, placée vis-à-vis la chapelle de Notre-Dame-des-Miracles :

Cy gist le corps de deffunt Me André Goislard chanoine de l'église d'Orléans et cy devant curé de cette église [qui] par testament passé présent Blanchet et Leroy notaires, le 12 janvier 1641, a fondé en cette église à perpétuité, une messe basse du saint nom de Jésus en cette chapelle, que les gagiers de cette paroisse sont tenus faire dire tous les mercredis de chacune sepmaine, et en fin de la dite messe un *libera* avec l'oraison sur sa fosse ; et oultre a fondé 3 grands services scavoir : vigille à 3 leçons le 29 d'avril jour de son décedz et le lendemain 3 grandes messes de *requiem* avec la prosse des trespassez ; et en fin de chacune des dittes messes un *libera de profundis* et les oraisons accoustumées sur la dite fosse, qne les proviseurs des 3 bancs, scavoir de Nostre-Dame, du Saint-Sacrement et des Trespassez sont tenuz faire dire et chanter par chacun an.

Anima ejus requiescat in pace.

Épitaphe gravée sur pierre, à gauche de l'autel de la chapelle Saint-Roch :

Au nom de Dieu

Et à la mémoire de desfunct Nicolas Delescluze, vivant marchant à Orléans, qui décéda le 26 janvier 1668.

Et de Susanne Jogues sa femme, qui décéda le 9 janvier 1668.

Et d'Estienne Delescluze leur fils qui décéda le.....

Et de Françoise Belin sa femme qui décéda le.....

Et de Pierre Delescluze qui décéda le.....

Et de dame Anne Menard sa femme qui décéda le.....

p. d. p. le rep. d. l. a.

Épitaphe sur table de marbre, à droite du grand
autel et surmontée d'un écusson :

Deo optimo maximo

Messire Louis le Barbier sieur de.... conseiller, m ᵉ d'hostel
ordinaire du Roy, secrétaire de Sa Majesté et de ses Finances
demeurant à Paris, pour laisser à la postérité une marque
de l'amour et respect qu'il a porté à deffunct Pierre le
Barbier et Madelaine Dufour sa femme, ses père et mère et
de leurs enfants, ses frères et sœurs, a fondé en cette
paroisse de Saint-Paul lieu de leur sépulture, un service
complet pour être chanté et célébré annuellement et perpétuellement le 2ᵉ dimanche de caresme ; en mémoire de quoy
il a fait poser cette épitaphe en ce lieu l'an 1634.

Beati mortui qui in Domino moriuntur.

Armes : d'argent à trois sevestres de sable ; une étoile d'or en
chef à l'orle componé de gueules et de sable.

Sur une pierre du côté gauche de l'autel de Saint-
Jean-Baptiste :

Au nom de Dieu

Et à la mémoire de deffunte honneste personne Jehan Le
Redde, luy vivant marchant bourgeois, demourant en cette
ville d'Orléans, qui décéda le dernier jour de juing 1612 et
de Marie Sceillier sa femme en secondes nopces, qui décéda
le 9ᵉ jour de juillet 1618.

p. d. p. l. a.

A gauche de la précédente :

Cy gist en ceste honorable chapelle le corps de Claude Leredde qui décéda le 30ᵉ jour de janvier 1647.

Vous qui passez priez Dieu pour les trespassez par charité fraternelle, pour avoir un jour tous la vie éternelle.

Et de Nicolle Mignan sa femme en seconde nopce qui décéda le 17 avril 1661.

A gauche de la précédente, une femme priant :

Au nom de Dieu

A la mémoire de honorable femme Barbe de Lespine laquelle gist cy devant, en son vivant femme de honorable homme Charles Mauga, bourgois marchant, et l'un des capitaine volontaire de cette ville d'Orléans, laquelle décéda le VIᵉ jour d'octobre 1591 ; et aussy Michel, Charles et Marguerite leurs enfans.

p. d. p. l. a.

Tombe de pierre plate, à droite de l'autel, au pied du balustre de la chapelle du Saint-Nom-de-Jésus :

(Un écusson.)

Cy gisent les corps de dame Claude Boyetet femme de M. Charles Fontaine bourgois d'Orléans, lequel décéda le 10 juin 1666 ; et de Robert Fontaine seigneur de Montelon, son fils, qui décéda le 6 mai 1666 ; et de Françoise Boillève, femme de Charles Fontaine seigneur de Montelon, bourgois d'Orléans, laquelle décéda le 6 juillet 1668 et Charles Fontaine son mary qui décéda le...

Sur plaque de marbre noir, contre le mur à gauche de l'autel du Saint-Nom-de-Jésus :

Cy gist le corps de deffunt honnorable homme Charles de Beausse vivant marchant bourgeois de cette ville d'Orléans, qui décéda le 9 novembre 1661.

Et de dame Michelle Durant sa femme, qui décéda le premier novembre 1662.

Et de Charles de Beausse, leur filz, qui décéda le 4 juillet 1662.

Priez Dieu pour leurs âmes

Un écusson : ..... à deux gerbes, à droite et à gauche en chef ; une étoile et un cœur ; en pointe, un croissant.

Tombe de pierre plate, au pied du balustre de la chapelle du Saint-Nom-de-Jésus :

Au nom de Dieu

..... François Angran ..... gaiger de cette église en l'année 16..... qui lui même a fait faire les logement de MM. les vicaires, presbres et officiers de la ditte église du don de feu M. Alleaume vivant curé dicelle et restably le trésor et revenu de la ditte église ; déc. le 14 de mars 1679.

Et de Marie Douet sa femme déc. le 23 doctobre 1675.

Et leurs enfants.

p. d. p. s. a.

Sur marbre noir, à gauche en entrant dans la chapelle du Saint-Nom-de-Jésus :

Ne properes Viator, subsiste queso paulum. Accipe quem tumulus contegat : frigido hoc marmore tegitur nobilis adolescens Ludovicus le Pesant D. du Bosc Guilbert normanus Rothomageus, qui legitimæ scienciæ Aurelianensis academiæ candidatus, a decem siccariis satellitibus galleatis loricatis, loricis coopertis, infeste cruentatus est anno ætatis suæ 20, Salutis autem 1636 die 2 junii.

> Nobile marmorea corpus sub rupe quiescit;
> Nomen fama colit; spiritus astra tenet.

Ilicet viator, nihil te amplius moror. Dic supremum vale. Hoc fac ita te amatum volo.

Requiescat in pace.

Carolus Le Pesant eques consiliarus regius et in suprema computorum Normanæ camera magister, dominus et patronus du Bosc Guilbert, charissima uxore Martha Busquel deffuncta relictis quinque liberis posthinc; quatuor violenta vel improvisa morte avulsis, unico post genito superstite, miserrimus pater hoc monumentum posuit mærens (1).

Armes : d'azur à deux têtes de paon d'or au chevron et au cœur en pointe du même.
Supports : deux lévriers d'azur accolés d'or.

Ces armes sont au bas avec le collier de l'ordre.

---

(1) La famille Le Pesant de Boisguilbert, anoblie en 1622, est originaire de la province normande, où elle continue à jouir d'une considération méritée. Plusieurs de ses membres exercèrent dans la magistrature des fonctions élevées : Charles, père du malheureux jeune homme dont on a lu ci-dessus l'épitaphe, fut

Tombe de pierre plate proche du mur, à gauche au pied du balustre de la même chapelle :

(*Un écusson.*)

Soubz ce tombeau gisent et reposent les corps de deffunts honnorables hommes Louis Baudouyn bourgeois et marchant en cette ville d'Orléans qui décéda le 24 septembre 1644 aagé de 45 ans.

Et dame Nicole Roberday sa femme, laquelle décéda le 14ᵉ jour de décembre 1641 aagée de 39 ans.

Dies nostri sicut umbra declinaverunt. Tu autem Domine in æternum permanes.

Requiescat in pace.

---

maître des comptes de Normandie. Un de ses proches parents, Nicolas, posséda la même charge et mourut en 1694 comme en témoigne l'inscription funéraire que lui érigea Marie de Bonissent sa veuve. Parmi les six enfants issus de ce mariage, Pierre de Boisguilbert, lieutenant général au bailliage de Rouen, est bien connu par ses traductions d'auteurs anciens et par d'importants travaux d'économie politique. Il naquit en 1646 et mourut en 1714. (Voir sa biographie par M. Félix Cadet, lauréat de l'Institut.)

Quel degré de parenté unissait Nicolas, père de l'économiste, au père désolé qui confia à la piété des Orléanais un dépôt si cher à son cœur déchiré? Le rapprochement des dates et la similitude des fonctions nous inclineraient à conjecturer que Nicolas fut le frère cadet de Charles le Pesant, époux de Marthe Busquel, dont tous les enfants, à l'exception d'un seul, — comme le porte l'épitaphe de notre Louis, — périrent prématurément de mort violente ou subite. Tous deux auraient eu pour auteur Pierre le Pesant, secrétaire du roi.

Il n'est pas sans intérêt d'ajouter que la mère des deux Corneille était une demoiselle Marthe le Pesant, tante de l'économiste.

Sur une pierre encastrée dans le mur, sous le charnier du côté de la porte.... :

Cy gist deffunt Réné Tunvache..... le Hardy sa femme et Gatienne Tunvache, leur fille, vivante femme de Girard Boisson, laquelle décéda le 20 de May 1604.

p. d. p. s. a.

Épitaphe sur pierre, tenant au charnier en dehors, du côté de la porte qui va au martroi :

(Un écusson).

Cy devant gisent et reposent les corps de deffunts hon. personne Montant Rivaut, me maçon et tailleur de pierre à Orléans, qui décéda le 9 d'août 1648 et de Bastienne Panivard sa femme qui décéd. le...

p. d. p. s. a.

Inscription sur pierre, vis-à-vis la porte de la chapelle Saint-Nicolas ; au-dessous, un homme priant :

Cy gist deffunt honnorable homme Claude Rousseau, vivant bourgois et marchant demourant à Orléans, lequel décéda le dernier jour d'oct. 1584.

p. d. p. s. a.

Sur une autre pierre, au même pilier et au-dessus de la précédente, on y voyait aussi un homme et une femme agenouillés :

Cy gist deff..... homme
Jehan........................
marchant de cette ville d'Orléans, et décédé le dern. vendredy de caresme 1582.

P. D. p. s...

En disant *Pater noster, Ave Maria.*

Req. in pace.

C. g. honneste femme
Marguerite Blanchart, f* de
deff* Jehan Con.............
....
et déc. le jour s* Hilaire,
1577.

P. D. p. l. a.

1573.

Inscription sur pierre dans le mur sous le charnier, vis-à-vis la grosse tour, et près la chapelle Saint-Nicolas :

Cy gist honneste femme marguerite Maricese vefve... deffunt Pierre Besgault, luy vivant bourgois et marchant à Orléans, laquèle Marguerite décéda le 11e jour de mars 1633 et ledit Besgault le 18e de juillet 1531.

Requiescat in pace.

Autre sur bois attachée à une croix, et au-dessus de la précédente, près la chapelle Saint-Nicolas :

Au nom de Dieu

Cy gist le corps de deffunt honneste Yves Maurice mᵉ foullon à Orléans, lequel décéda le premier jour de décembre 1655.

Marie Prevost sa fᵉ qui déc. le.....
Yvon Maurice qui déc. le.....
Bastienne Gigon sa fᵉ qui décé. le.....
Caterine Maurice qni déc. le.....
Pierre Maurice qui déc. le.....
Geneviefve Maurice qui déc. le.....

p. d. p. s. a.

Inscription sur pierre, au-dessus de la chapelle de Saint-Nicolas, surmontée d'un écusson où se voyaient une scie, deux marteaux et un compas :

Cy gisent les corps de deffunts honnestes personnes Michel Besnier luy vivant mᵉ mason et tailleur de pierre en cete ville dorléans, qui décéda le 29ᵉ jour de juillet 1631.

Et de Magdelaine Rippeneau sa femme, qui décéda le 28ᵉ jour d'avril 1663.

p. d. p. l. a.

Autre, à droite de la précédente, accompagnée d'un écusson chargé d'une truelle, une équerre, un compas, un marteau :

Cy gisent les corps de desfunt honneste personne Liénard Besnier, luy vivant entrepreneur à Orléans, qui décéda le 18 septembre 1679 et de Magdelaine Droict sa femme qui décéda le.....

p. d. p. l. a.

Inscription sur pierre derrière le quatrième pilier à gauche, près la grande porte, accompagnée d'un homme et d'une femme priant :

(Un écusson.)

Cy gist deffunt Pierre Billard, en son vivant marchant demeurant en cette ville d'Orléans, lequel décéda le tiers jour de février 1573, et deffunte Marie le Roy, jadis sa femme, laquelle décéda le penultiesme jour de juillet 1573.

p. d. p. s. a.

Dittes *pater noster ave maria.*

Sur une pierre au premier pilier, à gauche en entrant par la grande porte :

Cy gist vénérable et défuncte personne Mre Robert Hault-decœur, natif de Doullens en Picardie, en son vivant prêtre et organiste en l'église St-Paul d'Orléans, lequel a desservy l'espace de 30 ans en lad. Église et est décédé le Vendredi-Saint 5e jour d'avril 1613.

Priez Dieu pour son âme.

In Christo omnes vivificabuntur. (I Corinth., 15.)

Un écusson chargé d'un chevron. En chef, une étoile accostée de deux cœurs percés de flèches; et un autre cœur de même en pointe.

Sur une pierre, derrière le second pilier à gauche, dans le chœur :

Cy gist le corps de deffunt M^{tre} Martin Gallot vivant......, natif du bourg de Briouze en Normandie, lequel déc. le 24e jour de juil. 1631, et a donné par testament passé par-dev^t Delescluze le jeune not^{re} royal, une maison à la fabrique de l'église St-Paul, seize rue de l'escu paroisse de Recouvrance; et à la charge que les gaigiers feront dire et célébrer à perpétuité deux messes basses aux jours de mercredy et vendredy à xi heures.

Reg. in pace.

(Bibliothèque nationale, fonds français, 8229, vol. 34, de la p. 176 à 191.)

Une dernière épitaphe, celle de Jacques Boucher, trésorier général du duc d'Orléans, se voyait à un pilier de la nef. Elle disparut lors de la destruction de Saint-Paul au XVIe siècle. Pour ce motif, elle n'avait trouvé place ni dans le groupe d'inscriptions funéraires de

Polluche, ni dans la série due au copiste anonyme, qui,
l'un et l'autre, n'ont pu relever que les épitaphes pos-
térieures à la réédification de l'église. Une copie de ce
monument épigraphique heureusement conservée parmi
les titres de la famille, et dont nous avons été autorisée
à prendre communication, nous permet d'en offrir ici
l'exacte reproduction :

Hoc sub tumulo
Quiescit
Jacobus Boucher
De Guilleville, Mezieres et Appoigny Dominus,
Ducis Aurelianensis summus thesaurensis,
Qui, obsessæ civitatis
Strenuus piusque defensor,
Puellam ope divina liberatricem
Suis ædibus veneratam accepit.
Obiit anno salutis M CCCC XLIII.

Johanna Luillier conjux,
Antonius filius,
Karolota, Magdalena, Maria
Filiæ,
Monumentum istud mœrentes posuere.

Orate pro eo.

Écusson : d'azur au chevron d'or, accompagné, en chef, de
deux têtes de maures d'argent et en pointe d'une sirène aussi
d'argent soutenue d'une mer de même (1).

----

(1) Les armoiries de la famille Boucher sont décrites par
Hubert qui, du reste, a commis de nombreuses erreurs dans la
filiation. On les retrouve aussi sur le sceau en cire rouge apposé
à plusieurs documents publics et privés revêtus de la signature
du trésorier.

Tout porte à croire que les membres défunts de la
famille Boucher ne furent pas, comme il était généralement d'usage, ensevelis dans un caveau commun. En
effet, Jeanne Luillier, veuve du trésorier, désigna pour
sa sépulture la chapelle du Sépulcre, — comme en fait
foi le vœu exprimé dans son testament, — tandis que son
époux reposait dans la nef. Quant à Antoine Boucher
leur fils, marguillier de cette église de 1477 à 1482, et à
Guillemette Le Charron, sa femme, qui vécurent et mou-
rurent dans l'hôtel de l'Annonciade, aucune révélation
postérieure n'a pu nous faire connaître en quel lieu de
l'église furent déposées leurs dépouilles mortelles.

Si le lecteur a bien voulu parcourir avec nous ces
deux séries d'inscriptions funéraires, il aura sans doute
remarqué que d'importantes omissions s'y sont évidemment glissées. C'est ainsi que les épitaphes de plusieurs personnes marquantes de la paroisse, — telles
que celles de MM. Charles-Antoine Fontaine des Montées, Jacques Boyetet, Antoine Masson, secrétaire du
roi, Georges Bondonnet, dame Marie Saintonge, etc.,
tous bienfaiteurs de l'église, ne figurent pas dans ce
groupe. Il y a donc lieu de conjecturer que, loin d'être
imputables au copiste anonyme qui a relevé pour
M. de Gaignières les inscriptions funéraires de Saint-
Paul, ces lacunes proviennent de ce que les épitaphes
ayant été transcrites sur des feuillets volants, quelques-uns ont pu s'égarer avant de parvenir à la Bibliothèque nationale où ils sont actuellement réunis (1).

(1) Ce recueil d'épitaphes nous a été signalé par M. G. Vignat,
membre de la Société archéologique et historique de l'Orléanais.

Une dernière observation nous reste à faire avant
de clore ce chapitre ; elle a trait à l'orthographe et à
la rédaction parfois un peu négligées qu'on aura pu
remarquer dans la plupart des inscriptions qui pré-
cèdent. Nous avions pensé tout d'abord qu'il pourrait
être avantageux d'introduire dans l'une et dans l'autre
quelques légères rectifications. Une réflexion plus ap-
profondie du caractère de ces monuments nous a dé-
tournée de ce projet : nous nous sommes donc scrupu-
leusement astreinte à reproduire toutes ces épitaphes
dans la forme et l'orthographe que leur ont données
leurs premiers rédacteurs, et telles que nous les a
transmises le copiste qui les a colligées. Les seules
additions que nous nous soyons permises sont celle
de l'accentuation qui partout faisait défaut, et celle de
la ponctuation sans laquelle la plupart de ces textes
eussent été complètement inintelligibles.

CHAPITRE XI

CULTE. — CÉRÉMONIES PAROISSIALES.

———

Rang considérable de Saint-Paul parmi les églises d'Orléans. — Souvenirs nationaux liés à son histoire. — Procession d'actions de grâces en 1429, après la levée du siège. — Réhabilitation de Jeanne d'Arc. — Richard de Longueil, évêque de Coutances. — Fit-il à Saint-Paul le don de son bréviaire ? — Coïncidence significative. — Prééminence réclamée par la paroisse. — Occasions où elle s'affirme. — Les gagers à la procession du 8 mai. — Interdictions aux paroisses de sortir en même temps que Saint-Paul le jeudi dans l'octave de la Fête-Dieu. — Éclat de la procession du Saint-Sacrement. — La Chandeleur. — Cierges dus aux marguilliers. — Procession du quatrième dimanche du mois. — Rôle de la symbolique chrétienne comme agent moralisateur. — La colombe, les étoupes et les fleurs de la Pentecôte. — La Communion pascale. — Le mandé. — Distribution aux pauvres. — Formulaire de l'office et du cérémonial. — Dissentiments entre les prêtres de Saint-Paul et la fabrique. — Les processions du Temps pascal. — Suspension provisoire du service divin. — Refus des prêtres habitués de suivre les processions. — Intervention de l'official. — Le vin des messes. — Publication des assemblées paroissiales. — Les émoluments supprimés au curé comme prédicateur. — Mets dû par les nouveaux mariés. — Le plat du Sépulcre. — La loi et la coutume. — Procès de l'évêque avec la fabrique. — Arrêt du Parlement. — Prédications de l'Avent et du Carême. — Dépenses qu'elles occasionnent.

L'antique origine de Saint-Paul, son importance paroissiale (1), les épisodes surnaturels associés à son

(1) De toutes les paroisses de la ville d'Orléans, Saint-Paul est

histoire, n'ont cessé de lui assigner un rang considérable parmi les autres églises de la ville épiscopale.

Si, comme Saint-Hilaire et Saint-Aignan, il ne fut point église royale, si sous ses voûtes l'on ne vit point habituellement s'agenouiller nos souverains (1), si, enfin, comme Saint-Aignan encore, il ne compta parmi ses membres ni rois ni évêques, Saint-Paul n'en a pas moins le droit de se glorifier de l'association de son nom à l'un des plus merveilleux épisodes de notre histoire nationale, honneur qu'assurément ces deux nobles églises pourraient encore lui envier. Mais laissons à chacun de nos vieux sanctuaires le titre dont il est fier, car chacun d'eux a son histoire comme il a eu ses destinées.

la plus anciennement érigée, puisqu'elle en portait déjà le titre au commencement du XIe siècle, alors que toutes les églises du chef-lieu épiscopal en étaient encore dépourvues. En effet, l'évêque, supérieur naturel de toutes les communautés religieuses d'habitants groupées autour des édifices consacrés au culte, ne partageait avec personne la gestion de leurs intérêts spirituels. Tout autre était l'existence morale des sanctuaires érigés hors les barrières de la ville, et chacun d'eux avait reçu un titre paroissial. Rattaché à Orléans par l'adjonction d'*Avenum*, Saint-Paul y porta son titre et se trouva de la sorte la première, c'est-à-dire la plus ancienne de ses églises paroissiales. Ce fut la source de la prééminence qu'elle se montra toujours si jalouse de conserver. — La paroisse de Saint-Paul jouissait également du droit de fournir ses députés aux États-Généraux du royaume (reg. DD), aussi bien que ses représentants ordinaires aux assemblées communales de la cité. Ceux-ci, investis d'un mandat biennal, se recrutaient moitié dans le corps des fonctionnaires et moitié dans celui des marchands (reg. T).

(1) Dès les premiers temps de la monarchie, nos rois eurent leur demeure au Châtelet, dépendance de la paroisse Saint-Hilaire. Louis XI, le premier, cessa d'y résider et se fit bâtir un hôtel dans le cloître Saint-Aignan.

Le souvenir des fréquentes visites que, durant ses
divers séjours dans nos murs, fit à Saint-Paul la libératrice de la France, constitue, en effet, pour cette
église, une tradition précieuse et vénérée. C'était là
que, chaque matin, elle venait implorer l'aide du Dieu
des batailles, avant de rejoindre ses compagnons d'armes,
et que, comme jadis à Domremy, elle entendait dévotement la messe.

De l'hôtel de l'*Annonciade*, demeure du trésorier
Jacques Boucher (1), à quelques pas de l'église dont
elle apercevait de sa fenêtre les élégantes tourelles,
Jeanne, que son obéissance aux ordres du Ciel avait
jetée bien loin de sa terre natale, se reportait en esprit aux temps où, prosternée dans le modeste temple
de son village ou bien gardant ses troupeaux aux
champs, elle écoutait les communications de ses voix.

Saint-Paul n'eût-il que ce seul titre à l'affection et
au respect de la vieille cité, il semble qu'il suffise encore à une ambition élevée, et qu'avec un pareil passé
il n'a rien, l'avons-nous dit, à envier aux plus illustres
de nos paroisses.

Et c'est afin de donner à ce souvenir une consécration inaliénable, qu'Orléans tout entier voulut rendre
un particulier hommage à la paroisse habitée par la
Pucelle, en faisant à Saint-Paul, le 8 mai 1429, la
première procession d'action de grâces sitôt après la

---

(1) Jacques Boucher, dont nous avons ci-dessus reproduit l'épitaphe fut, jusqu'en 1443, investi du titre de trésorier général du
duc d'Orléans. L'hôtel de l'Annonciade est depuis longtemps sorti
de sa famille qui n'est plus aujourd'hui représentée que par
M. Boucher de Molandon, auquel on doit d'excellents travaux
sur nos antiquités provinciales.

levée du siège (1), usage qui se perpétua dans la suite (2).

Quand, le 20 juillet 1456, l'annulation de l'inique sentence rendue contre Jeanne d'Arc eut été solennellement proclamée; quand, élevant sa voix infaillible, Rome eut stigmatisé et flétri cet arrêt qui sera l'éternel déshonneur de ceux qui osèrent le porter; quand, enfin, il ne resta plus de l'odieuse tragédie de Rouen que les actes du martyre d'une sainte, Orléans, s'associant encore à cet éclatant hommage de tardive justice, alla visiter processionnellement l'église de Saint-Paul (3).

Richard de Longueil, évêque de Coutances, l'un des trois juges commissaires du mémorable procès de réhabilitation, envoyé à Orléans tout exprès pour y fulminer la sentence, reçut-il l'hospitalité dans une maison de la paroisse? Il y aurait lieu de l'admettre, car un bréviaire complet en parchemin, à l'usage de Coutances, se voyait quatre ans après (1462) près du maître-autel (4), d'où l'on peut conjecturer que ce prélat

----

(1) Ce fait est consigné dans la quittance autographe de Louis de Rucheville, prédicateur du sermon donné à Sainte-Croix au retour de la procession générale *factam ad sanctum Paulum.* (Liasse de pièces justificatives du Compte de commune pour 1429. Archives de l'Hôtel-de-Ville.)

(2) L'itinéraire de la procession commémorative du 8 mai est précisé dans un texte du temps : « ..... On revient autour de la ville, c'est assavoir pardevant l'église Notre-Dame-de-Saint-Pol, et là, fait-on grande louenge à Nostre-Dame, et de là à Sainte-Croix. » (QUICHERAT, *Procès de Jehanne la Pucelle*, t. V, p. 298.)

(3) Compte de commune pour 1455-1457. Mandement 12e, archives de l'Hôtel-de-Ville.

(4) « *Item*, ung bréviaire complect à l'usage de Coustances,

disait sa messe à Saint-Paul, et qu'en souvenir de cette hospitalité, il aurait fait don à l'église de son manuel ordinaire.

Mais si l'on réfléchit à l'objet de la mission du prélat normand, ce présent emprunte de sa double qualité de juge-commissaire et d'évêque de Coutances une signification plus élevée qui ne peut passer inaperçue, car elle présente un caractère saisissant de réparation et d'hommage. En 1430, un prédécesseur de Richard, Philibert de Montjeu, jetait dans la balance qui contenait l'arrêt de mort de l'héroïne le criminel appoint de son suffrage (1). En 1456, un autre évêque de Coutances était désigné, pour apporter dans la ville sauvée par la valeur de Jeanne la bonne nouvelle de l'arrêt qui vengeait sa mémoire. Comment, jusqu'à ce jour, cette curieuse coïncidence, dont le caractère n'a rien d'accidentel, a-t-elle pu demeurer inaperçue des panégyristes et des historiens de la Pucelle? Pour nous, qu'elle a singulièrement frappée, nous la jugeons assez intéressante pour mériter d'être signalée ici.

A cause de toutes ces traditions, dont il se montrait d'ailleurs fort jaloux, Saint-Paul occupait, nous l'avons dit, un rang éminent parmi nos paroisses. Si, au lieu de se manifester par des actes et des revendications, cette prééminence ne se fût affirmée que par des déclarations

escript en parchemin, relyé entre deux ays couverts de cuir blanc, estant enchesné sur le letrain estant ou cuer du cousté senestre de l'aultier, commançant ou premier fueillet escript après le kalendrier : *Dominicis diebus*..... » (Arch. de la fabrique, Inventaire B, art. 32.)

(1) QUICHERAT, *Procès de Jehanne la Pucelle*, t. I, p. 361.

platoniques, elle eût bientôt subi le sort réservé à tout ce
ce que l'on confie à la fragile mémoire humaine. Peut-
être Saint-Paul éprouvait-il déjà les effets de cet implac-
cable arrêt du temps qui condamne fatalement toutes
choses à l'oubli ? Tout nous porterait à le croire ; car,
le 30 novembre 1626, le bailli d'Orléans fut saisi d'une
requête des marguilliers réclamant la préséance sur
toutes les communautés religieuses de la ville. Nous ne
connaissons pas la décision de ce juge ; mais nous
savons, qu'également appelés à se prononcer sur le
bien fondé de cette prétention, les grands vicaires ren-
dirent une ordonnance favorable aux réclamations des
marguilliers (1).

Au nombre des occasions où toutes les paroisses
d'Orléans prêtaient à la fois leur concours à la pompe
de nos fêtes, il y avait d'abord les huit processions ordinaires, fondées en l'honneur de Notre-Dame-des-
Miracles à la requête de la municipalité, et faites sous
ses auspices en des occasions déterminées. Celles-ci
revêtaient le caractère d'actes publics. Les unes étaient
à l'effet d'implorer Dieu pour les biens de la terre, le
fléchir en des circonstances calamiteuses, le remercier
d'une victoire, etc. Toutes les paroisses de la ville y
apportaient leurs reliques et leurs châsses, qui étaient
portées par 72 hommes. En 1521, les porteurs de
châsses sont au nombre de 104 et perçoivent 12 deniers
parisis au lieu de 8, comme en 1383 (2).

Il y avait aussi la procession fondée en 1430 pour

(1) Archives de la fabrique, DD, chap. XXIX, p. 379.
(2) Arch. municip. d'Orléans, compte de commune pour 1383.

rendre grâces de la levée du siège, et à laquelle Jeanne
d'Arc assista en personne en 1429. A celle-ci, les gagers
de Saint-Paul portaient, comme les échevins eux-mêmes,
des cierges de deux livres, ornés de panonceaux et
d'écussons aux armes de la ville (1).

Enfin, il y avait les processions extraordinaires, dont
nos magistrats municipaux décidaient l'opportunité.

Au premier rang des solennités dont nous parlons
était la procession générale de la Fête-Dieu, où toutes
les églises députaient leurs châsses et leurs bannières,
et que nos édiles suivaient ayant sur la tête des
« chappeaulx de fleurs », c'est-à-dire des couronnes (2).

C'était précisément à l'occasion des hommages publics
rendus au corps de Notre-Seigneur Jésus-Christ dans
l'Eucharistie que pour la première fois, en 1519, Saint-
Paul avait cru devoir revendiquer officiellement ses
droits à la prééminence. Cette paroisse, en effet, se pré-
valait du privilège qu'elle possédait, à l'exclusion de
toutes les autres, de sortir processionnellement le jour
de l'octave du Saint-Sacrement. Le mécontentement
qu'excitait cette exception chez les églises rivales éclata
alors ouvertement et elles voulurent passer outre. Saint-
Paul porta plainte au tribunal de l'officialité diocésaine
et en obtint une ordonnance interdisant à toutes les
paroisses et communautés de la ville de sortir le même
jour que lui, sous peine de suspension *a divinis officiis*
ou autre plus grande peine (3).

(1) Archives de la fabrique. Compte d'Antoine Boucher pour
1477-1481. — Cf. comptes de 1519-1523, 107 v°.
(2) Comptes de commune, *passim*, arch. de l'Hôtel-de-Ville.
(3) Arch. de la fabrique, reg. DD, p. 283-284.

Indépendamment de la question de préséance qui, nous l'avons vu, était loin d'être indifférente à nos marguilliers; ils attachaient une extrême importance à célébrer, avec un éclat qui devançait les réglements officiels, une solennité qui allait bientôt, dans leur église, occuper une place considérable (1).

A Saint-Paul, en effet, la Fête-Dieu était, plus qu'ailleurs encore, une véritable solennité paroissiale. Au jour marqué pour la sortie de la procession, toutes les rues s'embellisaient à l'envi ; et, dans cette portion de la ville, isolée de toutes les autres communautés religieuses, les habitants, se sentant chez eux, prodiguaient dans la décoration de leurs reposoirs et de leurs rues cette coquetterie de bon aloi qui tempère par mille détails gracieux et charmants les splendeurs imposantes d'un luxe grandiose. Tout se passait donc en famille, et les paroissiens faisaient à eux seuls tous les frais

(1) La fête du Saint-Sacrement, bien qu'instituée dans l'Église universelle par le pape Urbain IV, en 1264, ne fut rendue obligatoire qu'en 1311, suivant les prescriptions du concile de Vienne. Après la clôture de cette auguste assemblée, Milon de Chailly, évêque d'Orléans, s'empressa d'inaugurer son retour dans son diocèse (1320) par une ordonnance prescrivant à tous les corps ecclésiastiques de la ville de s'assembler à la cathédrale pour y prendre part à la procession générale et au sermon donné dans la collégiale de Saint-Pierre-Empont; puis revenus dans leurs églises respectives, d'y célébrer le service divin. (LA SAUSSAYE, Annales eccl., Aurel., XII, 15.) — Ce service se faisait sans doute d'une manière fort simple; et, ce qui le prouve, c'est la fondation due à M. Lenormand, en 1551, et renouvelée en 1554 par M. Lelièvre, d'un office très solennel le jour de la Fête-Dieu. (Voir le chap. IV et ci-après le chap. XIII, ainsi que les lettres de Pierre Chatelain, évêque d'Orléans, pour l'institution de la procession, pièce justificative XVI.)

de la fête. Tantis qu'ils prodiguaient sur le passage du cortége leurs plus riches tentures (1), leurs longues files recueillies, semblables à un long ruban ondoyant et multicolore, s'avançaient au milieu des fleurs et de la verdure.

Autre était l'aspect de la procession de la Chandeleur. Quand, en ce jour, le clergé parcourait lentement les nefs de l'église en chantant le beau répons « *Gaude Maria Virgo* », le long défilé des prêtres en chapes offrait un aspect plus sévère. Là, plus de guirlandes et de jonchée, plus de tapis aux chatoyants tissus, plus d'oriflammes et de bannières livrant leurs plis soyeux aux caresses de la brise ; mais des flots de lumières, des cierges allumés, feu de joie des chrétiens et emblême de la clarté éternelle, qui doit, pour parler comme Yves de Chartres, éclairer l'humanité dans les ombres de son pèlerinage terrestre.

Ce jour, les curés de Saint-Paul devaient aux mar-guilliers un cierge qu'ils emportaient dans leurs de-meures (2). L'un d'eux pourtant, M. Étienne Legatellier, essaya de se soustraire à cet antique usage ; mais, sur

(1) Le règlement épiscopal du 7 octobre 1611, déjà cité, porte (art. 29) que l'on tendra les rues sur le parcours de la procession, qui doit sortir le jour de l'Octave et qui aura lieu à l'issue de la prédication, laquelle sera donnée après sexte. Cette procession sera accompagnée par douze prêtres en chape « joueurs de haut-bois et autres instruments de musique » ; au retour grand'messe après laquelle les douze prêtres, vêtus comme il est dit, feront station devant le crucifix, chantant un *Libera me*. A vêpres, nou-velle procession dans l'église avec le dais. (Fonds de Saint-Paul, boîte X, 247, liasse, arch. du Loiret.)

(2) Arch. de la fabrique, DD, p. 378.

la plainte des gagers, le prévôt d'Orléans défendit, par sentence du 30 avril, qu'il y fût aucunement dérogé (1).

En dehors de cette circonstance exceptionnelle, la fourniture du luminaire regardait la fabrique ; et lorsqu'en 1672 les curés consentirent à s'en charger, il leur fut alloué une indemnité de 200 livres (2).

La pompe et la solennité dont la religion catholique entoure ses rites et qui prête quelque chose de si imposant aux manifestations du culte, n'intervient pas seulement comme une marque extérieure de respect envers la majesté du Très-Haut, c'est encore un moyen de faire pénétrer dans l'âme chrétienne et d'y fixer, à l'aide de symboles tangibles, les vérités essentielles de la foi. Notre-Seigneur lui en a donné l'exemple. Pour mettre sa morale à la portée de ses auditeurs inintelligents et grossiers, Jésus-Christ leur expliquait les choses élevées par des comparaisons vulgaires. Or, la parabole est pour le discours ce qu'est le symbolisme dans l'ordre des faits : c'est une sorte de morale en action. « C'est lui, dit dom Guéranger, qui donne une valeur mystique à un geste, à un objet matériel, qui spiritualise la création visible (3). » Voilà pourquoi le moyen âge, s'inspirant de cet exemple, donnait dans sa liturgie une si large place aux rites figurés ; et, en l'associant à un appareil propre à frapper l'imagination et les yeux, il offrait dans chacun des actes du culte un enseignement accessible aux plus pauvres intelligences.

(1) Arch. de la fab., reg. B, art. 49.
(2) *Ibid.*, reg. T.
(3) D. GUÉRANGER, *Institutions liturgiques*, t. II, chap. XVIII, p. 229.

Aux rites ainsi *dramatisés* il ajoutait les enseignements
de l'iconologie, car, dans le culte catholique, la forme
emblématique se prête à des variétés infinies ; mais ce
n'est pas sous ce rapport que nous voulons l'envisager.
Nous préférons considérer le symbolisme catholique
sous une forme plus touchante, telle que ce petit
Jésus en cire, legs du XIe siècle, qui, de sa crèche de
paille, tend les bras au peuple chrétien et semble l'in-
viter à y chercher refuge ; ou bien le pigeon au plu-
mage immaculé, les fleurs, symbole de l'abondance
des dons de l'Esprit-Saint, et les étoupes enflammées (1) tombant de la voûte du temple le jour de la
Pentecôte ; ou, enfin, cette étoile de l'Épiphanie, autre
legs du moyen âge, et que nous voyons encore, le
jour de Noël, scintiller au-dessus de l'autel de notre
basilique.

Ce qu'il y a de particulièrement remarquable dans les
rites de ces temps reculés, c'est la tendance qui se
manifestait déjà en certains diocèses à s'écarter de
l'unité liturgique (2). Chaque province veut avoir sa manière d'interpréter l'hiératique, et, de la sorte, ces liturgies ainsi amendées diffèrent plus ou moins des usages

(1) Jusque bien avant dans le XVIIe siècle, il fut d'usage de faire
descendre de la voûte de l'église des étoupes enflammées, des
fleurs et un pigeon blanc, portant aux pattes des oublies ou hos-
ties consacrées, pour rappeler le mystère de la fête, comme en
témoignent nos comptes de fabrique. « ......Le 25 mai, pour oublies, estouppes, ung pigeon blanc et du may pour la feste de la
Penthecouste. » (Arch. de la fab., compte de 1539.)

(2) « Ce ne fut que dans le XIVe et surtout dans le XVe siècle
que la manie des liturgies particulières commençant à poindre,
les copistes purent se croire affranchis de l'antique fidélité, prin-

romains. L'un des comptes de la fabrique nous en
offre un curieux exemple, — qui ne serait qu'une confirmation des motifs qu'eut, en 1548, l'Université de
Paris de frapper de censure le bréviaire orléanais, ce
qui, paraît-il, n'empêcha pas notre église de maintenir
les divergences liturgiques qui lui étaient reprochées.
— Nous y lisons, en effet, qu'en 1574 les marguilliers
firent vendre un missel appartenant à la confrérie du
Saint-Sacrement, « parce que l'on ne s'en povoit ayder
au moyen qu'il estoit à l'usage de Romme (1). » Cette
phrase voudrait-elle dire seulement que ce missel ne
contenait point le propre diocésain? La rédaction trop
laconique de notre marguillier peut également favoriser
l'une et l'autre de ces interprétations.

Le culte de l'auguste mystère eucharistique, clef de

cipalement pour les bréviaires. Cet esprit de nouveauté, qui fer-
mentait au sein de l'école, se fit jour plus d'une fois dans des
réformes liturgiques exécutées sans compétence, et la Sorbonne
se vit obligée, en 1529, de dénoncer au chapitre de la cathédrale
de Soissons le bréviaire de cette église, *et de censurer dans les
formes, en 1548, le bréviaire d'Orléans.* Une scission déplorable
s'introduisit dans la liturgie occidentale. La facilité de se procurer pour chaque diocèse des livres liturgiques à peu de frais et
en nombre suffisant, au moyen de l'art typographique, avait
excité dans beaucoup d'églises, qui jusqu'alors y avaient résisté,
la manie de se donner un bréviaire et un missel particuliers. La
communion des prières catholiques se déchirait avec éclat et péril
pour les églises, comme le remarqua plus tard avec énergie saint
Pie V. C'est pourquoi le concile de Trente ne vit pas d'autre
moyen de sauver la liturgie latine que d'en remettre la correc-
tion au pontife romain. » (*Instit. liturg.*, *ibid.*, t. III, chap. v,
p. 232, et chap. VI, p. 323.)

(1) Compte de Balthazard Gouin, proviseur du Saint-Sacrement pour 1574-1575. Archives de la fabrique.

voûte de la loi nouvelle, était, à Saint-Paul, l'occasion d'une manifestation éclatante. Ce n'était pas seulement lors des splendides processions de la Fête-Dieu (1) et des autres offices solennels, institués par de pieux fidèles, qu'on pouvait constater cette pompe grandiose que nous avons essayé de décrire ; c'était aussi le jour de la Résurrection, qunnd la communion pascale était distribuée au peuple (2).

Sous un *ciel* (3) ou baldaquin frangé (4) en toile blanche, soutenu par deux dossiers s'appuyant aux murailles (5), se dressait une table de communion en

(1) Nous lisons, dans les *Recherches historiques* de Lottin, qu'en 1570 le roi Charles IX, étant à Orléans et voulant mani-fester sa dévotion envers le Très Saint-Sacrement, suivit à pied la procession solennelle de Saint-Paul, durant tout son parcours. (T. I, p. 272.)

(2) Nous apprenons d'un capitulaire de notre grand évêque Théodulfe, que l'usage de distribuer la communion le vendredi saint, autrefois en vigueur dans l'église, se pratiquait dans le diocèse d'Orléans : *Singulis diebus dominicis in quadragesima, prœter hos qui excommunicati sunt, sacramenta corporis et san-guinis Christi sumenda sunt, et in Cœna Domini* ET IN PARAS-CEVE, *in vigilia Paschœ et in die resurrectionis Domini, penitus ab omnibus communicandum.* (Capit. art. 41, *ap.* Saüss. *lib.* VI, nᵒ 41.)

(3) « Pour seize aulnes de toille de lin, pour eslongier le ciel que on a fait nouvellement, pour mectre sur la table où l'on doit recevoir *Corpus Domini* le jour de Pasques, que on entend as-seoir le long de l'allée du Saint-Esprit, » 7 livres 5 sols tournois. (Compte de 1519, fᵒ 115, rᵒ.)

(4) « A Estienne Stample pour quatre livres et demie de fil d'Epinoy, pour faire la frange du ciel où l'on reçoit *Corpus Do-mini* le jour de Pasques. » (*Ibid.*)

(5) « Payé à Catherine, veuve feu Estienne Bezart, lingère, 20 sols tournois pour son sallaire d'avoir alongié et eslargy ledit ciel et avoir fait deux doucielz pour mettre au-dessoubz dudit ciel, contre la muraille. » (*Ibid.*)

trois pièces, mesurant trente-six pieds (1), posée sur des trautes ou bancelles, et occupant la largeur de la nef. Aux deux issues, des lices ou barrières protégeaient les évolutions des communiants (2). Secondée par cet appareil imposant, la cérémonie de la communion pascale s'accomplissait, dans l'église Saint-Paul, avec une splendeur et une majesté inconmues aux autres paroisses.

Le jeudi saint, autre jour de cette grande semaine, comme l'appelle l'Église, l'une des dernières actions du Sauveur, symbolisée comme un enseignement d'humilité pratique, prenait à Saint-Paul une forme touchante dans le rite mystérieux du lavement des pieds. Ce jour-là, le curé de Saint-Paul lavait successivement les pieds à douze pauvres.

(1) « Payé pour cinq boucles et sept gonts pour pendre trois tables faictes neufves pour allongier la table de Nostre-Seigneur, le jour de Pasques; quinze gonts à crochet pour tendre le ciel sur ladicte table. — Pour deux grans tables d'envyron quinze pieds de long chascune et une petite d'envyron six pieds, pour servir à recevoir *Corpus Domini* le jour de Pasques, davant (devant) Saint-Roch; et pour trois traultes pour servir avec les vieulx qui estoient en ladicte paroisse de Saint-Paul, à porter lesdictes tables, VIII sols X deniers tournois. — Pour une pièce de chevron contenant cinq toises, mis au travers de ladicte allée, du cousté dudit Saint-Roch, pour aider à tenir dudit cousté le ciel de ladicte table de Nostre-Seigneur, et pour l'avoir par lui raboté et mis au dit lieu. »(*Ibid.*, fo 102, vo.)— Cette façon honorable de distribuer la communion pascale en abritant la Sainte-Table sous un pavillon était également usitée dans l'église paroissiale de Saint-André, à Rouen; et Le Brun des Marettes, auquel nous devons la connaissance de ce détail, ajoute qu'il a retrouvé au XVIIe siècle cet usage dans plusieurs villages normands. (*Voyage liturg.*, p. 409.)

(2) « Pour ung huys de bois fait en ladicte huisserie de la chapelle du Saint-Esprit, V sols tournois. » — « Pour deux pièces de

Instituée par M. Lallemand, en 1478, cette cérémonie se nommait le *Mandé*, dénomination empruntée aux paroles de l'antienne qu'on chantait et par lesquelles Jésus-Christ a voulu cimenter sa nouvelle alliance : « *Mandatum novum do vobis.* »

Le *Mandé* était accompagné d'une distribution d'argent et de quelques friandises aux douze pauvres. La dépense à laquelle il donna lieu, en 1539, s'éleva à 38 sols 4 deniers, et nous en trouvons le détail dans un compte de l'année (1). Les pauvres, selon l'usage, furent honorablement traités. Ils reçurent chacun 5 deniers tournois en entrant dans l'église ; puis, à l'issue de la cérémonie, on leur « bailla vin à souffisance, trois douzaines d'échaudez, une livre et demie de raisin cabatz, une livre de figues, et de nouveau 11 sols 4 deniers tournois, après que le curé de ladicte église leur a lavé les piez, ainsi que chascun an il est acoustumé faire ». La solennité se terminait par un sermon.

L'office du *Mandé* et le cérémonial usité en la circonstance, transcrits par un écrivain nommé Jean Carré, étaient contenus « en deux livres de parchemin », qui coutèrent 16 sols en 1478 (2).

membreuze d'envyron sept toises, servant à faire passer les gens yssans de la table de Nostre-Seigneur par ladicte huisserie ; et pour l'assiète d'icelle lice et de la lice qui estoit du cousté de Nostre-Dame, VIII sols tournois. » — « Pour avoir dressé les tables où on a receu *Corpus Domini* à Pasques et avoir mis deux barrières et deux boutz..... » (Compte de 1519, p. 103, v°.)

(1) Le casuel des assistants au chœur fut réglé de la manière suivante : aux deux vicaires, chacun 2 sols 6 deniers ; à chacun des huit chapelains, 10 deniers tournois ; au porte-croix, 5 deniers tournois ; aux deux eufants en surplis, portant les chandeliers d'argent, chacun 5 deniers tournois.

(2) Arch. de la fab. Compte de 1478.

Si dans la paroisse de Saint-Paul les manifestations
du culte étaient environnées de magnificence, nous
avons le regret d'ajouter qu'elles occasionnèrent parfois
entre le curé et la fabrique certains tiraillements et
même de sérieux dissentiments : l'une, dans sa suscepti-
bilité toujours en haleine, voyait partout des empiste-
ments; l'autre, agacé par ces tracasseries, était amené
par là même à dépasser un peu les bornes d'une sage
résistance.

Ainsi, tantôt l'on voit M. Païen oublier qu'il doit
consulter les gagers sur le lieu que visitera la procession du temps pascal (1). L'official intervient et lui
défend de contrevenir aux anciens usages (2).

Une autre fois, à la suite d'un grave conflit, dont les
motifs ne nous ont pas été révélés, les curés ripostent
en suspendant la célébration du service divin, et l'official doit encore les contraindre (3) par sentence à ré-
voquer cette mesure.

En une autre circonstance, ce sont les prêtres habitués qui refusent de suivre les processions ordinaires de
la paroisse à moins d'un traitement supplémentaire.
Pour ce fait, M. Myard, l'un d'eux, s'attira, le 22 avril
1588, de semblables lettres de sentence, portant obli-

---

(1) Les chants spéciaux aux processions du temps pascal ne
figuraient pas dans les rituels ordinaires, comme il résulte d'un
compte de 1519. « Audit Carré pour avoir escript et nocté en
parchemin le service que l'on dit es processions du jour de
Pasques à vespres, des lundi, mardi et mercredi ensuivans.....,
L sols tournois. »

(2) Lettres de l'officialité, signées Maubailly, en date du
15 mai 1580. (Arch. de la fab., reg. H.)

(3) Lettres du lundi après l'Ascension 1415, signées Richardi.
(Ibid., B, art. 50.)

gation, pour tout prêtre attaché à l'église, de se joindre au cortége sans aucun salaire, sous peine de suppression de ses émoluments (1).

Plus tard, MM. Étienne Bellourdier et Guillaume Vaillant se prétendent déchargés de l'obligation de fournir le vin des messes. Une sentence de la prévôté trancha le conflit à l'encontre des deux curés (18 novembre 1536) (2). La fabrique, en effet, à une époque que nos documents n'accusent pas, mais qui devait être certainement antérieure à la sentence, avait fait aux curés l'abandon de deux arpents de vignes, sises au clos de Villiers, paroisse de Saint-Marc, à condition de se charger seuls de tout le vin nécessaire aux messes (3). Ces vignes, taxées envers le domaine royal à un droit de vinage de 9 sols 4 deniers obole, étaient un présent fait à l'église en 1489 par M. Macé de Daru, curé de la paroisse et docteur régent de l'Université d'Orléans (4).

Un désaccord d'un autre ordre s'éleva encore en 1593. Les marguilliers accusaient le curé d'un manque d'égards envers eux, ou, pour parler plus juste, d'une véritable usurpation. Sans se souvenir, disaient-ils, que la publication des assemblées paroissiales appartenait aux gagers, à l'exclusion de tous autres, MM. les curés ne prenaient même plus la peine de les consulter à cet égard. Le bailli d'Orléans, par sentences des 10 juillet 1592 et 8 février 1593, fit restituer à la fabrique cette portion usurpée de ses attributions. Fort étonné peut-

(1) *Ibid.*, reg. H.
(2) *Ibid.*
(3) *Ibid.*, reg. P, fº 9, vº.
(4) *Ibid.*, compte de 1539.

être de l'immixtion des tribunaux laïques dans une
question de cet ordre, M. Mesnier s'en montra mécon-
tent, et leur arrêt eut pour premier effet d'accentuer un
peu plus son mauvais vouloir. Une nouvelle intervention
de la justice donna lieu à la condamnation itérative
du curé (1). Sans doute, en cette occasion, M. Mesnier
avait tort dans le choix des moyens; mais en consignant
le fait dans leurs actes, MM. les marguilliers ne disent
pas s'ils ont accompagné leurs revendications de tous
les égards dus au chef de la paroisse, à leur supérieur
ecclésiastique. Et d'ailleurs, où se trouve la preuve qu'ils
ne cherchaient pas eux-mêmes, en cette circonstance
comme en bien d'autres, à obtenir la consécration d'un
empiétement ?

M. Mesnier, on s'en souvient, était parvenu à la cure
de Saint-Paul par une voie si peu régulière que sa
nomination avait donné ouverture à un assez long procès. Tout ce qui précède nous induirait à penser qu'il
demeura avec ses paroissiens en des relations assez
tendues (2). En effet, vers le temps de ce dernier froisse-
ment, les habitants décidèrent en assemblée générale de
paroisse qu'en raison des charges toujours croissantes
de la fabrique, il ne serait plus alloué de subvention
au curé pour ses sermons ordinaires, mais qu'il serait
prié de prêcher les jours de dimanches et de fêtes, et

(1) *Ibid.*; reg. DD, chap. XVI, p. 369.
(2) Le 29 octobre 1589, les habitants et gagers tinrent une
assemblée générale à l'effet d'autoriser des poursuites contre
M. Simon Mesnier, qui cherchait, prétendaient-ils, à les frustrer
de la perception du tiers des cierges composant le luminaire des
morts. — Le 17 octobre 1594, réquisition des habitants pour que
ledit curé fasse acquitter les services, messes, anniversaires, etc.,
comme il est d'usage dans la paroisse. (Reg. T, p. 32.)

que la fabrique lui en tiendrait compte autant que le permettrait l'état de son budget (1).

Avant de tourner la page sur ces regrettables dissentiments toujours prêts à renaître et où l'on a peine, en vérité, à restituer à chacun sa juste part de responsabilité, nous en mentionnerons encore deux, dont le premier se rattache à un antique usage, déjà tombé en désuétude au XVe siècle, en vertu duquel chaque cérémonie nuptiale donnait lieu à une redevance au profit du curé. La sentence de la prévôté fut, à la vérité, favorable aux gagers (29 juillet 1469); mais il n'est pas bien prouvé qu'en prélevant un plat de viande ou une petite somme d'argent sur les nouveaux mariés, le curé ne se conformât pas à une tradition très-vénérable et suivie, d'ailleurs, dans plusieurs autres diocèses (2). Il est dit, en effet, dans le titre où se trouve la mention de ce différend, que MM. Raoul Richer et Nicole Thomassin, commis des curés de la paroisse, se prévalaient d'une possession immémoriale (3).

Quant à l'acte qui motiva la sommation « du vendredi benoit XIe jour d'avril 1437 », faite aux curés par les marguilliers, on serait fondé, autant qu'il est possible

_____

(1) DD, chap. XVI, p. 369.

(2) Ce n'est pas seulement de nos jours qu'il est passé en habitude de s'insurger contre certains usages autrefois en vigueur, mais dont on ne connaît plus l'origine. Isolés du milieu qui les justifiait, ils nous apparaissent ou absurdes ou abusifs. Du nombre de ces vieilles coutumes, épaves d'un autre âge, était la redevance due aux curés par les nouvelles mariées, symbole des offrandes apportées au temple par la vierge Marie à l'occasion de ses relevailles. (Voir BOUTEILLER, *Drames liturgiques de l'église de Moulins*, p. 65.)

(3) Reg. B.

d'apprécier de tels faits à travers quatre siècles, à le qualifier d'abusif, car il était vraiment préjudiciable aux intérêts de l'église. Voici quels étaient les griefs : De tout temps, lorsque les solennités de la semaine sainte attiraient vers la chapelle du sépulcre une plus grande affluence de fidèles, il avait été d'usage que les offrandes déposées dans cette chapelle fissent intégralement retour à la fabrique. Or, en 1437, les curés y installèrent un plat d'étain pour percevoir à leur profit les dons qu'apporteraient les visiteurs du sépulcre. Cette innovation ne put prendre racine, et sur une simple cédule MM. les curés renoncèrent à leurs prétentions, d'autant plus qu'ils n'étaient nullement exclus du partage auquel donnaient lieu les offrandes et les quêtes de la semaine sainte (1).

(1) « Receu[ce] que ont vallu les questes faictes le Vendredi-Saint, vingt-huitième jour dudit mois de mars 1520 (1521, nouv. style), le samedi et le jour de Pasques, les grans (1521, n. s.), tant pour lesdictes questes desdiz jours que pour les droictures desdiz samedi et jour de Pasques, de la table de Nostre-Seigneur et pardons et baisemain de Nostre-Dame et du Sépulcre ; et rabattu pour frais, tant à l'aumosnier que tentes et autres, etc., 41 livres 10 sols tournois. (Compte de 1521 (n. s.), fos 29 ro, 34 ro et 39.) — Une curieuse supplique adressée à l'évêque par les proviseurs du Saint-Sacrement contre ceux de Notre-Dame, en 1619, et signée Perdoux, nous apprend que les quêtes dont il s'agit se faisaient à la table de communion. Les susdits proviseurs s'y plaignaient de l'irrévérence de leurs confrères dans l'église, et leur requête donna lieu à un règlement où sont marqués les jours où chaque confrérie aura la préséance (8 décembre 1620). (Arch. du Loiret, fonds de Saint-Paul, boîte 25, liasse X, 217.) — L'expression de *Droictures*, dont il est question au cours de cette note, signifie de menues redevances ou profits; et elle était usitée dans quelques parties de la France : *Necnon septem droituras ad Nativitatem Domini solvendas secundum quod alie droiture solvi consueverunt in dicta villa, et sciendum quod quilibet*

Mais si, dans les circonstances qui viennent d'être rappelées, les curés de Saint-Paul ne gardèrent pas à l'égard de la fabrique tous les ménagements désirables, il faut dire aussi que les marguilliers ne furent pas constamment indemnes de tout reproche. Le 13 août 1613, notamment, M. Goislard les fit assigner au tribunal du prévôt, pour s'entendre condamner à lui payer 150 livres qui lui étaient dues pour raison des services célébrés pendant un an dans l'église (1).

Au reste, pour n'attribuer à ces incidents que la valeur qu'ils ont réellement, on ne doit pas perdre de vue qu'il s'agit d'une époque où la politesse des mœurs n'était pas aussi raffinée qu'en notre XIXe siècle. Chacun faisait valoir ses revendications par des moyens qui n'avaient rien de choquant alors, quoiqu'ils nous paraissent aujourd'hui un peu vifs. De plus, en réfléchissant sans préventions à ces fréquents démêlés des curés avec la fabrique, il semble que de tels empiétements eussent eu quelque difficulté à s'introduire et surtout à prendre racine si une législation bien nette eût limité des droits et tracé à chacun des devoirs parfaitement définis. Mais à côté de la loi obligatoire pour tous, il y avait aussi la coutume, protée insaisissable et se prêtant à merveille à l'épanouissement d'une multitude d'interprétations, sur lesquelles les jurisconsultes eux-mêmes n'étaient pas toujours d'accord. La coutume, d'ailleurs, souvent plus écoutée que

---

droitura continet in se unum sextarium avene et unum minellum frumenti et duos capones cum duobos denariis parisiensibus. (Charte de 1269, arch. nat., S. 104, I.)

(1) Arch. de la fab., pièce parchemin.

la loi (1), était parfois aussi plus accommodante qu'elle.
Et c'est ainsi qu'on put voir se perpétuer, dans l'État
comme dans l'Église, tant d'usages vicieux et nécessairement incompatibles avec une jurisprudence régulière.

D'après ce qui précède, on peut se faire une idée du
soin jaloux de nos marguilliers à sauvegarder de tout
empiétement les droits de la fabrique, et leurs rapports avec le pontife qui gouvernait le diocèse accusent le
même esprit intransigeant et absolu. Quelques exemples,
puisés dans les archives de la paroisse, nous serviront
à le prouver.

Il était d'habitude que le choix des prédicateurs
extraordinaires de l'Avent et du Carême désignés par
les gagers fût ensuite soumis à la ratification de
l'évêque. Ceci semble tout naturel ; mais il paraît
cependant que cette démarche, nonobstant sa forme
respectueuse, n'était qu'une pure formalité qui ne
laissait pas au prélat la faculté de récuser le prédicateur
nommé. Il s'ensuit que si les marguilliers faisaient un
choix que l'évêque ne pouvait sanctionner, le premier
pasteur du troupeau, juge de la foi et de la doctrine,
était exposé à se voir contester par des laïcs ce ma-
gistère imprescriptible qu'il tenait de l'Église. Introduire dans les rapports d'une paroisse avec son évêque
une semblable jurisprudence, c'était y ouvrir en même

---

(1). « Loys rois dit que costume doit valoir loi. » (RAPETTI, *Le
livre de jostice et de plet.*) — *Volumus stare juri communi, nisi
illi qui consuetudinem allegaverint illam probent.* (Ordonnance
de Louis X). — *Diuturna consuetudo in his qui non ex scripto
descendunt, observari solet.* (Dig. 1, III, 33.)

temps une source perpétuelle de désaccord. Mais ce
qu'il y a de plus surprenant encore, c'est de voir le
Parlement soutenir des prétentions aussi exorbitantes.
A la suite, en effet, d'un conflit de ce genre, survenu
en 1634 à l'occasion de la nomination d'un prédicateur
avec notification de ce choix à l'évêque et prière ou
même au besoin sommation par notaire de l'agréer, le
prélat, justement froissé, proteste et porte plainte au
Parlement (1). Le choix du recteur des jésuites pour
prédicateur n'avait rien qui pût contrarier l'évêque ; et
c'est ce qui établit clairement qu'il ne cherchait nullement à convertir ce différend en question personnelle ;
mais il trouvait justement inconvenant qu'on voulût lui
imposer violemment une adhésion qu'il se jugeait libre
de donner ou de refuser. L'année suivante, même
désaccord ; le Parlement, saisi de l'affaire, ordonna que
le prédicateur nommé par les marguilliers prêcherait le
carême suivant, avec l'approbation de l'évêque ; et, en
cas de refus, ledit évêque en nommerait un autre en se
chargeant de lui donner la rémunération habituelle ;
« et ce pour ladite année seulement, sans préjudice du
droit des parties et sans tirer à conséquence, sur com-
plainte respectivement formée (2). » Mais avant que la
sentence définitive fût rendue, l'on put voir les paroissiens, réunis en assemblée générale, désigner M. Boyetet
pour aller à Paris prendre devant la cour les intérêts
de la fabrique (24 juin 1635). Cent quarante-une livres
furent votées pour les frais de son voyage (3).

(1) Arch. de la fab., reg. DD, p. 366.
(2) Ibid., DD, O, chap. xv, p. 366.
(3) Arch. du Loiret, fonds de Saint-Paul, liasse, pièce 290.

Quelle fut l'issue de ce procès ? L'évêque, comme on s'y attend, eût-il gain de cause devant la cour suprême ? Nullement. L'arrêt, rendu le 20 février contre Mgr de Netz, maintint le droit antérieur des marguilliers (1).

Il y aurait lieu ici à ouvrir une longue parenthèse sur l'intrusion vraiment révoltante des Parlements dans le domaine de l'Église. Cette tâche a été accomplie par d'autres ; mais ce qui précède peut offrir un faible exemple des hardiesses non réprimées de cette magistrature à l'égard de l'épiscopat.

Il est superflu d'ajouter que si l'évêque put ainsi se voir mettre par des laïcs à l'écart de tout contrôle sur les affaires de la paroisse, une revendication d'un pareil genre, produite par les curés, eût été considérée comme une usurpation encore plus exorbitante (2). Le laïcisme, du XVe au XVIIe siècle, avait fait d'effrayants progrès, à tel point qu'il eût semblé que les curés ne fussent plus rien dans leur église. Ainsi, c'était à leurs seuls successeurs, et nullement aux curés ni à l'évêque, que les gagers sortants devaient rendre compte de leur gestion. Cette doctrine fut ratifiée le 16 juin 1613 en assemblée générale des habitants de la paroisse (3).

(1) DD, p. 366.

(2) En aucune occasion le curé n'a le choix du prédicateur. Le jour de la *Conversion* de Saint-Paul, fête patronale de l'église, c'était au marguillier en exercice qu'il appartenait de le désigner. Il résulte cependant d'une pièce assez curieuse, qu'on lira ci-après, que cette prétention de la fabrique de nommer le prédicateur n'était rien moins qu'un empiétement sur les droits du curé ; mais la protestation de M. Lefèvre n'empêcha pas les marguilliers de passer outre et d'ériger ensuite en principe à leur avantage l'usage qu'ils avaient arbitrairement établi. (Voir pièce justificative XXIV.)

(3) Arch. de la fab., reg. T.

Les prédications de l'Avent, du Carême et des grandes fêtes, habituellement confiées à des religieux, sont à Saint-Paul l'occasion d'assez fortes dépenses. Par exception, en 1519, le sermon de la Toussaint ne fut payé que 6 sols tournois (1).

Il n'est porté à ce compte que 48 sols 11 deniers tournois pour la provision de vivres, l'éclairage et le chauffage du prédicateur de l'Avent (2) ; mais, par contre, le Carême coûta 7 livres 12 sols 11 deniers. L'ordinaire offert au frère Rahier, gardien des Cordeliers de Laval, était aussi un peu plus recherché. Ainsi, on avait ajouté au pain, vin et harengs traditionnels, du poisson frais, quatre livres de raisin cabat, deux de figues, une de dragées et une once de clous de girofle. Ce dernier condiment fort apprécié de nos aïeux ne faisait jamais défaut aux repas du XIVe et du XVe siècles. La cannelle y jouait également un rôle presque aussi obligatoire ; et c'était le cachet distinctif des tables bien servies.

L'année suivante, M. Claude Cognati, prieur des Jacobins de Sens, fut traité avec une générosité sans pareille : on l'accabla d'attentions délicates. A peine arrivé, on lui envoya quatre cents de gros bois et cent fagots, trois livres d'huile d'olive, deux de chandelle, dix de raisin cabat, deux de figues, une demi-livre de dragées, une galette et deux tierces de vin. Le tout coûta 105 sols 9 deniers. Le pain, le vin et le poisson quotidiens montèrent en outre à 8 livres 12 sols. Enfin, on lui offrit une somme de 13 livres 10 sols tournois (3).

(1) *Ibid.*, compte de 1519-1522, fo 128, vo.
(2) *Ibid.*, fo 139, ro.
(3) *Ibid.*, fo 131, ro.

Les prédicateurs étaient logés dans la Maison-Dieu de la paroisse, sise au Vieux Marché.

Nous n'avons voulu parler dans ce chapitre que des solennités qui, par leur importance, méritaient d'être étudiées avec quelque détail. Il en est un grand nombre d'autres également dignes d'intérêt, quoique secondaires, dont nous ferons connaître l'objet dans le chapitre particulièrement consacré aux fondations et obits de la paroisse. La pompe dont nos pères entouraient les belles cérémonies que nous venons de décrire a presque entièrement disparu de nos jours. La communion pascale, dépouillée de son appareil imposant, s'administre aujourd'hui à Saint-Paul comme partout ailleurs, sans pompe extérieure. Le *Mandé* lui-même a perdu une partie du rite solennel qui le caractérisait alors (1).

---

(1) Quelques renseignements nouveaux recueillis, depuis la publication de nos *Recherches historiques sur l'ancien chapitre de l'église d'Orléans*, nous permettent de rectifier une inexactitude par nous commise au sujet du *Mandé*. Nous y disions, en effet, que les églises de Saint-Aignan et de Saint-Paul nous paraissaient être les seules de la ville épiscopale où cette cérémonie fût usitée avant le XVIe siècle. Nous eussions dû y ajouter celle de Saint-Samson, ainsi que nous le révèle un titre fort curieux exhumé des archives de cette collégiale et publié par M. Boucher de Molandon, ancien président de la Société archéologique et historique de l'Orléanais, dans un opuscule intitulé : *La délivrance d'Orléans et l'institution de la fête du 8 mai* (p. 98, note C). Si la date de l'institution, à Saint-Samson, des cérémonies du *mandatum* n'y est point marquée, on voit qu'elle est antérieure à 1397, car cette même année Jean de Mascon, sous-chantre de l'église d'Orléans, y fonda, entre autres distributions, celle de 40 deniers en faveur des dix pauvres auxquels les chanoines réguliers lavaient les pieds le jeudi saint. *Item die Jovis sancta, post lotionem pedum, quilibet eorumdem decem pauperum habebit a*

Voilà pourquoi nous avions à cœur d'exposer ici tous les détails que nous avons pu recueillir sur la majesté de ces fêtes religieuses qui, quatre siècles durant, témoignèrent de la foi et de la piété de nos aïeux.

nobis quadraginta denarios..... (Acte de fondation à perpétuité faite au prieuré de Saint-Samson par Jean de Mascon, docteur ès-lois, chanoine et sous-chantre de l'église d'Orléans.)

Nous devons à Le Brun des Marettes la connaissance d'un usage assez singulier pratiqué à l'occasion du *Mandé* dans la collégiale de Saint-Aignan. Après les distributions, un verre de vin était donné à chaque pauvre, puis, la cérémonie achevée, toute l'eau ayant servi au lavement des pieds était versée sur la tombe du fondateur. (*Voyage liturg.*, p. 107.)

L'institution du *Mandé*, est relativement récente dans l'église de Sainte-Croix ; aussi n'avons-nous pas cru devoir la décrire dans nos *Recherches* sur son chapitre, qui s'arrêtent au XVIᵉ siècle. Elle est due à Mgr Nicolas de Netz, évêque d'Orléans de 1631 à 1646, dont le tombeau et l'épitaphe se voyaient autrefois au milieu du chœur de la cathédrale. Les douze enfants de l'hôpital, qui y prenaient part, se rendaient ensuite sur la tombe du fondateur et récitaient un *De profundis*. (POLLUCHE, *Recueil ms. d'épitaphes*, p. 107, n° 461 de la Bibl. pub. d'Orl.)

CHAPITRE. XII

MOBILIER RELIGIEUX. — ORNEMENTS.

Inventaires des biens de la fabrique en 1462 et 1500. — Manuscrits
liturgiques, — grecs. — Argenterie. — Couronne royale. — Dip-
tyques. — Tableaux. — Reliquaires et reliques. — Tapisseries. —
Draps mortuaires ou poèles. — Ornements. — Linge. — Legs de
M^mo Mynard. — Acquisition d'un ornement complet. — L'église
s'en dessaisit. — Mobilier en 1462. — Legs de M^mo Jean Masson
(1670). — Legs de M^mo Boyetel (1671). — Don de M. Seurrat de
Bellevue (1723). — Allocation paroissiale de 3,000 livres. — Acquisition d'ostensoir, — de dais. — Quelques pièces du mobilier de
1519. — Huche à porter les trépassés. — Coffret doré. — Table servant de reposoir. — Herce.

Dans la collection malheureusement incomplète des
titres et papiers de la fabrique Saint-Paul, l'on remarque
deux antiques inventaires, rédigés suivant l'usage des
temps, sous forme de martyrologes, et offrant l'énumération détaillée des livres, ornements, argenterie, linge,
titres, etc., dont le plus ancien porte la date de 1461
(1462 nouv. style). Nous l'avons déjà plusieurs fois mentionné dans les précédents chapitres. L'autre fut commencé le 8 octobre 1500 (1). Tous deux sont en excellent
état de conservation, et l'on est vraiment surpris, en les
comparant, d'y voir figurer un nombre si considérable

(1) Arch. de la fab., reg. B et D. — Le plus ancien inventaire
de la fabrique portait la date de 1420. Il a disparu de ses archives et répondait sans doute à la cote A. Il en est question dans

pour le temps de meubles, livres et objets de prix affectés aux usages journaliers de l'église.

Malgré le réel intérêt qu'eût certainement présenté la reproduction intégrale du premier de ces inventaires, nous n'en donnerons ici qu'un extrait, car M. Boucher de Molandon, membre non résident du comité des travaux historiques, auquel nous nous étions fait un plaisir de le communiquer, vient de le publier dans le *Bulletin* des travaux de ce comité, accompagné de savants commentaires (1).

Nous nous bornerons donc à dire que les manuscrits liturgiques étaient au nombre de trente-trois, tous reliés, et, pour la plupart, couverts de cuir blanc ou de parchemin avec clous de cuivre. Un, pourtant, plus élégamment couvert que les autres, est *en cuir vermeil ouvré*. Quelques-uns aussi sont garnis de fermoirs (2).

Il y avait quatre missels, — un demi-temps anti-

les titres de l'église. — Un autre, qui manque également, fut fait en 1467 par le notaire Guill. Chenu. Il en est fait mention au compte de 1477.

(1) *Bulletin des travaux historiques*, n° 2, 1882.

(2) Les siècles de foi durant lesquels la liturgie brilla de toute sa pureté primitive attachaient une importance capitale à la beauté matérielle des livres sacrés, tant sous le rapport de l'écriture qui, jusqu'au XI° siècle, fut l'onciale et la minuscule caroline tracées en or ou argent sur velin pourpré, qu'au point de vue de l'enluminure du texte et de l'ornementation extérieure des couvertures. Cette préoccupation se manifestait surtout à l'égard des évangéliaires, et pour la transcription ou la perfection graphique de cette classe d'ouvrages liturgiques, l'on prodiguait jusqu'à la profusion tout ce que l'industrie pouvait fournir de plus précieux et de plus excellent en velin, en orfèvrerie, en pierres précieuses et en ornements éburnéens, fouillés avec une perfection achevée et une exquise délicatesse. Le Missel d'Orléans

phonier et un demi-temps simple (1), — deux bréviaires, dont l'un à l'usage de Coutances (2), — un
légendier, — quatre psautiers, — quatre manuels, dont
trois contenant les vigiles du mois et un pour les
baptêmes (3), — un épistolier, — un bref (4), —
une *Vie de saint Étienne*, — le livre des prophètes, —
le *Deutéronome*, — une bible en deux parties, — un
livre d'exposition sur Ézéchiel, — un livre d'exposition
sur les épîtres de saint Paul, — un processionnaire, —
trois antiphoniers légendiers, — et enfin deux grecs.

de 1519 est demeuré célèbre par ses riches enluminures, et l'on
peut voir encore à la bibliothèque de cette ville d'autres précieux
spécimens de miniatures coloriées de la plus grande beauté.

L'inventaire dont nous allons présenter le résumé n'offre aucune
indication de ces précieux exemplaires, dont la magnificence
semble être demeurée le partage exclusif des basiliques ou des
églises cathédrales. Pour acquérir une idée de la richesse des
manuscrits dont nous parlons, il faut lire l'exacte description que
le P. Cahier, dans ses *Annales de philosophie chrétienne*, et
M. Rio, dans son *Art chrétien*, ont donnée de plusieurs de ces
merveilleux volumes dont la solidité et la surprenante beauté
semblent défier les ravages des siècles. En contemplant les œuvres des patients artistes qui les ont ornés et en ont tracé les
caractères, il est aisé de comprendre qu'ils avaient un autre ob-
jectif que la gloire humaine; mais en travaillant pour Dieu et
l'honneur de la religion, ils ont bien mérité de la reconnaissance
du monde à qui pourtant n'étaient point destinées toutes ces
merveilles de l'art du calligraphe et du miniaturiste.

(1) L'année liturgique se composait de deux temps, celui d'été
et celui d'hiver. Chacune de ces divisions s'appelait *demi-temps*.

(2) Voir, chap. IX, *Culte et Cérémonies*.

(3) Bien que *Manuel* paraisse être le vrai nom de ce livre,
nous le trouvons aussi dénommé *Emmanuel* dans le compte
de 1519: « A Pierre Carré, libraire, demeurant à Orléans, pour
par lui avoir relié ung livre de ladicte église appelé *Emmanuel*. »
(Compte de 1519-1522, arch. de la fab.)

(4) *Bref* du mot latin *breve*, c'est-à-dire sommaire ou abrégé
de l'office.

Ce dernier livre, plusieurs fois nommé dans les inventaires, tant de 1462 et de 1500 que dans un compte de fabrique de 1539 (1), servait à chanter la messe (2). Resté à savoir d'où lui venait le nom qu'il portait. Partout où nous l'avons rencontré, le mot *grec* est assez nettement écrit pour que toute hypothèse d'altération d'orthographe doive être formellement écartée. Ne serait-il pas permis de rattacher la dénomination de ce livre tant à la messe de Saint-Denis, qu'on avait l'habitude en certaines églises de chanter en grec, qu'à l'usage pratiqué dans beaucoup de diocèses, notamment à Nevers, de chanter la messe de la Pentecôte en alternant le grec et le latin (3) ? Le bréviaire renfermant l'office de ce jour noté sous cette forme en aurait ainsi tout naturellement retenu le nom qu'il portait à Saint-Paul. L'inventaire nous apprend que ce livre, dès 1462, accusait déjà un long usage (4).

Dans le catalogue de 1462 ne figure pas le *collec-*

---

(1) « A messire Jehan Huré, prestre, pour son sallaire d'avoir par lui mis certains feuillets de parchemin au *grec* de ladicte église avec la notte, XIX sols tournois. » (Compte commençant le 20 août 1539, arch. de la fab.)

(2) « *Item* ung livre appelé *grec* à chanter messes, escript en parchemin, relyé entre deux ays, couvert de cuir blanc, garniz de gros clox de laton, commençant ou premier fueillet escript en lectre notée : *Ad te levavi animam meam,* et fenissant ou penultime fueillet : *Gloria a Domino com* (sic) *multitudo.* » (B, art. 8.)

(3) Voir à ce sujet D. GUÉRANGER, *Instit. liturg.*, t. III, chap. III, p. 150.

(4) « *Item* ung vielz livre appelé grec escript en parchemin, relyé entre deux ays, couvert de cuir blanc viel et rompu, qui n'a que ung fermoer, commançant ou premier fueillet escript : *In vigilia sancti Andree Apostoli,* et fenissant ou penultime fueillet escript en lestre notée : *Odor floris non.* » (Inv. B, art. 14.)

taire, dont l'église ne possédait aucun exemplaire à cette époque, et qui ne fut acquis qu'en 1481 (1).

(1) « A mestre Didier, pour ung livre achaicté par luy et An-, thoine Bouchier, appelé ledit livre Collectaire ; lequel est asservir pour les services et là où sont tous les services de tout l'an et lequel a cousté la somme de IV livres VIII sols parisis. (Compte de 1477-1481.) Il figure dans l'inventaire de 1500, reg. D.

Le nom du livre liturgique appelé *Scintillaire* (*Scintillaris*), et qu'on appliquait à des recueils de passages de l'Écriture ou des Saints-Pères, ne se rencontre pas dans nos inventaires de 1462 et de 1500.

Cet ouvrage, il est vrai, était purement facultatif puisqu'il est en dehors du corps de la liturgie, composé, comme on le sait, de six livres : le Bréviaire, le Missel, le Rituel, le Pontifical, le Martyrologe et le Cérémonial des évêques.

Il est assez intéressant, toutefois, de savoir que le Scintillaire était connu dès le Xe siècle, puisque, sous le pontificat de Jean IX, un livre de ce genre fut donné à l'église de Saint-Valentin, à Rome, par un riche seigneur. Ce don est relaté dans une curieuse inscription qui se voit aujourd'hui sous le portique de Sainte-Marie *in Cosmedin*, où Dom Guéranger l'a copiée pour lui donner place dans le troisième volume de ses *Institutions liturgiques*.

Le lecteur nous saura gré de mettre sous ses yeux la partie de cette inscription qui se réfère à l'objet traité dans ce chapitre :

> *Sume, Valentine Martyr, dona, beate,*
> *Que tibi fert opifex Teubaldus corde benigno.*
> . . . .
> *Missalem I.*
> *Antifonaria II, unum diurni aliudque nocturni officii,*
> *Feriales II.*
> *Librum Geneseos cum istoriis canonicis.*
> *Passionarium,*
> *Dialogum cum scintillario (sic).*
> *Imnaria II.*
> *Librum ex moralibus*
> *Calicem argenteum exauratum cum calamo et sua patena.*
> *Turibulum argenteum*
> *Manualem I.*
> . . . .
> *Tempore Pontificis noni summique Johannis*
> *Est sacrata die supremo hæc aula novembris*
> *Dum quinta elabentem indictio curreret annum.*

Les calices avec platines (1), les reliquaires, encen-
soirs, statues, paix, ostensoirs, plats, burettes, ourceaux
à eau bénite, croix, écrins à « mettre *Corpus Domini* »,
le pain à chanter et « le cresmē », étui de cuivre « à
mettre l'onction », campanes ou clochettes « à porter
Corpus Domini par la ville », henaps (2), tablette d'argent à mettre les reliques, sont au nombre de quarante
en 1462. On remarque à cette date beaucoup d'objets à
sujets émaillés, tels qu'une petite tasse « faite en manière
d'un henap, garnie par dedans d'un esmail à ung ymage
de Nostre-Seigneur tenant son jugement » (3), — une
petite paix d'argent doré « garnye de cruxifilz, Nostre-
Dame et saint Jehan, enlevez » (4), — « ung ymage de
Nostre-Dame d'argent doré estant sur une pate esmail-
lée à fleurs de lis de demi-pié ung dour de hault » (5),
— « ung autre ymage, de saint Jehan, doré » (6), —
enfin deux burettes d'argent « signées sous la pate. »

En 1500, on ajouta quelques objets nouveaux; mais
la pièce d'orfèvrerie la plus remarquable du trésor de
la fabrique, pillé plus tard et dispersé par les Hugue-
nots, mais ensuite partiellement reconstitué, est sans
contredit la couronne royale dont l'acquisition est postérieure aux guerres religieuses et dont la description
est consignée dans le compte de fabrique de 1668 (7).

(1) Platines, patènes.
(2) Henap, vase à pied et à anse.
(3) Art. 36.
(4) Art. 50.
(5) Art. 52. — Le dour est la quatrième partie du pied géomé-
trique. (Voir Du Cange, *dornus*.)
(6) Art. 53.
(7) Arch. de la fab., reg. P.

Elle appartenait au banc du Saint-Sacrement, et nous ignorons d'ailleurs par quelles circonstances elle arriva à faire partie du trésor de Saint-Paul. Elle servait, sans aucun doute, de dôme à l'ostensoir pendant l'exposition du Saint-Sacrement. La garde en était confiée à M. Deguyenne, prêtre sacristain. Elle fut vendue en 1718 au sieur Mignot, orfèvre d'Orléans, pour le prix de 1300 livres, conformément à un avis d'habitants adopté en assemblée générale, car Rome venait d'interdire l'usage de ces couronnes aux églises (1). La description en est trop développée pour qu'il nous soit possible de l'offrir à cette place, mais on la trouvera parmi nos pièces justificatives (2).

Les tableaux, peu nombreux en 1462, sont : un triptyque de bois peint représentant : « Nostre-Dame, saint Christofle et saincte Katherine » (3) ; — « ung tableau de saincte Avoye » (4) et un autre « qui se playe » (diptyque) et dont le sujet n'est pas indiqué (5) ; — enfin un dernier diptyque, inscrit sous ce titre : « Une tablète fermant, où a d'un cousté ung cruxifilz et de l'autre Nostre-Dame, taillez d'ivoire (6). »

En 1668, deux toiles complètent cette liste ou plutôt remplacent les objets disparus : une *Descente de croix* donnée par M. Defay, ancien curé de la paroisse, et une *Sainte-Vierge*, présent de M. Dorson, chirurgien (7).

(1) Mᵍʳ DE MONTAULT, *Traité pratique*, p. 332.
(2) Voir pièce justificative XXV.
(3) Arch. de la fab., invᵣₑ B, art 63.
(4) *Ibid.*, art. 89.
(5) *Ibid.*, art. 90.
(6) *Ibid.*, art. 60.
(7) *Ibid.*, reg. P.

Les reliquaires sont au nombre de cinq en 1462, mais le premier ne contenait point de reliques. Il était de cœure (cuivre) et ne renfermait qu'une tablette d'ivoire taillé, figurant le crucifiement (1). — Dans les trois autres étaient des ossements de saint Georges, saint André et saint Fleurentin (2); — de sainte Catherine et saint Pantaléon (3), — un fragment de « la perrière sur quoy Nostre-Seigneur sua sang et eaue » (4). — Enfin, le dernier était complètement vide.

Quant aux reliques de saint Modeste et de saint Candide, l'église de Saint-Paul n'en fut enrichie que le 4 novembre 1670 (5).

Dans l'inventaire de 1462 ne figure aucune tapisserie. Plusieurs sont décrites dans celui de 1668 et furent données à Saint-Paul quand il dut renouveler son mobilier, après la dévastation du XVIe siècle. On les trouvera énumérées ci-après (6). Mais, par contre, l'église était fort riche en draps mortuaires. L'un, présent de Regnault Brune, dont nous retrouvons le nom dans nos listes d'échevinage, ne portait d'autre ornement que le chiffre de sa famille. — Sur un autre, donné par la veuve du trésorier général Jacques Boucher, on voyait seulement une croix hospitalière de couleur blanche. — Le troisième portait les armes de M. Girard Boillève, qui fut aussi *procureur de la ville.*

(1) B, art. 62.
(2) *Ibid.*, art. 56.
(3) *Ibid.*, art. 59.
(4) *Ibid.*, art. 57.
(5) Arch. de la fab., reg. d'invre commençant en 1669.
(6) Voir pièce justificative XXVI.

— Sur le quatrième, en drap noir *sangle* comme les précédents, se détachaient les armoiries d'un autre de nos échevins, M. Jaquet de Sanxerre. — Enfin, le dernier, « armoyé de pourceaulx et ung arbre », également sur drap noir sangle, était un don de la famille Colas des Francs (1).

La fabrique, en 1462, était largement pourvue d'ornements et de linge. On remarque surtout onze oreillers de « veloux, de sandal » (2) et autres riches étoffes, destinés à supporter le missel sur l'autel. L'un avait pour ornement une image de Notre-Dame; un autre, celle de saint Paul (3); d'autres étaient « ouvrez de fil d'or », et souvent de quatre boutons de petites perles.

Il y avait encore un parement de soie battue à fil d'argent, doublé de toile blanche, à mettre par terre (4); — neuf chasubles de toutes couleurs, en drap de Damas, en sandal, en soie; de l'une le « champ est vermeil, figuré de soye noire à rouzètes blanches, garnie d'estolles et fanons » (5); une autre est sur « champ vermeil à rouzètes blanches et vertes » (6) ou encore de « bourde » (7), sur « champ bleu verdoyant, à fleurs de lis vermeilles garnies d'estolle et fanons » (8); — plusieurs *écrains* à corporaux, — plusieurs *temeles*

---

(1) Arch. de la fab., reg. B, art. 120, 122, 123, 124, 125.
(2) Sandal, étoffe de soie habituellement vermeille.
(3) Reg. B, art. 83.
(4) *Ibid.*, art. 79.
(5) Manipules.
(6) Art. 68, 72.
(7) Bourde, sorte de futaine ou boucassin.
(8) B, art. 128.

pour diacre et sous-diacre, etc. M. Boucher de Molandon conjecture que ces *temeles* pourraient bien être l'ornement connu sous le nom de dalmatique ou plutôt tunique (*tunicella*).

Parmi les chapés, au nombre de neuf, sans compter celles qui font partie des « vestemens complez », il en est « de baudequin (1) à orfrays (2) blancs et estroiz, brodez d'or de bacin » (3) ou « à champ blanc à oyseaulz, à orfrays d'or de Chypre, doublé de toille vermeille, ou chaperon de laquelle a une Nostre-Dame tenant son enfant, et en chascun des orfrays quatre ymages » (4).

Le linge se compose de treize tabliers (5) ouvrés, — cinquante trois « nappes d'aultier (6) d'œuvre pleine », — trente aubes, — quatre touailles (7) semées de plusieurs couleurs, « à mectre sur le letrain en chantant l'Euvangille » (8); — « deux grans napes entretenues qui servent sur la table où reposent les corps sains quant les processions viennent en ladicte église » (9); — enfin des surplis, — deux draps de lin et un de bocassin blanc (10) avec une grande croix

(1) Baudequin, étoffe mi-partie fil et soie.
(2) Orfrays, frange d'or.
(3) Or de bacin, tissus d'or pour galons.
(4) B, art. 65.
(5) Tabliers, nappes.
(6) Aultier, autel.
(7) Touailles, pièce de linge ou d'étoffe.
(8) B, art 134.
(9) *Ibid.*, 133.
(10) Bocassin, voyez bourde.

noire, servant à couvrir le crucifix et à mettre devant le tabernacle en caresme » (1), — des custodes,
— « un ciel et un doulciel frangez pour la table de
Pasque » (2), etc.

En 1494, dame Marguerite Trotet, veuve feu Raoulet
Mynard, fit à l'église le don testamentaire d'un « vestement » de satin noir, composé de chasubles pour diacre et sous-diacre, doublé de toile rouge et blanche,
avec une aube de lin, à condition que cet ornement
servirait à tous les anniversaires célèbres à Saint-Paul.
Elle lui laissa en outre quatre tasses et un petit calice
d'argent « qu'elle avoit dans sa maison; ensemble
toutes et chascunes les ferruzes qu'elle avoit en ses tissus, pour convertir et employer en calixes pour l'é-
glise » et de plus quatre-vingt-dix aunes de toile de
chanvre, pour faire des aubes et des amicts (3).

La fabrique, à son tour, fit en 1520 de grandes dépenses en ornements. Elle acheta vingt-une aunes de
velours rouge, à raison de six livres cinq sols tournois
l'aune, qui servirent à faire deux chapes, une chasuble
de diacre et sous-diacre, avec étoles et *fanons* (4). Un
très habile ouvrier y broda deux cent vingt fleurs de lis
d'or fin de Chypre, pour le prix de trente-trois livres

---

(1) Invre B, 95. — Ces draps, dont l'usage est ainsi défini en
cet article, et que Le Brun des Marettes signale également dans
l'église de Saint-Aignan, se mettaient entre le chœur et l'autel
pendant le carême et on les laissait tomber le mercredi saint,
à ces mots de la Passion : *Et velum templi scissum est.* (*Voyage
liturg.*, p. 206.)

(2) *Ibid.*, B, 91.

(3) Arch. de la fab., invre D, 115.

(4) *Ibid.*, compte de 1520, fo 112, ro.

tournois, et sur l'une de ces chapes il posa, moyennant vingt livres tournois, une orfraye « au chapperon de laquelle orfraye est le trespassement de Nostre-Dame ». La frange coûta vingt-cinq sols tournois et fut confectionnée par une artiste en broderie, nommée Marion-Sans-Avoir. — Une autre ouvrière de l'église s'appelait la *Médecyne* de Saint-Paul (1). — Enfin on déboursa soixante sols tournois pour doublure et façon de l'ornement (2).

Il paraît toutefois que ce magnifique vêtement sacerdotal n'était pas destiné à l'usage de la paroisse, car, lorsqu'il eut été bénit par M. Laurent Tortu, prêtre de Saint-Paul, les gagers l'envoyèrent à l'abbaye de Citeaux (3).

Nous devons encore mentionner, parmi les objets appartenant à la confrérie du Saint-Sacrement, une robe pour le ciboire ou custode, doublée de taffetas rouge avec une rose de diamant, donnée par Mme Boileau, religieuse de Saint-Charles ; — une autre garnie de fleurs d'or sur fond d'argent, avec un filet de perles fines était due à la générosité de Mme Egrot de la Boësche (4).

Parmi les objets mobiliers inventoriés en 1462, nous noterons un grand coffre fermant à deux serrures et quatre clefs, placé devant l'autel de saint Eutrope, et qui servait à enfermer une partie des ornements pré-

---

(1) *Ibid.*, f° 116, v°.
(2) *Ibid.*, f° 112.
(3) « Lesquelz après luy avoir fait benoistre, a convenu porter jusques en l'abbaye de Citeaux. » (*Ibid.*, f° 114.)
(4) État dressé le 10 août 1681 par Michot, gager, pièce papier, liasse X, 217, boite 25, fonds de Saint-Paul, arch. du Loiret.

cieux de la fabrique (1); — une armoire à douze « gui-
chetz ferrez », garnis chacun d'une serrure fermant à
clef ; une seconde fut construite en 1478 (2); — un
charriot en fer à quatre roues, qu'on faisait circuler
dans le chœur, garni de braise allumée (3) et dont la
réparation coûta quinze sols parisis; on y refit une
jambe; — un letrain (lutrin) de fer et un de bois (4),
« une chaèze à prescher et une selle en manière de
degrez à trois marches »; sorte d'escabeau servant sans
doute à atteindre au sommet du tabernacle (5), etc.

Lorsque l'église eut été réédifiée à la suite des ter-
ribles épreuves du XVIᵉ siècle, il fallut songer à la gar-
nir de tous les objets nécessaires au culte. Ne pouvant
suffire à tant decharges à la fois, la fabrique ne procéda
que peu à peu au renouvellement du mobilier religieux;
quelques personnes généreuses lui vinrent en aide.

En 1670, Mᵐᵉ Foy Lambert, veuve de M. Jean Masson et aïeule de deux insignes bienfaiteurs de la paroisse (6), fit, par son testament du 30 septembre, une
donation importante à l'église, savoir : 500 livres pour
achat de linge, 100 pour contribuer à l'acquisition
d'une lampe d'argent pour Notre-Dame-des-Miracles,
100 pour avoir un parement rouge (7).

(1) *Ibid.*, B, art. 67.
(2) *Ibid.*, art. 119. — Cf. Compte d'Ant. Boucher pour 1477-1478.
(3) *Ibid.*, art. 105.
(4) *Ibid.*, art. 113.
(5) B. art. 108, 110.
(6) M. Antoine Masson, inhumé dans la chapelle de Saint-Michel et M. Masson de la Manerie, son frère, également inhumé
dans l'église et dont l'épitaphe est ci-dessus reproduite.
(7) Arch. de la fab., compte commencé en 1669. — Les pare-

Mme Marie Boyetet, veuve de M. Jean Roucelet, imitant ce généreux exemple, laissa, l'année suivante, une somme de 600 livres pour acheter un tabernacle doré, destiné au maître-autel (1).

En 1723, une autre personne, M. Seurrat de Bellevue, faisait un don de 1,000 livres à la fabrique pour aider au rétablissement des stalles du chœur (2) ; et, de leur côté, les paroissiens votaient une somme de 3,000 livres pour renouveler les ornements (3).

De temps à autre aussi, l'église faisait l'acquisition de quelques pièces de mobilier. En 1719, c'est un ostensoir d'argent, du poids de 14 marcs 14 gros, sorti des ateliers du célèbre orfèvre parisien Germain, et qui coûta 2,058 livres. En 1744, l'orfèvre Levé exécute sur la commande des marguilliers six chandeliers d'argent. En 1754, c'est un dais dont le prix s'élève à 7,600 livres, tandis qu'une seule de ses aigrettes ne coûte pas moins de 108 livres. Pour acquitter une aussi forte dépense les gagers ouvrirent, dans la paroisse, une souscription qui rapporta 2,477 livres (4). Le reste fut ajouté par l'église.

---

ments d'autels se composent de plusieurs pièces, savoir : la couverture qui se met devant la table d'autel et les rideaux des crédences. On comprend aussi sous ce titre de parements les ornements sacerdotaux tels que chasubles, dalmatiques étoles, etc.

(1) *Ibid.*

(2) *Ibid.*, reg. T.

(3) *Ibid.*, DD, p. 375.

(4) M. Vandebergue-Villebourée et ses sœurs.... 1,300 liv.

M. Defay, ancien curé de Saint-Paul et chanoine de Sainte-Croix.................. 200

M. Miron-Fabus 600

Divers................................... 377 (T)

Dans des comptes d'une époque antérieure, il est question de la commande de plusieurs objets mobiliers dont la mention, en ce chapitre, ne nous semble pas dépourvue d'un certain intérêt. Ainsi, en 1477, on fit faire une table pour déposer les ornements et réparer « le pynacle sur le maître-autel, là où gyst *Corpus Domini* » (1).

Pendant la gestion d'Alexandre Lucas et de Guillaume Aubry, qui dura de 1519 à 1523, l'on fit la commande à un menuisier nommé Jean Jehannot « d'une huche à porter les trespassez ». Cet article de dépense nous initie à une coutume encore en vigueur au XVIᵉ siècle, celle de porter les morts en terre dans un cercueil banal; cette bière coûta 12 sols 6 deniers tournois (2).

Le même menuisier reçut en même temps la commande d'un « petit coffre doré en façon de châsse »; à mettre sur les sanctuaires « où il y avoit trois ymaiges ». Ces peintures, dont le sujet n'est pas indiqué, furent exécutées par Jean Allevyn, peintre d'Or-

---

(1) *Ibid.*, Compte de 1477-1478.

(2) Arch. de la fab., compte de 1519, fᵒ 102, vᵒ. — Cette *huche* ne servait pas seulement aux personnes indigentes, il en était fait usage en toutes occasions. En effet, disent les rédacteurs de nos comptes, on l'employait « pour les pauvres qui étaient les mendiants; mais on entendait aussi par pauvres ceux qui étaient enterrés sans cercueil. » (Invᵗᵒ de 1669, table des distrib.) — En voici un exemple : Le 11 janvier 1519 (1520, n. st.), Hervé Paris, bourgeois considérable et bien posé et qui fut trois fois *procureur* de la ville, fut transporté dans ce cercueil à l'église Saint-Paul, lieu de sa sépulture, où un caveau en pierre lui avait été préparé. Sa famille paya 47 sols 6 deniers tournois pour droit d'inhumation et « XII sols VI deniers tournois pour la huche où a esté mis le corps, laquelle huche appartenoit à ladicte église. » (Compte de la confrérie des Trépassés, reg. de 1519-1523.)

léans. Quatre pierres précieuses, appelées *Castallins*, y étaient enchassées (1).

Enfin, on fit faire une table de bois, mesurant seize pieds de longueur, qu'on mit près du maître-autel pour y déposer les chapes et autres ornements (2). C'étaient sans doute ceux d'un usage fréquent et ordinaire, car l'on a vu dans l'inventaire de 1462 que les ornements précieux étaient renfermés dans un grand coffre et dans une armoire à douze guichets.

Un article du même compte nous révèle en outre qu'à l'exemple de ce qu'on voyait dans plusieurs autres diocèses, Saint-Paul possédait une « herce à mettre les cierges » qu'on allumait devant l'autel pendant les trois derniers jours de la semaine sainte. Sa réparation figure parmi les dépenses de l'exercice de 1519-1522 (3). Dans l'église de Saint-Lô, de Rouen, cet objet mobilier conserve la dénomination de *herce*; mais ailleurs, notamment à Lyon, on l'appelle ratelier (4).

(1) *Ibid.*, compte de 1519, fo 102, ro. — Le mot *castallin*, que nous trouvons constamment écrit dans nos inventaires avec cette orthographe vicieuse, est, selon toute apparence, une altération de cristallin. (V. Du Cange.)

(2) *Ibid.*, fo 103, ro. — Cette table avait encore un autre usage : elle servait aussi de reposoir lors des processions dans l'église, comme nous l'apprenons du compte de Balthazar Gouin, proviseur du Saint-Sacrement, pour l'exercice de 1575. (Fonds de Saint-Paul, Arch. du Loiret, boîte 25, liasse X, 217.) — De même que la table affectée à la communion pascale, celle-ci reposait sur des tréteaux et c'est ce qui nous explique la mention de huit de ces « trautes » dans l'inventaire de 1462. (*Ibid.*, B, art. 106 et 107.)

(3) *Ibid.*, compte de 1519, 103, ro.

(4) LE BRUN DES MARETTES, *Voy. Liturg.*, chapitres Saint-Jean de Lyon et Saint-Lô de Rouen.

Il n'est pas inutile de faire remarquer que les ouvriers employés par la fabrique étaient presque toujours des maitres experts dans leur art. Mais aussi pour entretenir leur bon vouloir, elle savait, par de petits présents placés à propos, réchauffer leur zèle et stimuler leur adresse. Ainsi, en 1478, les marguilliers firent présent au fils de Robin Gallier, l'un des maîtres maçons occupés à la réparations de l'œuvre, d'un habillement complet composé d'une robe de drap gris qui, avec la doublure et la façon, coûta 26 sols 7 deniers, d'un chapeau, un bonnet et une paire de chausse, payés 18 sols parisis.

A Jean Touchet et Guillaume Dufresne autres ouvriers du même métier, elle donna pendant plusieurs années, en outre de leur salaire, un mouton payé 20 sols parisis (1). A l'exemple des procureurs de la ville, elle leur accordait souvent aussi des gratifications en argent.

---

(1) Compte d'Ant. Boucher, 1477-1481.

CHAPITRE XIII

FONDATIONS.

Source des revenus de l'église. — Multiplicité des fondations. — Leur réduction. — Donations faites à l'église. — Deux catégories de fondations. — Cierges tenus par les anges devant l'autel de Notre-Dame. — Lampe du maitre-autel. — Saluts du jour des Rameaux et de Pâques. — Neuvaine de saluts pour les biens de la terre. — Saluts de l'Ascension, — de la Pentecôte, — de la Trinité, — de la Fête-Dieu, — du vendredi jusqu'au mardi dans l'octave de la fête, — du dimanche dans l'octave, — du jeudi dans l'octave, — de l'Assomption, — de son octave, — de l'Annonciation, — de la Visitation, — de Noël, — du dimanche et du mardi gras, — des O de l'Avent, — du jeudi, — du dernier dimanche du mois, — de la fête de saint Paul. — Litanies quotidiennes. — *Domine. non secundum*. — Service dans l'octave des Trépassés. — Vêpres des morts. — Prédications de cette octave. — Service du jour de saint Joseph. — Grand'messe du dimanche. — Messe du saint Nom-de-Jésus, — de la Fête-Dieu, — de la Purification, — de saint Paul, — de midi. — Pain, vin et rôtis. — Petites heures. — Pain bénit. — Catéchismes. — Prières de l'agonie.

Les ressources de la fabrique s'alimentaient principalement des innombrables fondations dont elle avait été l'objet dès une époque très-reculée. Presque toujours, sauf de rares exceptions, ces donations d'argent ou d'immeubles lui sont faites sous des conditions onéreuses; mais les avantages que les bienfaiteurs de l'Église entendent s'attribuer ne doivent profiter qu'à leurs âmes; et s'ils se dépouillent de leurs biens tem-

porels, c'est uniquement pour s'assurer des prières
lorsqu'ils auront quitté la vie. C'est ainsi qu'à Saint-Paul
les anniversaires à perpétuité, tels que messes, *gaudés*,
processions, chant du *libera*, etc., s'étaient multipliés
de telle sorte que, d'une part les heures de la journée,
et le personnel ecclésiastique de l'autre, ne suffisaient
plus, au XVIIᵉ siècle, à les acquitter. Mᵍʳ de l'Aubespine se vit donc, en 1746, obligé d'en ordonner la
réduction (1). Certaines donations, cependant, étaient
faites à titre purement gratuit et quittes de toutes conditions; telle est celle que fit le 2 mai 1439 à l'église
de Saint-Paul Huguette Thomas, femme de Guillaume Chotard, de tous ses biens sis à Orléans. A la
suite d'un long procès avec les héritiers frustrés, la
fabrique composa moyennant une rente de 70 sols
tournois (2).

Plusieurs indulgences, ou *pardons*, accordées en 1478
aux bienfaiteurs de l'Église, stimulaient le zèle pieux des
fidèles, qui, suivant la parole de l'Écriture, cherchaient
de la sorte à échanger contre les trésors éternels les
biens périssables de cette vie. L'énumération de ces
indulgences fut consignée « en un tableau enluminé,
lequel fut attaché au pilier du sanctuaire (3). »

A la même époque, d'autres *pardons* furent envoyés
aux habitants de la paroisse par un prélat ou abbé dési-

---

(1) Une première fois, en 1611 (7 octobre), l'évêque d'Orléans
avait promulgué une ordonnance pour le même objet.

(2) Arch. de la fab., B, art. 45, 47.

(3) Compte d'Ant. Boucher, 1477-1481. — Le nom du cardinal
qui les octroya est écrit d'une manière illisible et l'on pourrait
lire *Danto* ou *Dauto*.

gné sous le nom de Mgr de Monjeu (1). Quel pouvait être
ce personnage? Assurément, ce n'était point l'évêque de
Coutances qui avait si tristement participé à la condamnation de notre héroïne vénérée, puisque, dès 1433, le
Juge suprême l'avait appelé à son tribunal, pour y
rendre compte de sa honteuse et criminelle capitulation
de conscience. Ne serait-ce point quelque haut digni-
taire ecclésiastique de sa famille qui, pour expier, au
nom du coupable, un crime qu'il ne pouvait plus se
faire pardonner, venait rendre à l'innocente mémoire
de sa victime un touchant et tardif hommage?

Ou bien encore, car il se pourrait que dans sa
rédaction laconique notre marguillier n'eût pas suffisamment développé sa pensée, au lieu d'être un *pardon*
octroyé par un parent de cet évêque indigne, cette
missive avait-elle pour objet de faire connaître aux
Orléanais que sa famille venait d'obtenir du roi des
lettres de rémission, ou de Rome une sorte de pardon
ou de réhabilitation de sa mémoire, comme en obtinrent
de leur vivant plusieurs autres acteurs de la lugubre
tragédie de 1430? — Car le mot *pardon* revêtait également cette acception au XVe siècle. (Voir la CURNE DE
SAINTE-PALAYE, *Dictionnaire.*)

Si l'on veut se faire une idée des biens que les donations pieuses firent entrer dans le domaine de la fabrique, il suffira de jeter les yeux sur la liste que nous
en donnons ci-après (2). Tantôt les donateurs font,
comme nous venons de le dire, un abandon pur et

(1) « ... A ceux qui bailleyent les letres du pardon de Mgr de
Monjeu, III sols IX deniers. » (*Ibid.*)
(2) Voir pièc. justif., XXVII.

simple et exempt de toutes charges de l'immeuble avec ses revenus ; tantôt ils se réservent le fonds et ne donnent que la rente qui porte le nom de rente foncière (1). Quant aux fondations elles-mêmes qui sont la conséquence de ces donations, nous les avons divisées en deux groupes, car elles sont de deux genres complétement distincts. A l'un se rattachent les cérémonies religieuses que nous nommerons d'intérêt général, parce qu'elles avaient le caractère d'offices paroissiaux, bien qu'elles répondissent à des intentions particulières. Dans cette classe nous rangeons le pain bénit, les saluts des jours de fêtes et du dimanche, les processions du Saint-Sacrement, etc.

L'autre catégorie de fondations ne s'adresse qu'à des intérêts spéciaux. Elle se compose des obits ou anniversaires de messes, de services et de gaudés quotidiens qui doivent être également acquittés dans l'église, et dont nous ne pouvons donner ici l'énumération.

---

(1) De ce genre était la donation testamentaire de dame Madeleine de la Selle, femme de M. Christophe Blanchard, contrôleur de la maréchaussée et fille de M. Jean de la Selle, marchand d'Orléans, et de dame Jeanne Provenchère, qui laissa à la fabrique 400 livres pour acheter 20 livres de rente foncière. Ce legs fut accepté le 15 juillet 1629 en assemblée générale d'habitants. — Indiquons encore le legs de 8 livres tournois, par dame Jehanne Luillier, veuve du trésorier général Jacques Boucher, en 1449 ; — celui de 8 livres tournois par dame Anne Compaing, veuve du général des finances Briçonnet, en 1519 ; — celui de 4 livres tournois par Pierre Le Lectier, *Maître de l'Ave Maria*, en 1522 et enfin le don de 27 sols 6 deniers de rente foncière à la confrérie de Notre-Dame, par la veuve Jean Coudray, en 1564. Tous ces donateurs furent inhumés dans l'église Saint-Paul. (Voir arch. de la fab., comptes de la confr. des Trépassés pour 1519-1523, DD, p. 193.) — Le testament de la dame Boucher est conservé dans le minutier de Me Paillat, notaire à Orléans.

Parmi les plus intéressantes pour leur objet ou leur ancienneté, abstraction faite toutefois du mandé et de l'office du Saint-Sacrement dont il a déjà été parlé ci-dessus (Voir chap. X.), il convient de placer au premier rang l'institution des deux cierges brûlant à perpétuité devant l'autel de Notre-Dame-des-Miracles, qui remonte à l'année 1463. En effet, par son testament du 13 juillet, dame Agnès Simonne, veuve Jacques de Sanxerre, continuant envers l'église les traditions généreuses de son époux (1), ordonna que ses héritiers « feroient tenir et entretenir en l'église Saint-Pol d'Orléans, devant l'ymage de la glorieuse Vierge Marie, ung cierge de cire ; lequel ung des Angelez estans es coustez dudit ymaige, portera et soutiendra, le tout selon la volonté de ladite deffunte, en la manière qui s'ensuit audit testament..., ainsi comme ses prédécesseurs ont fait jusques à présent (2). » Le revenu de deux maisons rue d'Illiers devait subvenir à cette fondation.

Ce cierge ne s'allumait que le jour de l'Assomption. Cette exclusion des autres fêtes de la sainte Vierge inspira à Mme Agnès Barrier, veuve Christophe Robillard, et à Jaquette Lelièvre, veuve Simon Robillard, la pensée de compléter la pieuse intention de Mme de Sanxerre, en faisant donation à l'église d'une rente de 20 sols 10 deniers, pour que deux autres cierges, l'un placé

---

(1) M. Jacques de Sanxerre avait fait présent à l'église d'un très beau poêle de drap noir.

(2) Arch. du Loiret, pièce parchemin contenant la copie collationnée du testament, signée Courtin, notaire. (Fonds de Saint-Paul, boîte.) — Presque tous les titres de fondations ci-après énumérées existent en original aux archives du Loiret, même fonds, série G.

« dans la grande lampe devant l'autel », l'autre supporté
par le second ange, fussent allumés les jours de la
Nativité, de l'Annonciation, de la Conception, de la
Purification, de Noël, de Pâques et de la Pentecôte (1).

Pour en finir avec les fondations de ce genre, il nous
reste à mentionner celle de M. George Bondonnet qui,
en 1592, laissa 30 sols de rente foncière, pour alimenter
la lampe du maître-autel (2).

Parmi les offices des jours de fêtes institués par des
habitants de la paroisse on remarque :

Le salut du jour des Rameaux, d'après les intentions
de Gilète Lambert ;

Celui du jour de Pâques, fondé par dame Radegonde-
Cailly, veuve François de Troyes, et par dame Anne
Girard, veuve Claude Barbedor, le 7 avril 1513, et ac-
compagné d'une rente de 42 sols 6 deniers (3) ;

Une neuvaine de saluts pour les biens de la terre,
commençant le lundi de Quasimodo, institué par
M. Chassinat, notaire, aux termes de son testament du
11 juillet 1749 (4) ;

Le salut du jour de l'Ascension, par Gilles Meslier,
vicaire de Saint-Paul (1623) (5) ;

(1) Arch. de la fabr., reg. DD, p. 145.
(2) Arch. du Loiret, fonds de Saint-Paul, liasse, pièce parchemin, n° 322.
(3) Arch. de la fab., invre DD, p. 37.
(4) M. Chassinat avait institué une semblable neuvaine dans
l'église de Chécy. (Arch. de la fab., pièce pap., liasse, et inventaire DD, chap. I, art. 1.)
(5) Ibid., DD, art. 21, p. 410.

Celui du jour de la Pentecôte, par Mme Madeleine Bourdineau, femme de M. Beauharnais de Miramion (1).

Celui du jour de la Trinité, où l'on chantait le psaume *Exaudiat* pour le roi, par dame Suzanne Danet, veuve Simon Riou, qui laissa pour ce, en 1628, une rente de 6 livres (2) ;

Celui du jour de la Fête-Dieu, fondé en 1609, par M. Nicolas Branger (3);

Ceux des vendredi, samedi, lundi et mardi dans l'octave de cette fête, chantés à l'autel de la Vierge et institués par M. Boyetet et dame Marie Sachet sa femme;

Celui du dimanche, dans le même octave, par M. Guillaume Hazon en 1545 (4) ;

Celui du jeudi de l'octave, par M. René Gravier. On y chantait le psaume *Exaudiat* pour la paix (5);

Celui du jour de l'Assomption, par dame Marie Saintonge, veuve Jean Lelièvre, en 1625 (6);

Sept saluts dans l'octave de cette fête, fondés en 1775 par une personne anonyme, qui à cette intention, laissa 1200 livres (7) ;

(1) *Ibid.*, invre de 1668-1672, P.
(2) *Ibid.*, DD, art. 49, p. 83.
(3) *Ibid.*, P.
(4) *Ibid.*, DD, art. 45, pièce 77, lay. 12.
(5) *Ibid.*, art. 45.
(6) DD, art. 45.
(7) Arch. de la fab., liasse.

Le salut dû jour de l'Annonciation, par dame Marie-
Oger, femme de M. François Colas des Francs (1519) (1) ;

Celui du jour de la Visitation par dame Anne Masson,
veuve François Debeausse ;

Celui du jour de Noël, par dame Marie Gascon, en
1462 (2) ;

Celui du dimanche gras, par dame Anne Saintonge,
veuve Foucher (3) ;

Celui du mardi-gras, précédé de grand'messe, vêpres,
exposition et procession du Saint-Sacrement, par M. Antoine Masson, secrétaire du roi (13 septembre 1738) (4) ;

Une neuvaine de saluts des O, par M. Masson de la
Manerie, son frère, le 1ᵉʳ février 1750 (5) ;

Le salut des jeudis de l'année, par Mˡˡᵉ Madeleine Delafoi (1695) (6) ;

Celui du dernier dimanche du mois, par dame Élisabeth Desvaux, femme de M. Daniel Ronflard (1733) (7) ;

Celui de la fête de Saint-Paul, en été, par Étienne
Paris en 1565 (8) ;

(1) *Ibid.*, invʳᵉˢ G et DD, art. 16.
(2) Arch. du Loiret, liasse, papier parch. sans cote, et arch. de
la fab., DD, p. 415.
(3) Tableau imprimé des fondat., arch. de la fab.
(4) Arch. de la fab. DD, art. 54, p. 440.
(5) *Ibid.*, p. 468, chap. ɪ, art. 3.
(6) *Ibid.*, p. 78.
(7) *Ibid.*, p. 53.
(8) Arch. du Loiret, fonds de Saint-Paul, liasse, pièce parchemin, nᵒ 333.

. Les litanies chantées tous les jours de l'année à l'autel de Notre-Dame, conformément à la fondation de dame Marie Robert, veuve Jacques Boyetet, et celle de M. Etienne Fleury et de dame Catherine Moireau, sa femme ;

Un *Domine non secundum*, qui se disait après l'élévation, à la grand'messe paroissiale, tous les dimanches et fêtes annuelles (1).

Il y avait aussi des messes solennelles et autres offices au profit des paroissiens (2). De ce nombre étaient :

Le service de l'octave des trépassés, institué par dame Marguerite Rendoineau et Marie Fleury qui assignèrent à cette fondation une rente foncière de 30 livres sur la maison *du cercle d'or*, près le *coin du chat qui pêche* (14 octobre 1687) (3) ;

Les vêpres des morts, vigiles à neuf leçons et laudes les premier et deux mai, veille de l'*Invention* de la Sainte-Croix et grand'messe de *Requiem*, le jour de la fête, par M. Jacques Lenormand, prêtre et chanoine de Paris (4) qui déjà avait établi à Saint-Paul (en 1551) le service du Saint-Sacrement (Voir chap. IV). Une rente de 15 sols était affectée aux distributions du premier de ces offices (20 août 1483) ;

(1) Arch. de la fab., compte de 1519.
(2) Nous nous abstenons d'y comprendre les cinq messes extraordinairement célébrées en 1520, cinq jours durant, et suivies de processions en l'honneur des cinq plaies, motivées par le danger d'une invasion pestilentielle. (*Ibid.*, 36, v°.)
(3) Arch. de la fab., reg. E, de 1519.
(4) *Ibid.*, Tableau des fondat.

Les prédications de l'octave des morts instituées en 1667 par M. de Montmélian, prêtre (1);

Un service solennel, avec premières vêpres, le jour de la fête de Saint-Joseph, par M. Nicolas des Francs (1599) (2);

Une grand'messe tous les dimanches à dix heures, par M. Jean de Cahours, prêtre (3);

Une messe basse du Saint-Nom de Jésus, par M. Goislard, ancien curé de la paroisse (1615);

Trois grand'messes le jour de la Visitation; plus une le jour de la fête Dieu et une le jour de la Purification, à chacune desquelles 2 sols étaient donnés à l'*Aumône* de Saint-Paul. Cette fondation était dûe à dame Guillemette Lecharron, veuve de M. Jean Luillier de la Motte (4), en 1507;

Tous les mardis, une grand'messe en l'honneur de Saint-Paul;

Tous les dimanches, une messe de midi, fondée par M. de la Manerie (5);

Une messe haute et vigiles dont le jour n'est pas défini, et où l'on offrait *pain, vin* et *rôtis (sic)*, pour laquelle, le 13 décembre 1608, dame René Mesland, laissa une rente de 37 livres 6 sols (6);

---

(1) Arch. du Loiret, fonds de Saint-Paul, liasse, pièce 286 et arch. de la fab., DD, p. 57.

(2) DD, p. 399.

(3) Arch. de la fab., compte de 1519-1522, fᵒ 118, rᵒ.

(4) *Ibid.*, fᵒ 36, vᵒ.

(5) *Ibid.*, Reg. L, I.

(6) *Ibid.*, p. 402, chap. xxvii.

L'office solennel du Saint-Sacrement, institué en 1551 par M. Jacques Lenormand et renouvelé en 1554 par M. Lelièvre sieur de Marvilliers et de Maurepas, qui affecte 32 livres 12 sols de rente aux honoraires des officiants (1);

Des petites heures établies le 12 novembre 1481, par testament de dame Jaquette Ynthier.

D'autres fondations d'ordre différent doivent encore être mentionnées ici :

Le pain bénit de la grand'messe de huit heures inauguré le 10 avril 1497, par testament d'Aignan de Saint-Mesmin, sieur du Bruel, qui fut appelé en témoignage, lors de la révision du procès de Jeanne d'Arc. Charles VII l'anoblit en 1460. Il était âgé de 91 ans. La fabrique prenait annuellement pour cet objet dix mines de froment sur les champarts de la Coullemelle. Celui ou celle qui le présentait portait un « tortilz ou une chandelle de cire (2) »

Les héritiers de M. de Saint-Mesmin composèrent en 1521 avec la fabrique qui, moyennant 110 livres tournois les acquitta des arrérages qu'elle n'avait jamais touchés depuis la mort du donateur. En 1519, la fourniture de ce pain coûta 35 livres pour l'année (3).

(1) Arch. de la fab., reg. DD, p. 19.
(2) En 1519, on paya 35 sols tournois à une femme qui avait présenté le pain bénit pendant quatre années. (Compte de 1519-1522, fo 119, vo, arch. de la fab.)
(3) Payé à Planchiet, boulanger, pour pain bénit de tous les dimanches et fêtes de l'année, 35 sols tournois. (Arch. de la fab., compte de 1519-1522, fo 119, vo.)

Nous terminerons ce chapitre par l'énumération de quatre fondations des plus intéressantes :

Le *mandé* ou lavement des pieds du jeudi saint dû à deux pieux époux, M. Jean Lallemand et Marthe Luillier sa femme, qui donnèrent à cette intention, une rente foncière de deux écus d'or sur une maison rue Gâtebois, près des murs de la ville (14 mars 1478);

Deux catéchismes hebdomadaires institués dans la paroisse, l'un le 3 mai 1650, par M. Charles Boyetet et pour les frais duquel il laissa à l'église 75 livres de rente; l'autre par Mme Salomon, qui, le 28 janvier 1673, lui fit don de 10 livres de rente;

Enfin, l'établissement des prières dites de l'agonie, ainsi nommées parce qu'on les faisait à l'intention de tous les malades qui participaient au sacrement de l'Extrême-Onction. La paroisse de Saint-Paul fut redevable de cette pieuse pratique à MM. Jean et François Bezançon, qui en 1678, assurèrent à cette intention, une rente de 60 livres à la fabrique.

Voici, en quoi consistait cette fondation, d'après le document où elle est relatée : Au moment où le sacrement d'Extrême-Onction venait d'être administré au malade, le marguillier mettait, durant un quart d'heure, la grosse cloche en branle; puis le prêtre rentré à l'église chantait un *Salve Regina* avec verset et oraison des agonisants, *Pater, Ave* et verset *Requiem æternam* devant l'autel de Notre-Dame-des-Miracles, où était canoniquement instituée la confrérie de Notre-Dame-de-Pitié. Cette confrérie siégeait autrefois à l'autel de Notre-Dame et Saint-Gilles.

Si l'Extrême-Onction avait été administrée après

neuf heures du soir, ces prières supplémentaires étaient remises au lendemain après la messe de Saint-Blaise. Enfin, en cas de mort du malade, le *De Profundis* remplaçait le *Salve Regina*. On disait ensuite vingt deux messes dont une moitié applicable aux âmes de tous les défunts à quelque paroisse qu'ils appartinssent, qui n'auraient été l'objet d'aucune offrande du saint sacrifice, et l'autre à l'intention des fondateurs et de leurs familles (1).

Il n'eut pas été sans opportunité de rappeler ici les nombreuses fondations dont l'enseignement primaire de la paroisse fut l'objet depuis les temps anciens jusqu'en 1789. Nous n'avons pas cru cependant devoir donner de nouveau des détails que nous avons déjà amplement développés dans un livre spécialement consacré à l'histoire des petites écoles d'Orléans et de son arrondissement. Mais l'on trouvera ci-après, dans le sommaire des temps modernes, tous les faits de cet ordre consignés à leur date.

Il a été souvent question, au cours de cette notice, d'une chapelle dédiée au saint nom de Jésus dans l'église Saint-Paul. Quelques détails sur le culte lui-même seront sans doute bien accueillis de nos lecteurs.

Cette dévotion était encore inconnue dans l'église, quand, au commencement du XVe siècle, quelques chrétiens zélés essayèrent de l'y introduire. Ce fut toute une révolution, et on alla jusqu'à traiter d'idolâtrie le culte de vénération rendu au nom sacré du Sauveur.

(1) Arch. de la fab., DD, art. 84, p. 132.

Les adversaires étaient nombreux et puissants, et plus de soixante d'entre eux, tous docteurs, acceptèrent de disputer publiquement en présence du pape Martin V et du sacré collège. Deux religieux franciscains, saint Bernardin de Sienne et saint Jean Capistran, qui se glorifiaient d'être les défenseurs de la dévotion nouvelle, se présentèrent. Les deux champions remportèrent en cette mémorable séance, une victoire complète que le pape voulut consacrer, en ordonnant dans Rome une procession solennelle en l'honneur du saint nom de Jésus. La fête prit dès lors le nom de *Triomphe du Saint-Nom de Jésus*. Elle fut établie dans l'Ordre de Saint-François en 1530, et seulement en 1721 dans l'Église universelle.

En édifiant à Saint-Paul une chapelle en l'honneur de cette fête, les Orléanais anticipaient donc de 92 ans sur les hommages publics rendus au saint nom de Jésus dans toute la chrétienté. (Voir *Manuel du Tiers-Ordre de Saint-François*, dern. édit. Bordeaux, 1883.)

Il est assurément encore, dans la ville d'Orléans, des rejetons de ces généreux chrétiens dont le zèle pour la gloire de Dieu s'affirma par la splendeur des cérémonies qu'ils instituèrent. En déroulant cette froide momenclature des œuvres qui nous livrent le secret de leur fervente dévotion, notre seul regret est de n'avoir peut-être su faire apprécier, comme nous l'eussions voulu, la religieuse inspiration de ces luttes pacifiques qui ne connaissent d'autres armes que la charité et où l'amour de Dieu le dispute à la munificence. Plus d'un Orléanais d'aujourd'hui retrouvera avec satisfaction le nom d'un ancêtre associé aux plus touchantes de nos

fêtes chrétiennes ; et si les temps malheureux qu'à
traversés l'Église, ont fait disparaître ces témoignages
de la vive piété de nos pères, l'on se souviendra que
les meilleures œuvres émanées de la pensée humaine
sont souvent peu durables, puisqu'il a suffi d'un orage
passager pour déraciner des monuments qui semblaient
défier les tempêtes ; tandis que les fragiles feuillets
qui bravant la poussière des siècles, ont transmis au
nôtre le souvenir de la foi de nos aïeux, survivent
seuls aujourd'hui, comme d'impérissables épaves contre
lesquelles viennent se briser les flots de l'oubli.

ADDITIONS.

Plusieurs personnes avec lesquelles nous nous sommes entretenue d'*Avenum*, durant l'impression de ce volume, sembleraient nous reprocher comme une omission, d'avoir négligé d'indiquer l'étymologie de son nom, dont nous n'avions pas cru nécessaire de nous occuper.

La question d'*Avenum*, en effet, n'entre dans ce travail qu'à titre de considération incidente, et seulement à raison de ses rapports avec l'église qui y était située.

Puisqu'il en est temps encore et pour donner, autant qu'il dépend de nous, satisfaction à une curiosité légitime, nous ajouterons ici ces quelques lignes à notre IIe chapitre.

Avenum, contraction probable d'*Advenarum*, le bourg des *Advenæ* ou des étrangers était, comme son nom semblerait parfaitement le démontrer, une colonie de gens de passage, et c'est sous ce titre que les Aborigènes orléanais distinguèrent d'avec eux cette population foraine ; de là la dénomination qu'ils appliquèrent à leur ville.

Ne resta-t-il aucun souvenir ou plutôt aucune trace du nom d'*Avenum*, la rue d'*Avignon*, malgré l'étrange corruption par laquelle son nom a aussi passé, suffirait à rappeler cette origine.

Mais il en est, croyons-nous, une seconde preuve non moins vraisemblable. Nous la rencontrons dans l'appellation donnée à une autre des rues d'*Avenum*, la rue des Albanais.

Si les populations d'une ville appliquaient, au moyen âge, la qualification d'*Advenœ* aux étrangers qui venaient se fixer chez eux, elles leur attribuaient aussi celle d'*Albini* ou *Albani* (Aubins), qui avait la même signification. Or, si nous retrouvons le mot *Advenœ* dans celui d'*Avignon*, nous retrouvons également celui d'Aubins (*Albani*) dans le nom de rue des Albanais, *via albanea* ou *albanorum*, imposé à une autre voie publique du quartier d'*Avenum*.

Cette double étymologie, qui, jusqu'à démonstration du contraire, nous semble parfaitement acquise, prouve une fois de plus qu'en s'éloignant des origines des choses les mots s'altèrent, parce qu'ils ne représentent plus aucune idée, aucune signification précise, et qu'une fois tombés hors d'usage, ils peuvent se prêter à toutes les transformations.

Il semble difficile, d'après ce qui précède, de faire d'*Avenum* un faubourg d'Orléans; cependant nous l'avons déjà dit : *adhuc sub judice lis est.*

———

La jolie vignette de notre titre a été reproduite d'après un dessin de l'époque par un habile aquafortiste orléanais dont le burin délicat, toujours au service de nos publications locales, a déjà été apprécié dans la gracieuse eau-forte du frontispice. Cette église, en miniature, représente Saint-Paul telle qu'elle était antérieurement à 1562 (1).

On l'y voit surmontée de ses deux clochers ou tours dont, sur la foi de l'abbé Dubois, et faute d'avoir pu vérifier à temps son assertion, nous avions indiqué la position de chaque côté du portail principal.

Nous ne savons ce que l'abbé Dubois entend par le *portail principal;* peut-être attribue-t-il ce titre à la porte occidentale ouverte à la fin du XVᵉ siècle, tandis que, suivant les données de nos archives de fabrique, ce nom conviendrait à celle du midi dans l'aile de Notre-Dame-des-Miracles.

Quoi qu'il en soit, l'indication de M. Dubois renferme une inexactitude : au lieu d'accompagner tous deux un même portail, ces clochers sont placés, l'un près de la porte du midi, l'autre à gauche du portail occidental.

En dressant, d'après les titres de fabrique encore subsistants, la liste nécessairement incomplète des chapelains du Saint-Esprit, nous n'y avons point rencontré le nom de Robert de la Mite, qui desservait la chapelle en 1439. Nous l'avons récemment retrouvé dans un acte de Tassin Berthelin, notaire à Orléans.

Quant au nom de Samuël Pasquier, historien d'Orléans et chapelain du même autel en 1618, défiguré dans notre liste par suite d'une erreur typographique, (on l'y trouve écrit *Paques*) il doit être lu *Pasquier*, qui est son orthographe véritable. (V. pag. 65, note.)

---

(1) Cette vue de l'église est empruntée au plan de Rancurel dans la *Cosmographie universelle* de Belleforest.

Bien que nous ayons jugé superflu de donner la traduction des épitaphes latines comprises dans le chapitre X de cette monographie, nous avons cru cependant répondre au désir de plusieurs de nos lecteurs, en faisant une exception à l'égard de la belle inscription funéraire de M. Masson de la Manerie. Dans une version qui ne saurait rendre l'énergique concision du texte latin, nous nous sommes au moins efforcée de reproduire les sentiments de respect et de gratitude dont elle est l'interprète et dont la mémoire de ce bienfaiteur insigne de la paroisse mérite d'être à jamais entourée :

Ici attend la bienheureuse résurrection
Jean-Baptiste MASSON DE LA MANERIE,
Gentilhomme de la chambre du Roi
Remarquable par son opulent patrimoine,
Mais plus encore par sa libéralité
Envers les faibles et les pauvres.
Dieu l'avait fait sur terre, possesseur de grands biens
Mais comme un économe prudent et fidèle
Pauvre au sein des richesses
Il vécut opulent non pour lui mais pour les indigents.
C'est ainsi qu'au lieu des biens temporels que la rouille dévore
Il amassa pour le ciel des trésors éternels.
Que Paris pleure son citoyen, Orléans son enfant
Que les petits et les déshérités pleurent cet excellent père
Qui pour leur laisser un témoignage perpétuel
De son affection
Leur donna par son testament
La somme d'un million de livres
Et en légua spécialement quarante mille
Aux indigents et aux écoles de cette paroisse.
Il s'endormit dans le Seigneur le VII juillet MDCCXLIX
A l'âge de LXXXIV ans.

SOMMAIRE DES TEMPS MODERNES

Si, en parcourant un livre, le lecteur n'y rencontre
pas ce que lui promettait le titre, il est déçu et l'auteur est en faute. Nous nous sommes efforcée de ne
pas mériter ce reproche, car nous n'avons volontaire-
ment laissé périr aucun des vénérables souvenirs que
nous avions pris à tâche de faire revivre. Mais, pour
échapper à un reproche, peut-être en aurons-nous mérité un autre, et il se pourrait que les pages qui vont
suivre ne parussent pas en harmonie parfaite avec l'intitulé de ce volume. Nous croyons donc devoir nous en
expliquer ici.

Si familière que soit l'histoire moderne de Saint-Paul
à la génération contemporaine, il ne serait pas impossible que certains détails de la vie intime de cette importante paroisse n'eussent pas été suffisamment divul-
gués. Les années, d'ailleurs, s'envolent rapidement, et,
en balayant incessamment les personnes, la grande aile
du temps emporte aussi les souvenirs. Or, pour beaucoup de nos contemporains, les premières années de ce
siècle touchent déjà à l'ère des légendes... Nous avons
donc pensé qu'un simple exposé des faits les plus sail-
lants pourrait, ne fût-ce qu'à titre de répertoire, n'être
pas dépourvu de quelque utilité. Ce rapide exposé chro-

nologique pourra donc servir de pierre d'attente aux détails accessoires qu'il conviendra plus tard d'y ajouter.

1789. — M. Barbazan, curé de Saint-Paul, est convo-
qué à l'assemblée des Trois-États, tenue le 16 mars,
pour arrêter la rédaction des cahiers de doléances et
nommer des députés aux États-Généraux.

1793. — M. Barbazan, accusé d'incivisme, est destitué
de ses fonctions par la cinquième section, siégeant à
Saint-Paterne. Quelques citoyens prennent sa défense et
la destitution est annulée (12 septembre). Nonobstant
cette décision, le représentant Laplanche rend, le 22 du
même mois, un arrêté ainsi conçu : « A la place de
Barbazan, curé de Saint-Paul, que je destitue, comme
perturbateur du repos public et colporteur d'adresses
incendiaires, je nomme Paris, notable. »

1793. — Une partie de l'église est affectée au culte
protestant. La portion de l'édifice dont il s'agit était
sans doute la chapelle du Saint-Nom-de-Jésus, aujour-
d'hui de Notre-Dame-des-Miracles.

1793. — Construction de l'autel de la Sainte-Vierge
au rond-point du chœur (Voir chap. vi), et des deux
chapelles de Saint-Jean et de Saint-Bruno, de chaque
côté des basses nefs — au niveau du maître-autel.

1794 (décembre). — Fermeture de l'église. Elle est
rendue au culte le 11 juin 1795.

1800. — M. Ch. Robert Petau (1) lègue aux fabriques

(1) M. Ch. Petau, de la famille de l'illustre jésuite Denis

de Saint-Paul et de Saint-Paterne un capital de 3,000 fr.,
dont les revenus devaient servir à payer l'apprentissage
de dix filles indigentes. Une autre somme de 500 fr.
était en outre affectée au soulagement des vieillards
des deux paroisses.

1800. — Construction de deux autels, dédiés à saint
Pierre et à saint Paul, aux angles de la partie supérieure
des basses nefs. Le tout coûta 1,200 fr.

1800. — Transfert de l'autel de Notre-Dame-des-Miracles dans la chapelle du Saint-Nom-de-Jésus. La
porte de cette chapelle ouvrant sur la rue est murée.

1802. — Le Concordat ayant mis fin aux pouvoirs de
M. Barbazan, il en reçoit de M. Bernier, évêque d'Orléans, une investiture nouvelle, le 24 décembre. Son
installation solennelle eut lieu le 27 janvier suivant.

1803. — M. Barbazan est nommé chanoine titulaire
de l'église d'Orléans et vicaire général.

1803. — La fabrique rentre en possession de la partie
non aliénée du cimetière, en vertu de l'arrêté préfectoral du 7 thermidor, an XI.

Petau, était fils de Ch. Pierre Petau et de Marie Gaudefroy.
Il remplit dans la maison de Louis XV les fonctions de chef
d'échansonnerie et épousa, en 1750, demoiselle Marie Luillier
des Bordes. — Ch. Louis Petau, leur fils, magistrat à Orléans,
laissa de dame Euphrasie Lasneau, sa femme, deux fils et une
fille, Euphrasie-Delphine, qui s'allia à M. Louis Sourdeau de
Beauregard et apporta dans cette famille la terre de Latingy
actuellement habitée par M. Théobald de Beauregard, leur fils
aîné, qui fut marguillier et trésorier de la fabrique de 1848 à
1854.

1803 (Juillet).—Ordonnance épiscopale pour la réorga-
nisation des fabriques. Le bureau d'administration des
biens de l'église, composé de MM. Loyré, de Courcy,
Vandebergue de Champguerin et Pompon est réélu, et
ses membres prennent le titre de fabriciens.

1804. — Deux tableaux, représentant saint Pierre et
saint Paul, dus au pinceau de M. Robin, sont placés
sur les autels érigés en 1800, aux angles de la partie
supérieure des basses nefs.

1805.— Exécution d'une niche en rotonde, recevant le
jour d'en haut, dans la chapelle de Notre-Dame-des-
Miracles. Ces travaux s'élevèrent à 1,590 fr.

1805. — Ordonnance de Mgr Bernier pour le transfert
de la confrérie du Mont-Carmel, *alias* du scapulaire, de
la chapelle des Carmes dans les églises de Sainte-Croix
et de Saint-Paul, où elle fut annexée à la confrérie de
Notre-Dame-des-Miracles.

1806. — Pose sur l'autel de Notre-Dame-des-Miracles
d'un tabernacle en fer doré, dont l'intérieur, en chêne,
fut tapissé de damas rouge. Un Jehovah émergeant
d'une gloire fut peint sur la porte. Le tout coûta
500 fr.

1806.—La fabrique s'engage à verser annuellement, à
titre de contribution volontaire, une somme de 150 fr.,
pour aider à la restauration du grand séminaire de la
ville épiscopale.

1806.— M. Francin, sculpteur, est chargé d'exécuter
une gloire en bas-relief, pour la rotonde de Notre-

Dame-des-Miracles. Les têtes d'anges du frontispice devaient être en terre cuite ; l'intérieur de la niche et les dix têtes de chérubins, en plâtre poli ; les deux anges adorateurs et les nuages, en terre cuite. Le tout coûta 1,200 fr.

1806. — Achat d'un riche ornement en drap d'or frisé et argent. A cette occasion, M. Roussel de Courcy, margüillier, fait à la fabrique un don de 600 fr.

1806. — Continuation des travaux à la chapelle de Notre-Dame-des-Miracles. M. Rocher, architecte, fait entrer dans l'œuvre un certain nombre de pierres tombales relevées dans l'église, dont la fabrique lui fait l'abandon. Mais ces tombes étant salpêtrées, leur emploi donna lieu à des réclamations ultérieures de la part des marguilliers.

1806. — M. Aug. Pompon, avocat et marguillier, fait don à la fabrique des 5,351 fr. dus à l'architecte pour l'achèvement du sanctuaire de Notre-Dame-des-Miracles.

1807. — M. Philippon, maître d'école, occupant partie du local auparavant affecté au logement des vicaires, se démet de ses fonctions. La fabrique lui témoigne sa satisfaction de ses bons services.

1807. — Rétablissement des Frères de la doctrine chrétienne pour tenir l'école de charité.

1808. — M. Jean Pompon, émule de la générosité de son oncle envers l'église, lui fait don d'une somme de 1,200 fr.

1809. — Les écoles gratuites de filles, trop à l'étroit

dans la partie de la maison du vicariat qu'elles occupaient concurremment avec les garçons, sont transférées
dans un local sis rue de la Crosse, appartenant à
M. Vandebergue de Champguérin, moyennant un loyer
de 300 fr. Mme Cochin et sa fille recevaient 500 fr. pour
faire la classe.

1809. — Arrêté préfectoral du 27 avril, ordonnant la
restitution à la fabrique des titres et documents relatifs
à la portion non aliénée de ses biens, dont elle avait re-
couvré possession en 1803 :

Art. 3. « Les titres relatifs à la propriété des biens
et rentes, portés aux deux états annexés, seront délivrés
aux marguilliers qui viendront les réclamer aux Archives
de la préfecture ou au secrétaire des sous-préfectures,
où les titres pourraient être déposés. »

Art. 4. « Cette remise leur sera faite sur la présentation d'un extrait de l'état des biens ou rentes resti-
tués, indicatif des articles attribués ; duquel extrait
copie signée d'eux et portant leur récépissé restera à
l'archiviste ou dépositaire desdits titres, pour sa dé-
charge. (*Recueil des actes administratifs du Loiret*,
n° 111, p. 89, Archives du Loiret.)

1809. — Refonte de la grosse cloche. Les parrain et
marraine furent M. de Courcy et Mme Loyré.

1810. — Achat d'un dais neuf dont le prix fut de
8,000 fr. environ. Les soieries, prises à Lyon, coutèrent
3,336 fr., et les plumes 1,100 fr. Il fut brodé gratuitement par une personne de la paroisse.

1811. — Première manifestation de l'existence de la
confrérie de Saint-Éloi, patron des chaudronniers, fer-

blantiers, balanciers, taillandiers, fondeurs, potiers d'étain, épingliers. Cette confrérie, qui évidemment est plus ancienne que la date ci-dessus mentionnée, est, croyons-nous, postérieure à l'année 1477, car elle ne figure pas dans l'énumération des diverses associations pieuses érigées alors dans la paroisse.

1814. — Réfection de l'horloge par le sieur Dubois. (Voir pour les détails p. 92.)

1816. — Décès de M. Barbazan qui lègue à la fabrique sa chapelle en moire or et violet brodée d'argent, une aube en point d'Angleterre, et 4,500 fr. grevés d'une rente viagère de 400 fr.

1816 (décembre). — M. Desnoues, premier vicaire, est nommé curé de Saint-Paul.

1817. — La fabrique fait poser sur la tombe de M. Barbazan une croix avec épitaphe.

1818. — Le pape Pie VII renouvelle les indulgences accordées par ses prédécesseurs pour le jour de la *Conversion* de saint Paul, fête patronale de la paroisse.

1819. — Acquisition d'un ostensoir de vermeil du poids de vingt-six marcs, quatre onces et cinq gros. Il fut ciselé par Cahier, orfèvre à Paris.

1819. — Transfert des Fonts baptismaux dans la chapelle de saint Joseph. (Voir p. 73.)

1819. — La direction des écoles de charité est confiée à trois filles de la Sagesse de Saint-Laurent-sur-Sèvre. La fabrique contribue à leur traitement pour 1,950 fr.

et la ville pour 600. Les enfants de Saint-Laurent et de Recouvrance avaient accès à cette école. Mme Cochin l'avait dirigée pendant 28 ans.

1820.—M. Faiziant, propriétaire rue de Recouvrance, fonde, par donation entre vifs, une messe de midi à Saint-Paul, les dimanches et les fêtes chômées.

1820. — Mort de M. Desnoues, curé de Saint-Paul. Il laisse une rente de 120 fr. à l'école des filles.

1820 (juillet). — Installation de M. Dubois, nommé curé de Saint-Paul.

1821. — M. Destas, orfèvre et marguillier, fait don à l'église d'une très-belle croix et de deux beaux chandeliers en bois doré, travaillés de sa main.

1822 (6 octobre). — M. Parisis, né à Orléans et l'un des plus illustres prélats français de ce siècle, est nommé vicaire à Saint-Paul. Il fut ensuite curé de Gien, et mourut évêque d'Arras, après avoir occupé le siège épiscopal de Langres.

1822. — Don par M. Salmon, professeur de dessin à Orléans, d'une toile représentant le baptême de Notre-Seigneur, exécutée par lui pour la chapelle des Fonts.

1825. — Restauration du sanctuaire et plafonnage de toute la surface du chœur et de la nef principale.

1826. — Remboursement à la fabrique des arrérages de la fondation faite en 1746 par M. Fontaine des Montées et qu'elle n'avait pu jusqu'alors recouvrer.

1827. — Mme Ménier offre à Notre-Dame-des-Miracles,

une robe très-richement brodée. Une autre est donnée par Mᵐᵉ Roussel de Courcy.

1828-1830. — Le chœur est fermé d'une grille en fer forgé, ornée d'un médaillon représentant le ravissement de saint Paul et portant au revers le chiffre du saint.

1828. — M. Plinguet lègue à la fabrique une somme applicable à l'école des sœurs ou à toute autre œuvre paroissiale. M. le curé opte pour l'école.

1828. — Vote des fonds nécessaires à la restauration de la chapelle de la sainte Vierge. Des plaques de marbre blanc furent posées au-dessus de l'autel, et le reste de la chapelle fut peint en imitation de marbre.

1832. — Revêtement en menuiserie sculptée, du pilier supportant la chaire. Cette chaire, ouvrage très-remarquable, est due, ainsi que le banc d'œuvre, au ciseau du fameux sculpteur Werbreicht.

1834. — M. Dubois, curé de Saint-Paul, fait don à la fabrique, pour les écoles de filles de la paroisse, d'une maison rue de l'Ange.

1835. — Un autel en marbre du prix de 3,000 fr., remplace l'ancien autel de Notre-Dame-des-Miracles.

1835. — Nomination de M. Jacq. Ch. Huet à la cure de Saint-Paul. Il succède à M. Dubois, promu aux fonctions de vicaire général.

1842 (9 janvier). — Installation du nouveau curé, M. Barnabé Boutillier, à la place de M. Huet, nommé curé de Sainte-Croix.

1849. — Adoption des plans et devis des travaux ci-après énumérés, à la chapelle de Notre-Dame-des-Miracles :

1º Renouvellement de deux vitraux, l'un représentant l'Assomption et l'autre l'Immaculée Conception. Ils furent exécutés par Laurent et Gsell, verriers à Paris, pour la somme de 1800 fr.

2º Restauration des peintures de la voûte. Une partie fut peinte en bleu avec étoiles d'or et les arceaux en blanc avec filets d'or ;

3º Exécution d'une garniture en stuc, embrassant le pourtour des croisées et des boiseries. Ces travaux coûtèrent 900 fr.;

4º Pose d'une grille en fer pour fermer la chapelle. Cette dernière dépense fut d'environ 1,200 fr.;

5º Pose des anciens vitraux de la chapelle aux croisées regardant le cimetière ;

6º Un réflecteur est disposé à l'intérieur de la niche pour augmenter l'intensité de la lumière.

1849. — Les anciens vitraux du sanctuaire sont remplacés par des verrières sorties des ateliers de Laurent et Gsell, et qui coûtèrent environ 3,000 fr.

1849. — A la suite d'importantes réparations exécutées à la tour, une croix surmontée d'un soleil est placée au sommet.

1851. — Pétition d'habitants de la rue de Recouvrance au maire d'Orléans, à l'effet d'obtenir la suppression de l'emmarchement du cimetière descendant sur cette rue. La fabrique, propriétaire du terrain, déclare s'opposer, provisoirement à cette opération.

1851. — Refonte de la Cloche nommée *Paul*, par M. Bollée, fondeur à Orléans.

1853. — Adoption du projet de réédification de la façade de l'église, proposé en 1846 et discuté en 1851. Le pignon est surmonté de deux campaniles, et cinq petites niches reçoivent des statuettes dues à Clovis Monceau, sculpteur d'Orléans. Cette conception peu monumentale fut exécutée par M. Clouet, architecte diocésain, sur les plans modifiés de M. Cartéron fils.

1855. — Déplacement de la tribune de l'orgue et construction de l'escalier dans l'un des campaniles. L'instrument lui-même est l'objet d'une importante restauration (1).

1855. — La fabrique abandonne à la ville son droit de propriété du cimetière Saint-Paul, et la municipalité reste seule chargée des frais d'aplanissement du terrain depuis l'église jusqu'à la rue de la Recouvrance.

1857. — M. l'abbé Huet, archiprêtre de Sainte-Croix et ancien curé de la paroisse, donne à la fabrique de Saint-Paul un terrain avec bâtiments, rue de l'Ange, n° 25.

1865. — Ouverture dans le sanctuaire de deux nouvelles fenêtres et rectification de plusieurs de celles des nefs, qu'on orne de vitraux coloriés. Revêtement des murs en boiseries et restauration de la voûte du sanctuaire.

---

(1) Nous compléterons la liste des organistes par les noms suivants : 1784, Mareau. — 1800, Martin. — 1810, Govin. — 18.., Dupuis. — 1832, Dubois. — 1852, Tournaillon. — 1869, Berthier.

1865. — Transfert de l'école des frères dans la maison sise rue des Charretiers et récemment acquise par la ville. La fabrique s'engage à verser pendant cinq ans une contribution de 1,700 fr. dans la caisse municipale.

1866. — Démolition d'une très-ancienne échoppe adossée à l'église, rue Saint-Paul.

1868. Continuation de la restauration des voûtes de l'église et annexion de la chapelle des Fonts à celle de Saint-Joseph, achevée en 1872.

1868. — Le nombre des vicaires est ramené à quatre comme il était antérieurement à 1791.

1875. — Mgr l'évêque d'Orléans ayant ordonné le retour de son diocèse à la liturgie romaine, la fabrique vote une somme de 600 fr., puis l'année suivante une de 800, pour acquérir la collection des livres de chœur usités dans l'ancienne liturgie.

1876. — Décès de M. Boutillier. On lui doit entre autres œuvres l'institution dans la paroisse Saint-Paul des dames patronnesses, et du catéchisme de persévérance des pauvres. La fabrique participe aux frais du monument que lui fait ériger sa famille.

1876 (13 août). — Installation de M. Alphonse Vigoureux, nommé curé de Saint-Paul.

1878. — MM. les vicaires qui jusqu'alors avaient occupé les bâtiments de l'ancien séminaire, fondé par M. Alleaume, viennent habiter le presbytère, récemment approprié pour les recevoir.

1879. — M. Bienvenu, en religion frère Moïse, capucin, fonde à perpétuité, dans l'église Saint-Paul, des prédications extraordinaires qui, sous forme de mission, seront données tous les dix ans.

1879. Fondation, par M. Ch. Marie de Cambefort, d'une lampe allumée à perpétuité devant l'autel de Notre-Dame-des-Miracles.

En la présente année, le personnel ecclésiastique de la paroisse est ainsi constitué :

MM. Vigoureux, curé ; Souchon, Huot, Bichereau et N., vicaires.

Le conseil de fabrique et le bureau des marguilliers se composent de MM. A. Vigoureux, curé, Sanglier, Grimaux, Barué-Blanchard, Lefébure-Barué, Lorraine, le commandant Coutant, chevalier de la Légion-d'honneur, Caussin, Costé de Bagneaux, Dubec et Séjourné.

Achevé d'imprimer le 30 mars 1884.

PIÈCES JUSTIFICATIVES

PIÈCE I.

DÉCRET D'ANNEXION A PERPÉTUITÉ DE LA PORTION DE SAINT-PAUL AU CHAPITRE DE SAINT-PIERRE-LE-PUÉLLIER, PAR JEAN DE CONFLANS, ÉVÊQUE D'ORLÉANS (1329) (1).

Johannes permissione divina episcopus Aurelianensis omnibus hæc visuris salutem in Domino sempiternam. Nobis curæ et merito debet esse, ut pauperibus clericis alimenta non desint, et ut divinus cultus ac Dei officium nostris temporibus augeatur. Hinc est quod nos attendentes et considerantes tenuitatem ac paupertatem reddituum ecclesiæ nostræ Sancti Petri Puellarum Aurelianensis, et onera multa eidem incumbentia, propter cujus ecclesiæ paupertatem non possunt, ut deberent, canonici ipsius ecclesiæ in divinis Domino famulari. Volentes super hoc providere de remedio opportuno, ex causis prædictis notorie veris, et etiam ex aliis justis, quæ ad hoc animum nostrum laudabiliter inducunt, ad supplicationem justam dictorum canonicorum et etiam aliorum propter paupertatem dictæ ecclesiæ pie intercedentium, ecclesiam parœchialem Sancti Pauli Aurelianensis de jure patronatûs prædictæ ecclesiæ Sancti Petri Puellarum pro parte notorie existentem unimus, tenore presentium, ecclesiæ Sancti Petri Puellarum prœdictæ, pro ea parte pro quâ pertinet ad eamdem, ratione juris patronatus prædicti,

(1) A raison de la longueur de plusieurs de ces documents, nous avons cru pouvoir supprimer les formules et répétitions étrangères aux questions spéciales étudiées dans nos divers chapitres.

cum omnibus juribus, pertinentiis et emolumentis quibus cumque pértinentibus ad ipsam ecclesiam Sancti Pauli convertendis in usus canonicorum ecclesiæ Sancti Petri Puellarum prædictæ, pro eorum inopiâ sublevandâ et ad divinum officium augmentandum, volentes dictam uniònem quibuscunque futuris temporibus inviolàbiliter observari et perpetuam remanere. Et ut dicti canonici possint utilius et uberius gaudere hujusmodi benificio unionis, statuimus et etiam in perpetuum ordinamus quod UNUS DE CANONICIS PRÆBENDATUS ET NULLUS ALIUS, dum tamen ibi valeat quo ad hoc idoneus inveniri, decano Aurelianensi et successoribus suis per ecclesiæ Sancti Petri Puellarum capitulum, nobisque et successoribus nostris per eumdem decanum Aurelianensem et successores suos, ad exercendam curam animarum prædictæ ecclesiæ Sancti Pauli, presentetur. Qui quidem presentatus et per nos seu successores nostros admissus, tenebitur residere in dicta ecclesia Sancti Pauli propter curam animarum utilius exercendam, et intra annum se facere ad sacerdotium promoveri, et ibidem residendo percipiet grossos fructus prebendæ suæ in ecclesia Sancti Petri Puellarum predicta, absque alio stagio, in dicta ecclesia Sancti Petri Puellarum faciendo, dum tamen sit canonicus in dicta ecclesia præbendatus... Qui quidem canonicus, seu alius, sit canonicus ad hoc idoneus non possit haberi... ad dictam curam seu exercitium dictæ curæ admissus quicumque... fuerit antequam... installétur jurare tenebitur in ecclesia Sancti Petri Puellarum se soluturum et rédditurum liberè, integrè et perfectè quadraginta libras turonensis monetæ pro tempore currentis prædicto capitulo Sancti Petri Puellarum annis singulis in perpetuum... pro fructibus, emolumentis et redditibus provenientibus ratione ecclesiæ Sancti Pauli per nos perpetuo unitæ ecclesiæ Sancti Petri Puellarum prædictæ, toto residuo dictorum reddituum et emolumentorum admissus ad exercitium dictæ curæ, pro subeundis oneribus et quibuscumque ipsius ecclesiæ pertinente... etc.

(Mémoire pour le chapitre de Saint-Pierre-le-Puellier, 1er cahier, boite 7, Archives du Loiret, série G, — et archives de la fabrique, reg. 357.)

PIÈCE II.

Gregorius episcopus servus servorum Dei ad perpetuam rei memoriam. Hactenus quæ pro statu prospero ecclesiarum ac personarum ecclesiasticarum sustentatione proinde facta sunt, ut illibata consistant, libenter adjecimus apostolici muniminis firmitatem. Exhibita siquidem nobis nuper pro parte dilectorum filiorum capituli ecclesiæ Sancti Petri Puellarum Aurelianensis petitio continebat, quod olim bonæ memoriæ Johannes episcopus Aurelianensis proinde attendens tenuitatem reddituum ejusdem ecclesiæ et onera eidem ecclesiæ incumbentia propter quod canonici dictæ ecclesiæ non poterant ut debebant ibidem in divinis Domino deservire, parochialem ecclesiam Sancti Pauli Aurelianensis pro ea parte pro qua præfati capitulum in eadem ecclesia jus patronatûs obtinebant cum omnibus juribus et pertinentiis suis eidem ecclesiæ Sancti Petri authoritate ordinaria in perpetuum univit et statuit ac etiam ordinavit quod unus de canonicis præbendatis ejusdem ecclesiæ Sancti Petri Puellarum *et nullus alius*, dum tamen in ibi valeret quoad hoc idoneus inveniri..... ad exercendam curam animarum ipsius ecclesiæ Sancti Pauli..... præsentaretur.... Nos igitur hujusmodi supplicationibus inclinati unionem præfatam et omnia alia et singula in eisdem litteris contenta..... rata habentes et grata illa authoritate apostolica, ex certa scientia tenore præsentium confirmanus et præsentis scripti patrocinio communimus. (*Suit la teneur du décret d'union et la ratification par le chapitre de l'église d'Orléans, après quoi le pape continue :*) Nulli ergo hominum liceat hanc paginam nostræ confirmationis et voluntatis infringere, vel ei ausu temerario..... etc.

(Archives du Loiret, 1ᵉʳ cahier, boîte 7.)

PIÉCE III.

Universis præsentes litteras inspecturis, Guido miseratione divina episcopus Aurelianensis, salutem in Domino sempiternam. Ad ecclesiam Sancti Petri Puellarum Aurelian. inopia prout sanctorum patrum pridem decrevit autoritas non solum in diebus laudis sed et ferialibus nocturnisque et diurnis officiis viri ecclesiastici ejusdem ecclesiæ se vigilanter et laudabiliter hactenus ad laudem Dei et fidelium devotionem (*tache d'encre*) dinoscuntur ; et ne pauperibus clericis in ibi Deo famulantibus desint alimenta, verus divinus cultus nostris temporibus diminuatur, et Dei edificia illius ecclesiæ guerrarum voragine et non culpa seu facto predictorum collapsa pœnitus reparetur in melius et reformetur, exhibentes nec immerito paternæ singularis devotionis affectum, inhæ- rentes vestigiis bonæ memoriæ Johannis Domini nostri præ- decessoris, litteras ejusdem domini Johannis inter cætera ecclesiæ parochialis Sancti Pauli Aurelianensis de jure patro- natûs dictæ ecclesiæ collegiatæ pro parte notorie existentis, et quæ non consuevit nisi a canonico illius collegiatæ ecclesiæ gubernari, ad ipsam collegiatam ecclesiam continuantes perpetuam unionem. Cum sub pensione tantum quadraginta librarum Turonensis monetæ, pro tempore currentis, prædicto capitulo a curato qui fuerit et erit pro tempore, annis singu- lis duobus terminis, scilicet viginti in festo Sancti Remigii et viginti in festo Paschæ monetæ supradictæ pro supponendis oneribus ejusdem ecclesiæ, comprehensa summa sexaginta solidorum Parisiensium in quibus rector ipsius parochialis ecclesiæ juris patronatus ratione, dicto capitulo tenebatur perpetuo solvendorum, cum consilio et assensu fratrum nos- trorum, decani et capituli ecclesiæ Aurelianensis, auctoritate nostrà ordinaria, et ex certa scientia, tenore presentium con- firmamus ac presentis scripti patrocinio communimus... presentiumque tenore de novo statuimus, volumus, et ordinamus præter et ultra dictam quadraginta librarum summam sive pensionem supra et infra scriptam et aliis ad hoc contrariis non obstantibus quibuscunque, perpetuo forma et robore sive in sigillis, clausulis duratura de residuo fructuum aliorum dictæ curæ scilicet de parochiali ecclesia Sancti Pauli moventium seu dependentium de patronatu dictæ collegiatæ ecclesiæ Sancti Petri Puellarum libere, nunc et vacantis per mortem deffuncti Mathei de Dareu utriusque juris professoris dictæ portionis novissimi rectoris et curati.....

In cujus rei testimonium sigillum nostrum duximus apponendum. Datum et actum die tertia mensis februari anno Domini millesimo quadringentesimo decimo nono, more gallicano. Sic signatum Vincenti et Michardi (*sic*). — Et sigillatum sub duplici coda (*sic*) pergamenea in cera rubra.

PIÈCE IV.

CHARTE D'ODOLRIC QUI DONNE A L'ABBÉ DE MICI LA DEUXIÈME MOITIÉ DE L'ÉGLISE SAINT-PAUL.

Pontificalem sollicitudinem deditam decet esse continue ad regenda opera quæ Christi expetit voluntas, et quæ minime sunt peritura, scilicet gregem Christi augmentando nutrire atque sanum reddere, et conventicula imo monasteria fidelium protegere atque exaltare spirituali videlicet bono et temporali. Ego igitur Odolricus Sanctæ Dei ecclesiæ Aurelianensis antistes hoc Christi adminiculo desiderans implere, si secundum velle mihi foret posse, sed Christi misericordia, cum ex toto nec vacuus ab hoc existam. Quapropter sit notum cunctis fidelibus Sanctæ Dei Ecclesiæ, quia domnus Arnulphus Archiepiscopus Turonensis humiliter postulavit nostram bonitatem ut benigne concederem quod flagitabat, videlicet hoc est quædam ecclesia Beati Pauli Apostoli in burgo Dunensi juxta civitatem Aurelianis, cujus mediam partem ecclesiæ idem archipræsul in beneficio ex meo episcopio et ex me possidebat, quam partem mediam aiebat se velle perpetualiter largiri Deo et sanctis Stephano protomartyri et Maximino egregio confessori pro rèmedio utriusque animæ, meæ scilicet atque suæ, necnon pro remedio animæ patris sui domni Alberti jam dictorum cænobii sanctorum abbatis. Ego favens illius petitionibus dignum duxi peragere ea ratione, ut_ipse illud quod ante fuerat beneficium suum mihi redderet, et ego perpetualiter loco Miciacensi concederem pro remedio animarum, meæ videlicet atque illius, ac sui patris et successorum meorum, quod et factum est ita. Decrevi ergo..... hoc scriptum quod inviolabile et firmum maneat. Si quis vero parentum illius hoc sibi vendicare, vel aliquis successorum meorum infringere voluerit, frustretur omnimodis, atque si præterierit, damnetur authoritate Dei Patris et Filii, et Spiritus sancti, et nostra, quæ concessa est nobis duobus antistitibus a Christo sub pontificali cura ligandi. Addimus etiam huic scripto ne quis abbas vel aliqua persona loci prædicti monachorum ratione aliqua vel benefaciendo, vel quoquo modo præstando seu quocumque ingenio audeat ecclesiæ medietatem hujusmodi alienare de dominio fratrum Miciacensium post mortem illorum, qui ad præsens videntur tenere, tali ratione ut nemo parentum illorum post excessum eorum valeat particeps esse hujus beneficii. Hanc autem cartam subterfirmavimus et nominibus fidelium testium roborare decrevimus. Sign. Odolrici episcopi, sig. Arnulphi episcopi Turonis, sig. Archevaldi archidiaconi, sig. Ervæus de Sancto Marcello (1), sig. Albericus frater Theodorici episcopi, sig. Erfridi abbatis et præcentoris, sig. Tedelmi archidiaconi, Theduini archidiaconi, sig. Helduinus et frater ejus Odolricus. Datum III calendas Novembris, regnante Rotberto rege anno XL. Fr. Walterius levita ad vicem Ervœi cancellarii rogatus ab ipso scripsit. (Gallia Christ., t. VIII. Instrum. 493).

(1) Nous avons laissé, conformément au texte de la Gallia, les noms d'Hervé, d'Albéric, d'Helduin, d'Odolric et de Gautier au nominatif, tandis que les autres sont au génitif.

PIÈCE V.

MANASSÈS DE GARLANDE CONFIRME A L'ABBAYE DE SAINT-MESMIN
LE DON DE LA MOITIÉ DE SAINT-PAUL.

Manasses Dei gratia Aurelianensis ecclesiæ episcopus, Gau-
terio venerabili abbati Monasterii Sancti Maximini, salutem.
Rogavit nos dilectio vestra ut medietatem ecclesiæ Sancti
Pauli que est Aurelianis in Burgo Dunensi quam in tempore
nostro pacifice possidetis, quam etiam prædecessores vestri
abbates a tempore Odolrici episcopi per ipsius Odolrici largitionem et per preces Arnulphi Turonorum archiepiscopi qui
hoc ab ipso impetravit, et per instanciam Alberti Abbatis monasterii vestri, patris ipsius Arnulphi, usque ad tempus ves-
trum pacifice possiderunt, vobis vestrisque successoribus con-
firmaremus ; unde quia non nisi quæ justa sunt postulatis,
jam dictam medietatem ecclesie Sancti Pauli cum beneficiis,
quam sicut dictum est hactenus habuistis ; Ecclesiam quoque
de Calvo monte que est in Sicalonia quam videlicet mulier
quedam Milesendis nomine, penitentia ducta in manu nostra
omnino reliquit, quam ad vos nunc per ipsius Milesendis
precem, et per nostram largitionem habetis, vobis vestrisque
successoribus abbatibus et monachis in loco miciacensi cui
nunc presidetis, Domino nostro sub tutela B. prothomartyris
Stephani et egregii confessoris Maximini famulaturis, presentium litterarum testimonio et sigilli nostri munimine confirmanus. Actum anno Domini M.CLXVII, ordinatis in ecclesia
Sanctæ Crucis majoribus personis Johanne decano, Guil-
lelmo cantore, Hugone subdecano, Manasse capicerio. (*Ex
cartul. miciac. Carta 220.*) Dans Polluche, ms. 433 bis,
p. 300. Bibliothèque d'Orléans.

PIÈCE VI.

Reinaldus divina miseratione Ostiensis et Velletrensis
episc. universis Christi fidelibus presentes litteras inspecturis, salutem in Domino. Universitati vestre presenti volumus intimari rescripto quod cum Johannes Presbiter ecclesie
Sancti Pauli Aurelianensis impetravit litteras apostolicas in
hunc modum: Gregorius Episc. servus servorum Dei dilecto
filio..... Decano aurel. S. et A. B. Dilectus filius magister
Johannes Rector ecclesiæ Sancti Pauli Aurelianensis in
nostra proposuit presentia constitutus, quod ecclesia ipsa que
per unum rectorem idoneum poterat commode gubernari per
quamdam consuetudinem abusivam sibi et alii (sic) esse collata cum quo idem per hebdomadas et vices suas in ea deservire pervenerat. Verum quia quum servitio bipartito duorum
rectorum dum unus evellit quod alter plantat, plerumque in
plebe scandalum generatur et periculum incurritur animarum, a nobis humiliter postulabat, ut cum non deceat in uno
ecclesie corpore duo capita prefici quasi monstrum, provide-
remus misericorditer in hac parte. Nos igitur de prudentia
tua plenam fiduciam obtinentes, dictum negotium tibi
duximus committendum, discretioni tue per apostolica
scripta mandantes quatinus pensatis omnibus que circa
curam ecclesie supradicte salubriter fuerint attendenda, illi
quem vite sciencie, et conversationis honeste potioribus
meritis videris adjuvari, curam animarum committens; alteri
proventus ejusdem ecclesie pro ut percipere consuevit, quam-
diu vixerit, facias exhiberi, contradictiones per censuras ec-
clesiasticas appellatione postposita compescendo. Datum Vi-
terbis III non. maii, pontificatus nostri anno XI.

Fuit eisdem litteris per Johannem procuratorem Sancti Maximini Aurelianensis, in audientia publica contradictum. Super

quo cum essemus a Summo Pontifice auditor partibus deputa-
tus, partes super litteris ipsis coram nobis diutius litigarunt.
Nos itaque auditis allegationibus et confessionibus utriusque
partis, evidenter comperimus per confessionem presbiteri
memorati quod in eadem ecclesia duo Sacerdotes existunt
quorum alter per xx annos et ultra ab altero patronorum
scilicet ab abbate Sancti Maximini Aurelianensis presentatus
fuit, et a Diocesano Episc. in eadem Ecclesia canonice insti-
tutus. Quare de speciali Domini Pape mandato predictas
litteras cassavimus, ac ipsas mandaverimus non transire. In
cujus rei testimonium presens scriptum fieri fecimus et nostri sigilli munimine roborari auctoritate imperiali scriniarius
predictas litteras de mandato Domini venerabilis patris
Domini Reinaldi Dei gracia Ostiensis et Velletrensis Episcopi scripsi et in publicam formam redegi. Anno Domini
MCC.XXXVIII°. Pontificatus Domini Gregorii pape IX, anno
XII° mensis maii die xxv indictione, XI°. (*Ibidem c. 221.*)

Au texte précédent est écrit : Ex cartulario miciac.
Carta 220.

Le texte précédent est la confirmation de Manasses de
Garlande.

(Manuscrit 433 *bis*, page 300.)

PIÈCE VII.

RECONNAISSANCE PAR M. MESNIER DU DROIT DES CHANOINES DE
SAINT-PIERRE (1).

(**Extrait** des notes de nous, notaires apostoliques, du quinziesme jour
du mois de janvier mil cinq cent quatre-vingt-huit.)

« Je Simon Mesnier, prêtre curé de l'église parochiale de
Monsieur saint Paul d'Orléans, pour la portion dénommée

(1) La prise de possession du sieur Mesnier eut lieu le lendemain.

Saint-Paul étant certiore comme aussi il m'est apparu par la bulle de Notre Saint Père le pape que lad. portion est unie et incorporée au chapitre de Monsieur saint Pierre Puellier d'Orléans, et se doit tenir par un chanoine prébendé de ladite église Saint-Pierre-le-Puellier, promets à MM. de chapitre d'icelle église Saint-Pierre-le-Puellier, en faveur qu'ils ont eu pour agréable la provision qui m'a été faite en cour de Rome de la cure de Saint-Paul pour ladite portion afférente audit chapitre, combien que je ne sois chanoine prebendé en ladite église, ains seulement *creatus canonicus ad effectum obtinendi prædictam curam pro altera portione;* de ne jamais résigner ni permuter ladite cure qu'à un chanoine prébendé de ladite église Saint-Pierre-le-Puellier, affin que leur droit soit conservé selon la teneur de ladite bulle, ni autrement en disposer sans le vouloir et consentement desdits de chapitre ; ensemble de continuer le droit de patronage dû à ladite église Saint-Pierre-le-Puellier, qui est de la somme de quarante livres tournois par an paiable au jour de Pasques et saint Remy par moitié, et en commencer le premier terme au jour et fête de Pasques prochain, ensemble cinq sols parisis pour la procession du jour de la conversion de saint Paul. Fait en chapitre de ladite église Saint-Pierre-le-Puellier d'Orléans, le quinzième jour de janvier l'an mil cinq cent quatre-vingt-huit. Les présentes signées de nous notaires apostoliques soussignés pour ce appelés.

En la notte originale des présentes est signé desdits Mesnier et notaires. T. Cardinal, Thoyer, etc.

Archives du Loiret, fonds de Saint-Paul, boite 7,
3e cahier, page 52.

PIÈCE VIII, A.

DÉCRET D'UNION DES DEUX PORTIONS DE LA CURE DE SAINT-PAUL.

Nicolas Joseph, par la grâce de Dieu et du Saint-Siège apostolique évêque d'Orléans, conseiller du roy en tous ses conseils, scavoir faisons que vu la requête à nous présentée par les sieurs Antoine François Lhuillier, lieutenant particulier aux baillage et siège présidial d'Orléans, Daniel Jousse, conseiller aux dits sièges et Étienne Fleureau, maître de la garde de Gournay *(sic pour Goumas)*, forêt d'Orléans, tous trois marguilliers de la paroisse de Saint-Paul d'Orléans, par laquelle ils nous exposoient que depuis très-longtems les habitans de ladite paroisse désiroient voir la réunion des deux portions de ladite cure ; que le bien public et l'avantage des dits habitans concouroient également à faire souhaiter cette réunion ; qu'il y a très-longtems que l'on est convaincu de sa nécessité, puisque dès l'année douze cent trente-sept, le pape Grégoire neuf auroit travaillé à cet ouvrage et qu'à cet effet il adressa un rescrit au doyen de Sainte-Croix d'Orléans, portant que la paroisse de Saint-Paul de cette ville seroit dorénavant administrée par un seul des deux curés, laissant seulement à l'autre la jouissance des revenus de sa portion ; que quelque sage que fût ce rescrit, il ne put cependant avoir son exécution, à cause de l'opposition que forma alors l'abbé de Saint-Mesmin, patron d'une des portions de ladite cure, et que les choses demeurèrent en l'ancien état jusqu'en l'année mil six cent que le sieur Goislard devint titulaire desdites deux portions ; que les sieurs Alleaume, Lefebvre et Bouchet, successeurs dudit sieur Goislard auroient pareillement joui des deux portions de ladite cure pendant l'espace de cent vingt ans jusqu'au décès dudit sieur Bouchet arrivé en l'année mil six cent vingt-deux ; que depuis ledit tems la cure de Saint-Paul auroit été desservie par deux curés comme elle l'avoit été

anciennement ; mais que l'expérience n'a servi qu'à con-
vaincre de plus en plus de la nécessité de cette réunion ; que
les circonstances -où se trouve aujourd'hui ladite paroisse
semblent être plus que jamais favorables à l'exécution. d'un
projet désiré depuis si longtems et dont on peut espérer
bientôt le succès, puisque les deux titulaires de ladite église
y donnent leur consentement ; que cette espérance d'une
réunion prochaine étoit d'autant mieux fondée que les
suppliants avoient appris que nous désirions de travailler à
cet ouvrage et que nous offrions même de le faire à des
conditions avantageuses ; que toutes ces raisons avoient
engagé les suppliants à convoquer une assemblée qui leur
permit de nous présenter requête au sujet de ladite réunion
et qu'ils y auroient été autorisés par acte joint à ladite requête,
en conséquence duquel nous requeroient lesdits suppliants
qu'il nous plût procéder à la réunion des deux portions de la
cure de Saint-Paul et ordonner que lesdites portions seront
dorénavant réunies en un seul et même titre et possédées par
une même personne.

L'acte d'assemblée des habitans de ladite paroisse, annon-
cée au prône le dimanche onze février mil six cent quarante-
huit, et tenue ledit jour à l'issüe de la messe paroissiale en
la manière accoutumée dans la salle du séminaire de Saint-
Paul, contenant l'avis des habitans et autorisant les marguilliers à nous présenter requête au sujet de la réunion de
la cure de Saint-Paul, ledit acte reçu par Percheron, notaire
au Châtelet d'Orléans et dûment controllé le dix-sept desdits
mois et an ;

Notre ordonnance en fin de ladite requête, portant permission aux suppliants de faire assigner par devant nous les
parties intéressées pour donner leur consentement aux
conclusions par eux prises, ensemble de faire assigner les
témoins pour déposer en l'enquête de la commodité ou incommodité de la réunion requise ; comme aussi enjoignant aux
deux curés de nous communiquer un état certifié, par eux
véritable, du revenu de leur cure, tant en fondations qu'en
casuel ;

L'original d'exploit du dix-sept juin mil sept cent quarante-huit et controllé le même jour, portant assignations données par Pollet huissier royal à Orléans, à la requête desdits sieurs marguilliers aux sieurs Antoine Chautard, prêtre curé d'une portion de la cure de Saint-Paul et Pierre Bouchet prêtre et curé d'une autre portion de ladite cure, à comparoir devant nous le dit jour à neuf heures du matin, pour répondre aux fins de ladite requête ;

Notre procès-verbal du dit jour dix-sept juin, contenant la comparution des dits sieurs Chautard et Bouchet curés de Saint-Paul et leur consentement à l'union requise par les dits sieurs marguilliers, à condition qu'on leur laissera la liberté ou faculté de résigner ou permuter chacun leur portion en faveur de qui ils jugeront à propos ; ensemble la déclaration par eux faite du revenu de chacune desdites portions.

Autre original d'exploit du dix-neuf dudit mois et controllé le vingt-un suivant, portant assignation donnée à la requête desdits sieurs marguilliers, par ledit Pollet huissier, aux doyen, chanoine et chapitre de l'église collégiale de Saint-Pierre-le-Puellier d'Orléans, comme patrons en commun d'une portion de ladite cure de Saint-Paul, au domicile de Me François Froc, chanoine et syndic dudit chapitre, à comparoir pardevant nous ledit jour à deux heures après-midi, pour consentir à l'union requise ; lesquels n'ont comparu ledit jour ni aucun député en leur nom ;

Autre original d'exploit et assignation donnée le vingt-huit dudit mois, à la requête desdits sieurs marguilliers, par ledit Pollet huissier, à Messire Augustin Emmanuel de Groucher de Chepy, alors abbé commendataire de Saint-Mesmin de Micy, et en cette qualité, patron d'une autre portion de ladite cure de Saint-Paul, à son domicile et maison abbatiale de Saint-Mesmin, à comparoir pardevant nous dans les délais de l'ordonnance, aux fins et conclusions de ladite requête ; ledit exploit controllé le lendemain vingt-neuf juin ; et ledit sieur abbé n'ayant comparu, ni aucun fondé de sa procuration, nous avons joint à notre procédure une lettre à nous écrite de Paris, le vingt-quatre juillet mil sept cent quarante-sept, et dans laquelle il nous prie d'être bien convaincu que si le bien de la paroisse de Saint-Paul et celui de la Religion exigent le changement qu'on souhaiteroit faire dans ladite paroisse, il y donnera volontiers les mains, sans consulter son intérêt personnel ni celui de ses successeurs ; ladite lettre signée l'abbé de Chepy ;

L'original d'exploit du quinze juin de ladite année mil sept cent quarante-huit, et controllé le lendemain, portant assignations données à la requête desdits sieurs marguilliers, par Carrières, huissier royal à Orléans, au sieur Pierre Bailly de Montaran, prêtre, docteur de Sorbonne, chanoine et scholastique de notre église cathédrale ; au sieur Aignan Tripault, prêtre, chanoine et prévost de Tillay en l'église royale de Saint-Aignan d'Orléans ; au sieur Jean Deloynes d'Autroche conseiller du roy, trésorier de France au bureau des finances de la généralité d'Orléans ; au sieur François Perdoulx, ancien conseiller du roy, lieutenant en la prévôté d'Orléans et ancien maire de ladite ville ; au sieur Pierre Hudault ancien maire de ladite ville d'Orléans et au sieur Pierre François d'Orléans, chevalier seigneur de Villechauve, lieutenant des maréchaux de France, tous en leur domicile, à comparoir pardevant nous le dit jour dix-sept juin, à huit heures du matin, pour déposer sur les faits énoncés en ladite requête des sieurs marguilliers de Saint-Paul et sur la commodité ou incommodité de la réunion requise ;

Notre enquête dudit jour composée des six témoins ci-dessus assignés et contenant leurs dires, dépositions et déclarations ;

Autre original d'exploit du quinze décembre mil sept cent quarante-neuf controllé le même jour et assignations données à la requête desdits sieurs marguilliers par Dumuys huissier royal à Orléans, à Messire Édouard Colbert, prêtre, docteur de Sorbonne, doyen et grand archidiacre de notre église cathédrale, abbé commendataire de l'abbaye de Saint-Mesmin de Micy, et en cette dernière qualité, patron d'une portion de la cure de Saint-Paul, en son domicile en l'hôtel du doyenné de Sainte-Croix; et pour la seconde fois aux doyen, chanoine et chapitre de Saint-Pierre-le-Puellier d'Orléans, comme patrons en commun d'une autre portion de ladite cure, au domicile du sieur Henry Limbergé, chanoine et doyen dudit chapitre, à comparoir pardevant nous le dix-neuf dudit mois de décembre, à deux heures après-midi, pour répondre aux fins de ladite requête et conclusions mises par lesdits sieurs marguilliers de Saint-Paul ;

Notre procès-verbal dudit jour dix-neuf décembre, contenant la comparution dudit sieur abbé de Saint-Mesmin et sa déclaration portant qu'il approuve la réunion requise, sans néanmoins qu'elle puisse préjudicier au droit de présentation dont ses prédécesseurs en ladite abbaye ont joui de tout temps : pourquoi il entend qu'après que ladite réunion aura eu son plein effet, lui et ses successeurs abbés de Saint-Mesmin, nommeront alternativement avec le chapitre de Saint-Pierre-le-Puellier à ladite cure, lorsqu'elle vacquera par le décès ou par la démission pure et simple du titulaire ; et que son tour pour ladite nomination commencera à la première vacance. Que cependant, il propose audit chapitre de Saint-Pierre-le-Puellier de lui céder son droit de présentation à l'une des portions de la cure de Saint-Paul, pourvu que ledit chapitre consente de lui céder réciproquement le droit qu'il a de présenter à la cure de Saint-Michel d'Orléans ;

La comparution de Me François Froc, chanoine et syndic de Saint-Pierre-le-Puellier et député spécialement à cet effet et sa déclaration portant que ledit chapitre consent à la réunion requise, à condition que son droit de présentation lui sera conservé alternativement avec l'abbé de Saint-Mesmin et que la première alternation sera déférée audit chapitre ; en outre que la somme de quarante livres six sols continuera d'être payée audit chapitre par le curé de Saint-Paul après la réunion, comme elle a été payée jusqu'ici tous les ans par les curés pourvus de la portion de cure qui est à la nomination dudit chapitre de Saint-Pierre-le-Puellier, en reconnaissance de son droit de patronage ; qu'à l'égard de la proposition faite par le sieur abbé de Saint-Mesmin, il en délibérera avec sa compagnie ;

Autre comparution dudit sieur François Froc, syndic et député du chapitre de Saint-Pierre-le-Puellier, le vingt dudit mois de décembre, portant que ledit chapitre après avoir délibéré aujourd'hui sur la proposition faite hier par le sieur abbé de Saint-Mesmin, de permuter avec ledit chapitre son droit de patronage à l'une des portions à la cure de Saint-Paul, pour celui de présentation à la cure de Saint-Michel, ledit chapitre consent volontiers à cette permutation, en sorte que la réunion requise ayant sorti son exécution, l'abbé de Saint-Mesmin et ses successeurs à perpétuité, présenteront à la cure de Saint-Michel et le chapitre de Saint-Pierre-le-Puellier à la cure de Saint-Paul, pour les deux portions réunies en un seul titre ;

L'extrait des délibérations capitulaires des dix-huit, dix-neuf et vingt dudit mois de décembre, donnant pouvoir spécial audit sieur Froc, syndic du chapitre susdit, de parler, agir et consentir à tout ce que dessus, concernant lesdites réunions des deux portions de ladite cure de Saint-Paul et permutation de patronages, au nom et pour ledit chapitre de Saint-Pierre-le-Puellier ;

Notre ordonnance du premier janvier mil sept cent cinquante portant que le tout sera communiqué à notre promoteur, pour sur ses conclusions être par nous ordonné ce qu'il appartiendra ;

Les conclusions de notre dit promoteur en datte du quinze dudit mois de janvier.

Tout considéré, mûrement examiné et le saint nom de Dieu invoqué, nous avons uni et unissons par ces présentes les deux portions de la cure de Saint-Paul d'Orléans ; l'une appellée la portion de Saint-Paul, dont est patron le chapitre de Saint-Pierre-le-Puellier, et l'autre appellée la portion de

Notre-Dame-des-Miracles, dont est patron ledit sieur abbé de Saint-Mesmin de Micy, en un seul et même titre et en la personne d'un seul et même curé; pour jouir et après lui ses successeurs, de tous les droits, fruits et revenus desdites deux portions, aux clauses et conditions cy-dessus exprimées et acceptées, ensemble à la charge que les deux titulaires actuels desdites deux portions ne pourront réserver à leurs successeurs en cas de vacance, la faculté de résigner ou permuter avec d'autres lesdites portions et que les dites résignations ou permutations demeureront nulles et de nul effet, et non autrement. Donné à Orléans en notre palais épiscopal le sept mars mil sept cent cinquante.

Signé † : N^s *Evêque d'Orléans,*
Par Monseigneur
BACELET.

(Original papier portant un timbre sec aux armes épiscopales collé sur la pièce. — Arch. de la fabrique.)

PIÈCE VIII, B.

CONFIRMATION PAR LOUIS XV DU DÉCRET D'UNION DES DEUX PORTIONS DE LA CURE DE SAINT-PAUL EN UN SEUL ET MÊME TITRE (1750).

Louis par la grâce de Dieu, roy de France et Navarre à tous présens et avenir, salut. Nos chers et bien amez les sieurs l'Huillier, lieutenant particulier au baillage et siège présidial d'Orléans, Jousse, conseiller auxdits sièges et Fleureau, maistre de la garde de Gournast *(sic pour Goumas)*, forest d'Orléans, tous trois marguilliers de la paroisse de Saint-Paul de ladite ville, nous ont fait représenter que depuis très-longtems les habitans de ladite paroisse désiroient la réunion des deux portions de la cure de Saint-Paul, que le bien public et l'avantage des habitans concouroient également

à la faire souhaiter et qu'il y a très-longtems que l'on est
convaincu de la nécessité de cette réunion, puisque dès
l'année 1237, le pape Grégoire IX avoit adressé à cet effet un
rescrit au doyen de Sainte-Croix d'Orléans pour l'administration de ladite paroisse de Saint-Paul par un seul des deux
curez, en laissant à l'autre la jouissance des revenus de sa
portion ; que cependant, ce rescrit quelque sage qu'il fût, ne
put avoir son exécution, en sorte que les choses demeurèrent
dans l'ancien état jusqu'en l'année 1600 que le sieur Goislard
devint titulaire des deux portions ; qu'après luy les sieurs
Alleaume, Lefebvre et Bouchet ses successeurs avoient joui
de même des deux portions pendant l'espace de cent vingt
années et jusqu'au décès du sieur Bouchet arrivé en 1722 ;
mais que depuis, la cure a été desservie par deux curez,
comme elle l'avoit été anciennement ; qu'aujourd'hui la
nécessité de l'administration de cette cure par un seul et
même curé étant généralement reconnuë, les exposans en
leur qualité de marguilliers de ladite paroisse de Saint-Paul
se seroient pourvus à nostre amé et féal conseiller en nos
conseils et le sieur de Paris Évesque d'Orléans, et auroient
après le consentement des parties intéressées et les enquestes
et autres procédures et formalités nécessaires, obtenu le
vingt mars dernier un Décret par lequel ledit sieur Évesque
d'Orléans, a uni les deux portions de la dite cure de Saint-
Paul, l'une appellée la portion de Saint-Paul, dont est patron
le chapitre de Saint-Pierre-le-Puellier, et l'autre appellée la
portion de Notre-Dame-des-Miracles, dont est patron le sieur
abbé de Saint-Mesmin de Micy, pour ne faire qu'un seul et
mesme titre et en la personne d'un seul et mesme curé qui
jouira — et après luy ses successeurs — de tous les droits, fruits
et revenus des deux portions aux clauses et conditions con-
senties par lesdites parties et qui y sont exprimées, et à la
charge que les deux titulaires actuels desdites deux portions
ne pourront réserver à leurs successeurs en cas de vacances
la faculté de résigner ou permuter avec d'autres lesdites
portions, et que lesdites résignations ou permutations demeureront nulles et de nul effet et non autrement ; Mais ledit

Décret ne pouvant avoir d'effet sans nos lettres qui doivent le confirmer et en autoriser l'exécution, les exposants nous ont très humblement fait supplier de les leur accorder.

A ces causes voulant contribuer à l'avantage et au plus grand bien du service de ladite paroisse de Saint-Paul d'Orléans, de l'avis de nostre conseil qui a vu ledit Décret du vingt mars dernier cy-attaché sous le contre-scel de notre Chancellerie, nous avons de nôtre grâce spécialle, pleine puissance et autorité royale, approuvé, confirmé et autorisé et par ces présentes signées de nostre main approuvons et autorizons etc..., pourvu toutefois qu'audit décret il n'y ait rien d'ailleurs de contraire aux saints Décrets et constitutions canoniques, à nos droits et aux privilèges, franchises et libertés de l'église Gallicane.

Si donnons en mandement... et afin que ce soit chose ferme et stable à toujours, nous avons fait mettre nostre scel à ces présentes. Donné à Versailles au mois du juillet l'an de grâce mil sept cent cinquante et de notre règne le trente cinquième.

Signé : LOUIS.

Par le roy :
ROUILLÉ.

En marge : Visa DAGUESSEAU.

Enregistré au Parlement le trois février mil sept cent cinquante et un. — Signé : YSABEAU.

(Parchemin original. Arch. de la fabrique de Saint-Paul.)

PIÈCE IX.

Portion de Notre-Dame.

1371. Liger Lemaire.

1389. Étienne d'Ivoy (2).

1404. Jean de la Guete. -

1424. Guill. Baudry, *lic. en lois.*

1454. Hugues Vilet.

1463. Nicole Trochereau.

1479. Jacques Demareau.

1518. Laurent Loyer.

1520. Guill. Hue, *doyen de Paris.*

1528. Mathurin Jousset.

1536. Etienne Bellourdier.

1543. Pierre Girolle.

1563. Michel Courtin.

1580. Michel Payen.

1581. François Devaux.

1587-1598. Haizon. •

1598-1629. André Goislard, *conseiller et aumônier du roi, chanoine de Notre-Dame de Chartres, réunit en 1602 les deux portions. — Il prend aussi les qualités de chanoine de Sainte-Croix et de promoteur de l'officialité* (3).

Portion de Saint-Paul.

1372. Pierre de Saint-Avy.

1379. Messire Macé de Dareu, *docteur régent de l'Université d'Orléans* (4).

(1) Cette chronologie ayant été dressée à l'aide des anciens titres où apparaît le nom des curés, elle n'indique pas l'année précise où ils prirent possession de leur charge, mais elle fournit des dates certaines quant au temps où ils l'exerçaient.

(2) Nous trouvons dans un registre coté 357, page 39, le nom d'Étienne d'Ivoy, sous les dates de 1339-1386, et celui de Macé de Dareu, son associé à la cure, sous des dates semblables. Si cette chronologie est exacte, que deviennent alors Liger Lemaire et Pierre de Saint-Avy?

(3) Ces titres lui sont attribués dans un bail en date de 1629. (Registre d'inventaire coté 357, page 27, Arch. de la fabrique.)

(4) Cette qualité lui est attribuée dans le manuscrit 132 de la Bibliothèque de Tours.

1387. Agaric de Dareu, *docteur ès-lois et décret.*

1389. Mathieu de Dareu (1).

1419. Jean Le Charron.

1434. Simon Guéret, *doc-
teur-régent, archidiacre de
Sully.*

1460-1518. Etienne le Gas-
tellier, *licencié en lois,
prévôt de Meslange dans
l'église de Chartres. (Ce curé
commandataire se faisait
remplacer par Nicole Tho-
massin).*

1520-1523. Claude Acarie.

1530. Claude de Saint-Avy.

1536. Cuill. Vaillant, *vicaire
amovible, docteur en théologie, licencié en lois.*

1565. Mathu. Piédru, *chanoine
et official de l'église d'Orléans.*

1567. Jacques Berget.

1571. Thomas Fougeu.

1578. Pierre Meslant.

15..-1588. *Vicaires amovibles
fermiers du chapitre de
Saint-Pierre-le-Puellier* (2).

1588-1601. Simon Mesnier,
*chanoine de l'église d'Or-
léans, et archidiacre de
Pithiviers.*

1602. — Première réunion des deux portions de la cure.

1602-1626. André Goislard. (Il mourut en 1629.)

1626-1665. Jacques Alleaume.

1666-1694. Pierre Lefevre.

1694. Etienne Bouchet. (Il fut pourvu de la portion de Notre-
Dame l'année suivante. Il mourut en 1722.)

1722. — Disjonction de la cure.

Portion de Notre-Dame-des-Miracles.

1722. Victor Geffrier, mort en exil en 1743.

1742. N. Gaudry lui succède par récréance.

1746. Pierre Bouchet, curé des deux portions en 1750 par
décret épiscopal du 7 mai et arrêt de la cour du
3 février 1751.

(1) Le registre 357 donne le nom de Jean Foucher, en 1424,
au lieu de Mathieu de Dareu.

(2) L'on trouve dans les titres le nom de Robert Pellerin, curé
de Saint-Paul ; mais la portion dont il était titulaire n'est pas
désignée. — Raoul Richer est, dans quelques titres, qualifié curé

Portion de Saint-Paul.

1722. Pierre Defay.

1736. Antoine Chautard, mort en 1755.

1779. Jean-Baptiste Barbazan (1), ex-curé de Saint-Marceau, chanoine de l'église d'Orléans et vicaire général.

1816. Desnoues.

1820. Dubois.

1835. Jacques-Charles Huet.

1842. Barnabé Boutillier.

1876. Alph. Vigoureux.

PIÈCE X.

BIENS ET REVENUS DE LA CURE.

1435. 1 arpent de vigne au clos *des Beaumonts*, paroisse Saint-Laurent.

1339. Rente foncière sur maison de *la Sauvegarde*, rue *des Trois-Maillets*, paroisse de Recouvrance. . . . . . .   100 s.

1469. Maison sise rue du *Nez-d'Argent, alias des Cloches*, proche le *petit Cimetière*, baillée à loyer à M. Nicole Thomassin, licencié en décret, moyennant 68 sols tournois, et à la charge d'exhausser le bâtiment d'un étage. . .   68 s.

1479. 1/2 arpent de vigne au clos de *la Couture*, paroisse Saint-Laurent

de Saint-Paul, et dans d'autres, suppléant à la cure. Cette dernière qualité paraît être celle à laquelle il a réellement droit.

(1) M. Barbazan fut le premier curé nommé par l'évêque, devenu seul collateur depuis l'extinction du chapitre de Saint-Pierre-le-Puellier. (Arch. de la fabrique, reg. T.)

1479. Rente foncière sur une maison rue des
    Trois-Maries.

1545. Rente foncière sur la maison de *la Clef
    des Champs* au coin de *l'Écu-Blanc*,
    paroisse de la Conception . . . . .   20 s.

1520. 4 mines de froment sur la métairie de
    Villeneuve, paroisse de Poupry.

1610. 7 quartiers de vigne et maison au clos
    Malvarenne, paroisse Saint-Laurent
    (portion de Notre-Dame).

1614. Sur maison grande rue Porte-Renard,
    alias rue des Carmes. . . . .   15 liv.

1620. Rente foncière sur 2 arpents 14 per-
    ches, au clos de *Pignoquet*, paroisse
    de la Chapelle-Saint-Mesmin. . . . . 20 liv. 11 s.

1752. Sur maison depuis démolie, et la rente
    reportée sur le domaine municipal .   1 liv. 12 s.
    Sur le séminaire de Saint-Paul, pour *la
    maison du marillier* qui fait partie du
    jardin du séminaire . . . . 18 liv.

1759. Sur la généralité d'Orléans. . . . . .   2 liv.   8 s.

1779. Sur le domaine municipal . . . . . .   48 s.
    1 arpent de vigne au *Clos de la Pointe*,
    paroisse Saint-Marceau. . . . . . .   7 liv.

             (Arch. de la fabrique, rég. 357.)

PIÈCE XI.

TABLE DES DISTRIBUTIONS A L'OCCASION DES GAUDÉS (1) ET SALUTS.

Les vicaires, chappiers, diacre, sous-diacres,
    sacristain, reçoivent aux anniversaires.. 2 s. 6 d.

(1) Les gaudés paraissent être des saluts fondés par les bienfaiteurs et à leur intention. On y faisait des distributions.

Les prêtres habitués, chacun. . . . .   1 s.

Les enfants de chœur (il n'est pas dit si c'est
en bloc) . . . . : . . .   1 s.

Pour la messe. . . . .   8 s.

Le 14 janvier, fête du Saint-Nom-de-Jésus, service solennel et salut, fondé par Jules
Leberche :

Le curé. (On transigea avec lui pour les distributions, le 29 juillet 1663, il recevait 10 s.
aux gaudés ordinaires). . . . .   1 écu.

Le sacristain . . . . '.   20 s.

Les vicaires, chacun. . . . . : . . . .   12 s.

Les chappiers, chacun . . . .   12 s.

Les diacre et sous-diacres, chacun . . . . .   8 s.

Les prêtres habitués, chacun . . . .   4 s.

Le bedeau . . . .   4 s.

Les enfants de chœur (ut sup.) . . . .   4 s.

Le marillier. . . . .   20 s.

L'organiste (ses distributions montaient à
12 liv. en sus de ses gages). . . . . . .   20 s.

Le 20 janvier, fête de Saint-Sébastien; il n'y
a pas de distribution.

Le jour de Carême prenant, fête de Saint-
Fiacre, service et distribution :

Le curé avait droit à. . . . .   20 s.

Les vicaires, chappiers, diacre, sous-diacre,
sacristain, chacun . . . .   5 s.

Le bedeau . . . .   4 s.

Les enfants de chœur. . . . . : . . . .   4 s.

Le marillier. . . . .   10 s.

L'organiste . . . .   10 s.

Le 8 juin, fête de Saint-Cyr, comme au jour de Saint-
Fiacre.

Les droits du curé de Saint-Paul, pour ce qui regarde le
grand banc seulement, étaient de 345 liv. et furent fixés par
transactions passées entre lui et les habitans, le 5 août 1644

et le 29 juillet 1663, et aussi par le règlement dressé par M⁅r de l'Aubespine.

Le sacristain avait 50 liv. de gages (transaction du 11 mai 1666), plus le casuel, et 12 liv. pour entretien de la lampe.

Les chappiers 44 liv. de gages fixes et le casuel.

Les diacre et sous-diacre, 22 liv. de gages et le casuel.

Les enfants de chœur, chacun 12 liv. de gages.

Le bedeau, 20 liv. et le casuel.

Le marillier recevait 15 liv. avant la réunion du banc des Trépassés au grand banc ; depuis il eut 22 liv. 5 s. par gaudé, — les distributions comme ci-dessus, — 25 s. par ouverture de fosse dans l'église et 15 s. pour ouverture dans le cimetière. (Les fosses des pauvres devaient être creusées gratuitement. Les *pauvres* étaient non seulement les mendiants, *mais aussi ceux qu'on enterrait sans cercueil.*)

(Arch. de la fabrique, reg. P.)

PIÈCE XII.

GAGERS DU GRAND BANC.

1477-1481 (1). Antoine Boucher, Gilles de l'Aubespine, Pierre Cormereau.

1482-1486. Jean de Sancerre, Simon Jacquet, Jean Lelaittier.

1519-1523. Alexandre Lucas, Guillaume Aubry.

1524-1528. Guy Roellart, Nicolas Leberche, François Durand, Lubin Sougy.

1529-1538. N. N.

1539. Louis Fagoue (2).

1540-1545. Jacques Girard.

1547-1551. Nicolas Hanappier, Jacquet Deloynes, Jacques Desfriches, Antoine Hué.

1567. Jean Vaillant.

1570. Robert Mariette.

1571-1574. Jean Bouquin.

1575-1577. Balthazar Gouin.

(1) Les gagers nommés pour cinq ans entrent en exercice le 11 avril.

(2) A partir de 1539 jusqu'en 1759, on n'a relevé que les noms des marguilliers ayant rendu des comptes.

1578. Michel Blondeau.

1580. Nicolas Blondeau.

1583. Noël Alleaume.

1584. Noël Hazon.

1585. Antoine de Brie.

1586. François Beauharnois.

1587. Florent Pothier.

1588. Jacques Deloynes, sieur de Pavas.

1589. Denis Boilève, sieur de Baulette.

1590. Jacques Delalande.

1591. Antoine Martin.

1592. Zacharie Perdoux.

1593. Aubry Boillève.

1594. Jacques Colas.

1595. Michel Colas.

1596. Philippe Jogues.

1597. Hercule Gaudeffroi.

1598. Clément Cahouet.

1599. Antoine Lebreton.

1600. Jacques Hazon.

1601. Charles Fontaine.

1602. Pierre Lemaire.

1603. Guillaume Perdoux.

1604. Clément de Bonnaire.

1605. Guillaume Hazon.

1606. Guillaume Vaillant de Champvallins.

1607. Guillaume Beauharnois

1608. Jérôme Petau.

1609. Jean Cardinet.

1610. Nicolas Leroux.

1611. Charles Desfriches.

1612. Claude le Semellier.

1613. Pierre Leberche.

1614. Gilles Thironneau.

1615. Claude Gohier.

1616. Isaac Boudet.

1617. Jacques Alleaume.

1618. Jean Lambert.

1619. Claude Cardinet de Poinville.

1620. René Pineau, sieur de Beaulieu.

1621. Thibault Garrault.

1622. Claude Chauvreux.

1623. Nicolas Perserant.

1624. Jacques Mesmin.

1625. Jean Debeausse.

1626. Jean Mesnager.

1627. Édouard Boyetet.

1628. Jacques Paris.

1629. René Delescluze.

1630. Christophe Blanchard.

1631. François Gaudeffroy.

1632. Claude Bouterouc.

1633. Jacques Boyetet.

1634. Jean Fontaine.

1635. Jean Degouillon-Vinot.

1636. Pierre Legrand.

1637. Charles Boyetet.

1638. Jean Cahouet.

1639. Charles Humery.

1640. Michel Arnoul.

1641. Charles Delalande.

1642. Guillaume Hénault.

1643. Guillaume Fleureau.

1644. G. Deloynes.

1645. Jacques Ducoin, sieur de la Porte.

1646. Claude Cardinet de Poinville.

1647. Pierre Carré de Bouchetault.

1648. Louis Faillard de Beaupré.

1649. Marin Javary.

1650. Georges Hanet.

1651. Guillaume Fontaine.

1652. Jacques Mariette.

1653. Étienne Martin.

1654. Antoine Cahouet, *notaire*.

1655. Étienne Lenormant.

1656. Antoine Legrand.

1657. Jacques Rousselet.

1658. Jean Bertrand.

1659. Leberche.

1660. Charles Debeausse.

1661. Hervé Bury.

1662. Louis Hanet.

1663. Gabriel Curault.

1664. Guillaume Egrot de la Borde.

1665. Jean Masson.

1666. César Leberche.

1667. Simon Riou.

1668. François Desfriches.

1669. François Angran.

1670. François de Saint-Mesmin.

1671. Nicolas Bonnefemme.

1672. Jacques Alleaume.

1673. Charles Boyetet.

1674. Paul Polluche.

1675. Charles Fontaine de Montelon.

1676. Jacques Lamyrault de Marchais-Lambert.

1677. Guillaume Alleaume des Mulotières.

1678. Jean-Batiste Delescluze.

1679. Charles Humery de la Mairie.

1680. Simon Degoilon-Vinot.

1681. Michel Fontaine-Salomon.

1682. Marin Baguenault.

1683. Louis Legent, *notaire*.

1684. Clément Triboil de la Roche, *Lieutenant de chasses*.

1685. Laurent Hazard, *médecin*.

1686. Simon Cahouet.

1687. Gabriel Donnant.

1688. Antoine Polluche.

1689. Jacques de la Meunière, sieur de la Monnie.

1690. François Basly, sieur du Bignon.

1691. Simon de Saint-Mesmin, sieur de la Chaise.

1692. Jean Debeausse, *notaire*.

1693. Altin Paris.

1694. Pierre Sevin.

1695. Richard Chauvreux.

1696. Charles Joguet, *notaire*.

1697. Vincent Brimbeuf, *notaire*.

1698. Jacques Cavel, *notaire*.

1699. Étienne Sauger, *notaire*.

1700. Claude Boullard.

1701. Michel Decougniou.

1702. Pierre Jogues.

1703. Michel Rousseau de Chasseloup.

1704. Jean Angran de Rue-Neuve.

1705. Adrien Levassor de Beauvilliers.

1706. Gabriel-François Martin, *notaire*.

1707. Charles Boyetet.

1708. Clément Paris, sieur de Mondonville.

1709. Jean-Baptiste Degoilon-Vinot.

1710. Nicolas Jarron-Boulard.

1711. Étienne Laureau de Foncemagne, *trésorier de France*.

1712. Egrot de Spuis, *trésorier de France*.

1713. Sinson de Gauvilliers, *trésorier de France*.

1714. Miron-Concire, *trésorier de France*.

1715. Nicolas Jarron-Bréant.

1716. Jacques Martin.

1717. Menault.

1718. Charpentier.

1719. Antoine Masson.

1720. Baguenault de Beauvais.

1721. Vinot-Polluche.

1722. Jogues-Martinville.

1723. Jacques Deloynes de Champillou.

1724. Nicolas Rousselet.

1725. Clément Paris de la Bergère.

1726. Jean-Baptiste Chauvreux-Paris.

1727. Colas D'Anjouan, *conseiller au présidial d'Orléans*.

1728. Boilleve, *lieutenant de l'Élection*.

1729. De Saint-Mesmin de Filsoie.

1730. Perdoux, *ex-lieutenant de la Prévoté*.

1731. François Decougniou.

1732. Jacques Miron de Cherelles.

1733. Jean Meunier-Desfriches.

1734. Antoine Luillier des Ponceaux.

1735. Jean-Léon Boyetet, *lieutenant criminel*.

1736. De la Gravette, *conseiller au présidial*.

1737. Jean Lambert, *avocat au Parlement*.

1738. Jacques Saintonge.

1739. Aignan Desfriches.

1740. Jacques Charpentier de la Motte.

1741. Daniel Degoilon-Vinot.

1742. Clément Seurrat de Bellevue.

1743-1745. Aignan Desfriches

1746. Antoine-François Lhuillier, *lieutenant particulier*.

1747. Joseph Lhuillier des Bordes, *conseiller d'honneur au présidial*.

1748. Daniel Jousse, *conseiller au présidial*.

1749. Pierre Fleureau, *maître de la garde de Goumas*.

1750. Fabus.

1751. Gabriel Baguenault.

1752. Georges Vandebergue-Villebouré.

1753. Jean-Baptiste Miron-Thuillier.

1754. Célier ° de Nermont, *conseillier au présidial*.

1755. François Miron de Marville.

1756. Paris de la Bergère.

1757. Jacques Deloynes de Champilou.

1758. Amy Miron.

1759. Lainé de Saint-Péravy, *fonctionnaire*.

1760. Guinebault - Germon, *fonctionnaire*.

1761. Levassor, *fonctionnaire*.

1762. Landré, *fonctionnaire*.

1763. Guinebault-Imambert.

1764. François Pinchinat.

1765. Horace Barbier.

1766. De Boislandry.

1767. Massuau de Laborde, *fonctionnaire.*

1768. Tassin - Decougniou, *fonctionnaire.*

1769. Baguenault, aîné, *fonctionnaire.*

1770. Baguenault - Douville, *fonctionnaire.*

1771. Tassin - Colas.

1772. Vandebergue-Villebouré.

1773. Degoilon-Vinot.

1774. Colas des Francs.

1775. Prevost, *fonctionnaire.*

1776. Legrand de Boislandry, *fonctionnaire.*

1777. Seurrat de Guilleville, *fonctionnaire.*

1778. Hurault.

1779. Jean Olivier.

1780. Paris de la Bergère.

1781. Louis-François Noël de Buzonnière, *fonctionnaire.*

1782. Auguste Aignan-Pompon, *fonctionnaire.*

1783. Bigault, *fonctionnaire.*

1784. Erat-Houdet, *fonctionnaire.*

1785. Guinebaud de Bellevue.

1786. Raguenet.

1787. Miron de Troyes.

1788. Lefort.

1789. Marotte.

1790. Sevestre.

1791. Thiercelin aîné.

1792. Michel Benoist.

1793. *Suppression des fabriques.*

1800-1802. Roussel de Courcy, Soutif, Tremblay, *administrateurs.*

1803. Jean Pompon, Roussel de Courcy.

1804. Vandebergue de Champguérin, Colas de Brouville.

1805. J. Pompon, Geffrier, Lenormand.

1806. De Courcy, Vandebergue.

1807-1808. Pompon, Geffrier, Tassin-Maupas.

1809. Dumuys, Loyré, de Courcy.

1810. Morand, Loyré, Roussel de Courcy.

1811-1812. Pompon, Dumuys, Loyré.

1813. Dumuys-Ravot, Loyré.

1814. Moreau jeune, Dumuys.

1815-1818. Pompon, Morand Destas.

1819-1822. Colas de la Noue, Destas.

1823-1824. Bignon - Dumuys, Pompon.

1825-1826. Destas, Loyré, Bignon-Dumuys.

1826-1828. Paris de la Bergère, Loyré.

1829-1832. Destas, Loyré, Paris de la Bergère.

1833. Destas, Aignan, Paris de la Bergère.

1834-1836. Destas, Aignan, Bignon.

1837-1839. Destas, Aignan, Chollet.

1840-1844. Bignon, Destas, Aignan.

1845-1846. Destas, Bignon, Douville.

1847. Bignon, Destas, Blanchard.

1848. Destas, Blanchard, Théob. de Beauregard.

1849-1852. Destas, Langlois, de Beauregard.

1854-1859. Menardière, Gajon, Langlois.

1859-1861. Menardière, Gajon, Lefébure.

1861-1864. Lefébure, Menardière.

1864-1875. Maillard, Lefébure, Barué.

1876-1880. Barué, Lefébure, Maillard.

1881-1883. Maillard, Lefébure, Caussin.

PIÈCE XIII.

BULLE D'INNOCENT XI EN FAVEUR DE LA CONFRÉRIE DES
AGONISANTS (1678).

Innocent P. P. XI.

Pour servir de mémoire à la postérité.

N'ayant rien de plus à cœur que le salut des âmes, de
temps en temps nous employons nos soins paternels à orner
les lieux saints d'indulgences qui en sont les dons spirituels,
afin que par ces moyens et la miséricorde de Dieu, les âmes
des fidèles deffuncts participantes aux mérites sacrez de
Jésus-Christ, puissent facilement passer des peines du purgatoire au séjour de la gloire; et pour cet effet, appuyé sur
la miséricorde de Dieu et sur l'authorité de ses S. S. Apôtres
saint Pierre et saint Paul, nous avons fait choix d'un autel
dans l'église parroissialle de Saint-Paul d'Orléans, dans
lequel est érigé la confrérie de Nostre-Dame de Compassion
en faveur des agonisans lequel, jusqu'à présent, n'avoit point
esté honoré de ce privilége qui consiste en ce que tout prestre, soit séculier, soit régulier, offrant le sacrifice de la sainte
Messe pour le repos de l'âme d'un ou de plusieurs confrères
ou sœurs de ladite confrérie, décédez dans l'estat de la grâce,

ledit jour de l'octave de la commémoration des Morts ou les lundys de chaque semaine, cette âme puisse obtenir du thrésor de l'église l'indulgence par manière de suffrage; et ainsi par le mérite de Jésus-Christ, de la sainte Vierge-Marie et de tous les saints, elle puisse estre délivrée des peines du purgatoire. Nous les accordons par ces présentes et voulons qu'elles ayent leur teneur, nonobstant tout autre, seulement pour le cours de sept ans. Donné à Rome à Saint-Pierre, soubz l'anneau du pescheur le vingt-huict de febvrier mil six cens soixante et dix-huict, de nostre pontificat le deuxiesme.

(Arch. de la fabr., pièce papier.)

PIÈCE XIV.

ARGENTERIE DE NOTRE-DAME-DES-MIRACLES.

Une image de Nostre-Dame d'argent, de hauteur d'un pied, avecq empatement, poisant sept marcs.

Deux chandeliers d'argent en feuille percée à jour, poisant quatre marcs deux onces et demye.

Deux autres chandeliers d'argent blanc cizellé par la patte et par les garnisons, poisant huit marcs deux onces.

Une lampe d'argent garnie de son capuchon et de ses chesnes, cizellée, poisans six marcs trois onces.

Une croix d'argent et crucifix doré par la pomme, et les garnisons poisans huit marcs une once et demye; laquelle est entre les mains de M. Baguenault.

Ung calice vermeil doré, poisant avecq une patine simple huit marcs trois onces et demye.

(Arch. de la fabrique, reg. P.)

RENTES FONCIÈRES ET CONSTITUÉES APPARTENANT A NOTRE-DAME-
DES-MIRACLES.

1527. Sur maison de la Lhuise, rue des Carmes, au coin de
celle de l'Ange. (Testament de Jeanne Lasseray,
veuve Jean Bonnet.) . . . . 30 sols.

1438. Sur maison au Vieux-Marché, coin de la rue Vieille-
Peignerie. (Test. d'Agnès, femme J. Soucy.) 25 sols.

Sur 3 arpents, clos des Bernardières, à Saint-Jean-de-
la-Ruelle, don de Rich. Fournier . . . . . 30 sols.

1576. Sur 1/2 quartier de vignes, clos du Cormier, à Saint-
Jean-le-Blanc . . . . 3 liv.

Sur vignes audit clos du Cormier. . . . . . . 5 liv.

1564. Sur héritage à Cercottes. (Testament veuve Jean Coudray) . . . . 27 sols 6 d.

1631. Sur maison rue de la Barillerie. (Testam. de Marie
Roillard, femme J. de Sanxerre.) CIERGE TENU PAR
L'ANGE . . . . 3 liv. 12 sols.

1642. Sur maison rue de la Foulerie. (Test. de Guillaume
Boullet.) . . . . 5 sols.

Sur terre au clos de la Salle, à Fleury . . . 15 sols.

1504. Sur maison cul-de-sac de la Tamellerie rue du Tabour,
alias rue des Peignes. (Test. d'Agnès, veuve Christophe Robillard, pour l'entretien de la grande lampe
de Notre-Dame-des-Miracles) ; et de Jaquette Lelièvre, veuve Simon Robillard. . . 20 liv. 10 sols.

1477. Sur maison au clos Maillard, à Olivet. (Testam. de
Michel de Bacons.) . . . . 20 sols.

1514. Sur la maison des Soufflets rue des Fourneaux, au
coin de la rue d'Angleterre. (Testament d'Anne
Denise.) . . . . 20 sols.

1451. Sur maison rue Charpenterie. . . . . 22 sols.

Sur maison rue Jolie, paroisse Saint-Laurent 20 sols.

1585. Sur maison rue Porte-Saint-Jean. (Test. veuve Samson
Lefière). . . . . 5 sols.

1576. Sur maison vis-à-vis la Croix-Morin. (Test. A. Chau, veuve Ribret.). . . . . 20 sols.
1587. Sur maison rue de l'Ange. . . . . 27 liv.
Sur maison rue Porte-Madeleine. (Test. de Fse d'Anjou, veuve Lefâcheux. . . . . 20 sols.
1610. Sur maison rue Cours-aux-Anes. (Testam. d'Anne Le Semelier, Dame Caillard). . . . . 5 liv.
Sur maison rue des Bons-Enfans. (Test. de Madeleine Hurault, veuve Jousse). . . . . 4 liv.
Sur maison de la Plume d'Or, rue Bretonnerie. (Test. de Marie Cardinet, veuve Gallet.). . . . . . 14 liv.
Sur maison de la Toison d'Or, rue Bretonnerie. (Test. de la même.). . . . . 14 liv.
1624. Sur maison place du Vieux-Marché. (Testam. de Gille Métier, prêtre.). . . . . 8 liv.
Sur maison rue des Maillets. (Legs Marie Rousseau, veuve Ch. Desfriches. . . . . . . 4 liv. 10 sols.
1646. Sur maison rue d'Illiers. (Testament de Dame Lambert.). . . . . 8 sols.
1666. Sur la maison de l'Écu d'Or, derrière Recouvrance. Test. de Robert Boyetet.). . . . . 30 liv.
1644. Sur la maison de l'Écu d'Argent, marché Porte-Renard. (Don d'Étienne Fleury.) . . 3 liv. 10 sols.
Sur maison rue de la Lionne. (Don du même.) 12 liv.

PIÈCE XV.

SENTENCE DE L'OFFICIAL OBLIGEANT LES PROVISEURS ÉLUS DE NOTRE-DAME-DES-MIRACLES A ACCEPTER LADITE CHARGE ET DÉFENSE DE PRENDRE LE TITRE DE GAGERS (1591).

Officialis aurelianensis universis presentes litteras inspecturis, salutem in Domino. Notum facimus quod in causa mota et pendante coram nobis. — entre Charles Thironneau dict Guestault Philippe Chottard et Jehan Cahouet, naguères proviseurs de la confrairie Nostre-Dame-des-Miracles fondée en l'église Sainct-Paul d'Orléans, demandeurs et comparans en leurs personnes, garniz de M⁰ Pierre Thour, leur advocat et conseil, contre Robert Prieur, Simon Hardel et Charles Amelot, esleuz nouveaux proviseurs de ladicte confrairie Nostre-Dame-des-Miracles, deffendeurs aussi comparans en leurs personnes, garniz de conseil, après que lesdictz demandeurs se sont expédiez et requis que lesdictz deffendeurs aient a accepter ladicte charge de proviseurs et prester le serment d'icelle, suyvant l'eslection faicte de leurs personnes et que lesdictz Prieur et Ardelu ont dict ossent [eussent] accepté ladicte charge et presté le serment, pourveu qu'ilz soient mis en quallité de gagers et proviseurs de ladicte confrairie Nostre-Dame. Laquelle quallité lesdictz demandeurs ont prise par les quictances qu'ilz ont baillées eulx estans en charge. Et quant audict Amelot à son regard a dict qu'il accepte pareillement ladicte charge et ossie presté le serment, sellon l'antiennete et comme lon a acoustume faire sans riens y innover. Se sont aparuz les gagiers de la parroisse Sainct-Paul par ledict Thoyer assisté d'Anthoyne Martin et Jacques Collas deux deulx lesquels ont anpesché que lesdictz Prieur et Ardelu prennent aultre quallité que de proviseurs de ladicte confrairie Nostre-Dame, sellon quil a esté de tout temps acoustume, et comme les préceddans proviseurs ont tousjours faict ; lesquelz n'ont oncques esté dictz gaigiers ains seullement proviseurs, comme il aparoist par les actes de leurs eslection et prestation de serment. Et sy les demandeurs ont baillé quelques quictances ou ilz se qualliffient gagiers et proviseurs, cela ne leur peult nuire ne préjudicier et ne peult estre trai en conséquence — veu laquelle aparition et déclaration desditz gagiers, ont lesdictz Prieur et Ardelu déclaré qu'ilz ne se veullent autrement formaliser de ladicte quallité et ce qu'ilz en aient dict est par forme de remonstrance et se sont rapportez à nous d'en ordonner. Sur quoy avons ausdictes parties octroié lectres de leurs déclaracions, ensemble de l'aparition desdictz gagiers de Sainct-Paul et au surplus ordonner que lesdictz

Prieur, Ardelu et Amelot demeurent en ladicte charge de proviseurs de ladicte confrairie Nostre-Dame-des-Miracles suyvant l'eslection faicte de leurs personnes, et presteront présentement le serment d'icelle sellon l'antienneté et comme l'ont acoustume faire les prédécesseurs proviseurs, sans riens y augmenter; ny dyminuer et suyvant nostre présent jugement avons desdictz Prieur, Ardelu et Amelot à ce présens, pris et receu le serment au cas requis et acoustumé, qui nous ont promis et juré, en la presencé du promoteur de M. le révérend évesque d'Orléans, de bien et fidellement faire et exercer ladicte charge de proviseurs de ladicte confrairie Nostre-Dame et d'y aporter tel debvoir que en leurs affaires propres, et mieulx. — Datum Aurelie per nos officialem supradictum anno Domini millesimo quingentesimo nonagesimo primo; Die decima quinta mensis junii.

Signé : Sorbon.

(Arch. du Loiret, fonds de Saint-Paul, pièce parch., boîte 26.)

PIÈCE XVI.

ORDONNANCE DE PIERRE CHATELAIN, ÉVÊQUE D'ORLÉANS, POUR LA FONDATION D'UNE PROCESSION MENSUELLE DE LA FÊTE-DIEU A SAINT-PAUL (8 janvier 1551).

Petrus Castellanus, miseratione divina et sanctæ Sedis Apostolicæ gratia Aurelianensis episcopus, christianissimi ac serenissimi Domini nostri Francorum Regis Consiliarius, magnusque Franciæ Eleemosinarius, omnibus has visuris litteras salutem.

Oblata siquidem nobis a boni nominis viro Jacobo Lenormant civi aurelianensi, parrochiæ divi Pauli ejusdem civitatis incola, supplicatione accepimus quod ipse piissime religiosus divinique amoris zelo quo sacrosanctissimum

Eucharistiæ sacramentum ducitur in eius quoque decus ac totius Ecclesiæ fideique christianæ augmentum, lubentissime desiderabat qualibet singulorum anni mensium ultima dominica die, in eadem sancti Pauli ecclesia ad sui intentionem commendationemque, sua quoque impensa, decantari et celebrari facere divina officia quæ sequuntur : videlicet matutinas et canoniales horas; hisque finitis solemnem cumque alta voce, ac cum diacono et subdiacono et cappis missam, ante cujus missæ initium sacro-sanctam illam hostiam et Eucharistiam quæ in ipsa ecclesia jugiter adservatur depromi, et super majus ejusdem ecclesiæ altare eo modo quo singulis annis die festo solemni, sanctissimi huiusce Sacramenti et usque ad vespertinum officium ejusdem diei ad adorandum poni, eoque officio vespertino peracto, concionem haberi, processionem in circuitu interiori, et in navi ejusdem ecclesiæ fieri, in eaque predictam sacrosanctam Eucharistiam honorifice deferri duabus inter eamdem stationibus, una videlicet ante crucifixum, altera autem ante divæ Mariæ quam vocant miraculorum effigiem.

Datum Aureliis vigesima octava mensis januarii, anno Domini millesimo quingentesimo quinquagesimo primo. Presentibus ibidem venerabilibus viris Dominis Martino Pelot Ecclesiæ Aurelianensis canonico prebendato, vicario nostro generali, Jacobo Esiart officiali, Michaeli Sevin, locum tenente officialis nostri ; magistro Jacobo Gueset, rectore curato ecclesiæ parochialis sancti Paterni Aurelianensis, et Francisco Paris mercatore aurel., in parrochia sancti Pauli commorante ad hoc evocatis. — Sic signatum jussu ejusdem episcopi Domini mei summi Franciæ Eleemosinarii.

COPIN.

(Man. de Polluche, M. 433 bis, p. 307, Bibl. publ. d'Orléans.)

PIÈCE XVII.

RENTES DE LA CONFRÉRIE DU SAINT-SACREMENT.

Sur maison assise rue Neuve, paroisse Saint-Sulpice, au
coin de l'Étrille-Sac.. . . . . 4 liv.

Sur étail sis à la Petite-Boucherie . . . . . . 2 liv. 2 sols.

Sur maison rue du Chat-qui-Pêche . . . . . . 19 sols 6 d.

Sur maison rue du Vieil-Carme. . . . . 4 liv.

Sur maison sise au Vieil-Marché. . . . . 8 liv.

Sur maison et jardin appelés la Moutonnière, faubourg Madeleine. . . . . 50 liv.

Sur la généralité d'Orléans . . . . 22 liv.

Sur maison sise au quartier de Maison-Rouge, à la Chapelle-
Saint-Mesmin . . . . 9 liv. 2 sols.

(Arch. de la fabrique, reg. BB.)

PIÈCES XVIII.

RENTES DE LA CONFRÉRIE DES TRÉPASSÉS.

Sur maison de la Bannière de France, près la porte du
Héron . . . . 8 liv. 5 sols.

Sur maison de l'Ane-Vert, rue d'Illiers . . . . 8 liv.

Sur maison hors la porte Saint-Jean . . . . 2 liv.

Sur maison rue du Puits-Lando . . . . 2 liv. 5 sols.

Sur maison rue de Lasseray, proche la Grande-Serche. 10 liv.

Sur maison rue du Cheval-Rouge . . . . 12 liv.

Sur maison rue du Poirier . . . . 5 liv.

Sur maison rue du Cheval-Rouge. . . . . 2 liv.

Sur maison rue du Tabour, au coin de celle de la Vieille-
Poterie . . . . 4 liv.

(Arch. de la fabrique, reg. S.)

PIÈCE XIX.

MENU DU REPAS OFFERT LE LENDEMAIN DE PAQUES, 3 AVRIL 1480,
A Mᵍʳ L'ÉVÊQUE D'ORLÉANS, CHEZ ANTOINE BOUCHER, APRÈS
L'OFFICE ET BÉNÉDICTION QU'IL FIT DE L'AUTEL DE NOTRE-DAME-
DES-MIRACLES.

A Girat le Mazier, pour XXII pintez de vin clé-
ret et x pintez de vin blanc, estre par luy
baillées au pris de 6 deniers parisis chacune
pinte. . . . . 16 sols p.

Audit Girat pour percil et oseille par luy baillée. 12 deniers.

A Jehan Benard des Quatre-Vans, pour XXI pintes
et chopine de vin blanc, pour ce. . . . . . . 16 sols p.

A Richart Desnoez, pasticier, pour v pastez de
veau . . . . 6 s. 8 d.

Audit Richart pour deux daulphins et trois
fleurdellis au pris de 4 sols parisis la piesse. 20 sols p.

A luy pour deux joyeulx.. . . . . 4 sols p.

A luy pour mestier qu'il l'a baillé.. . . . . . . 6 s. 8 d.

A Berthault Fornier, pour x piguons et x pou-
cins et ung levraulx.. . . . . 17 sols p.

A Gillet De l'Aubespine, pour deux livres et
demie sucre, aux prix de 4 sols 8 deniers la
livre.. 11 s. 8 d.

A luy pour quatre livres amendes.. . . . . . . 4 sols p.

A luy pour deux onces pouldre blanche. . . . . 2 sols p.

A luy pour une once pouldre canelle. . . . . . 2 sols p.

A lui pour trois cartes (1) estaymé. . . . . . . 9 d. p.

A luy pour deux grox saffran batu . . . . 18 d. p.

A luy pour une once 6 grox hostis (2) . . . . . 19 d. p.

A luy pour deux livres avelinez . . . . 20 d. p.

(1) QUARTE, mesure pour les liquides.
(2) MAIGNE D'ARNIS, *Dictionn.* HOSTIA, pain très mince et très
léger, *peut-être oublie.*

A luy pour une once et demie dragée rouge et blanche. 9 d. p.

A luy pour une livre encens fin . . . . 3 s. 4 d. p.

A Jehan Coq, boulangier pour quatre XII^{nes} pain blanc et deux grant pains feretes (1). . . 8 s. 7 d. obole.

A Jehan Charpault, pour 7 pintes ypogras, quatre de rouge et trois de blanc, aux pris de 6 sols parisis chacune pinte, vallent. . . . . 42 sols p.

A luy pour quatre aulgnez (aunes) et ung quart toille *cysstre* pour mestre sus l'austel pour ce. 16 sols p.

Aux sergents de Mgr. l'Évesque. . . . . 2 s. 11 d. p.

A messire Noel, prêtre, pour une messe qu'il chanta devant Monseigneur . . . . 2 sols p.

A une bonne femme pour quatre livres estoupes. 12 d. p.

A Denise la mercière, pour trippes par elle baillées. . . . . 4 s. p.

A Michellet Baraulx, charpentier, pour 8 palletes de bois. . . . . 12 deniers.

A Mre Robert Pellerin pour viande estre par lui baillée pour celuy disner, et qui l'avoit acheté pour ce. . . . . 32 s. p.

A Richard Desnoez, pasticier, pour frases de chevreau, et petis pastez . . . . 4 s. 8 d.

A Richart Desnoez, pasticier, pour ung chevereau acheté de luy par Gillet De l'Aubespine pour ledit diner. . . . . 6 sols p.

A Margot Benoist, pour eufs, par ladicte baillé.. 8 deniers.

A Christophe Robillart, bouchier, pour ung moton et demy et pour 6 grandez piessez de beuf pour ledit disner. . . . . 8 s. p.

A Jehan Moyreau, cuysinier, pour son sallaire d'avoir apresté iceluy disner, payé. . . . . . 8 sols p.

Somme toute : 43 livres 15 sols 7 deniers obole parisis.

(Arch. de la fabrique, reg. de 1477-1481.)

_____

(1) FÉRETTE, épée. — Les pains férètes étaient des pains longs et étroits en forme de flûtes.

PIÈCE XX.

FONDATION DE LA CHAPELLE DU SAINT-ESPRIT.

Philippes fils de roy de France, duc d'Orléans, comte de Vallois et de Beaumont, scavoir faisons à tous présens et advenir que ouye la supplication de Guillaume Turpin bourgois de nostre ville d'Orléans et de Gillon, sa femme, disant eux avoir a vraye et parfaite dévotion de fonder une messe perpétuelle en l'une des églises de nostre ville d'Orléans, pour la recommandation des âmes d'eux et de leurs amys et de ceux qui les accompagneront, et pour icelle messe chanter et célébrer, ayant volonté de laisser et doüer ladicte église de quinze livres parisis de rente annuelle et perpétuelle, assises sur certains héritages cy après amplement plus a plain déclarez. C'est assavoir le lieu de la petite Mothe assise entre Orléans et Olivet et une petite censive appartenant audit lieu, valant tout cent sols parisis de rente. Item une autre petite censive aux faubourgs d'Orléans, lez les vieux Carmes, vallant environ vingt sols parisis de rente. Item deux maisons entretenant, assises en la rue de la Vieille-Friperie, tenant à la maison des Delphins esquelles ont demeuré Jehan Allouette et Vincent Regnard, vallant environ cent sols parisis de rente. Item une autre maison assise en la rue de la Faverie de nostre dicte ville d'Orléans, vallant environ quatre livres parisis de rente. Et pour ce que iceulx héritages et censives sont en nostre jurisdiction et territoire, lesdiz Guillaume et Gillon, sa femme, ne pouvant bonnement iceulx délaisser à icelle église par manière que les serviteurs d'icelle les puissent tenir ny jouir sans nostre congié et licence, nous ont humblement supplié qu'il nous vueille plaire à eulx impartir nostre grace et iceulx héritaiges admortir et consentir à ladicte fondation, estant ainsi faicte, comme dessus est dit, estre aussi faicte.

Et nous, inclinans à leur supplication, eu advis et délibé-

rations de nostre conseil, considérans les choses susdictes
et ce que lesdits Guillaume et Gillon, sa femme accom-
pagnent nous et nostre très chère et amée la duchesse, perpétuellement aux prières et recommandations d'icelles messes,
avons iceux héritages et censives admorty et admortissons
par la teneur de ces présentes lectres que leur avons octroyé de nostre auctorité et grâce spéciale; que ladicte messe
ils puissent fonder et doüer icelle. église de ladicte rente à
savoir sur lesdits héritages et censives ; et voulons, consen-
tons, agréons, de nostre certaine science, accordons que le
chappelain, vicaire ou autres personnes aiant cure d'âmes
qui establis ou ordonnés sont en ladicte église pour desservir
ou célébrer icelle messe, puissent jouir et tiennent perpétuellement et paisiblement lesdites quinze livres de rente
assises sur lesdiz héritages et censives pour ladicte rente et
fondation, sans ce que en aucune manière ils soient contraints
à les vendre, aliéner ny mettre hors leurs mains, et sans
paier de ce à nous ny à nos successeurs aucunes finances au
temps advenir. Si donnons en mandement par ces présentes
à nos baillif et prévost d'Orléans et à tous nos autres jus-
ticiers ou à leurs lieutenans présens et advenir, et à chacun
d'eux, si comme à lui appartiendra, que de nostre grâce
laissent, souffreut et fassent jouyr et user ledit Guillaume
et Gillon, sa femme paisiblement de ladicte église ; curés,
chappelains et vicaires d'icelle ayans cause de ce n'em-
peschent ny souffrent estre empeschés contre la teneur de
nostre présente grâce, au temps advenir, en aucune manière,
au contraire. Et pour que ce soit ferme chose et stable, à
tousiours mais, nous avons fait mettre à ces lectres notre
seel secret en l'absence du grand. Donné à Ardiffort, en
Angleterre, le dix-huitiesme jour d'aoust l'an de N.-S., mil
trois cent soixante-quatre.

(Extrait des lettres d'Hugues, évêque d'Orléans.)

Subjungens predictus Guillelmus quod ipse et dicta Gillona
ejus uxor deliberaverunt inter se deliberatione matura quod

in parrochiali ecclesià sancti Pauli Aurelianensis, in honore gloriosissimæ Virginis Mariæ ab ipsius exordio fundatæ, cujus parrochiani existunt, missa ejusmodi ad altum altarium ejusdem ecclesiæ seu ad aliud quod construi facerent in eadem ecclesia, deinceps Capellania Guillelmi Turpin et Gillonæ uxoris suæ communiter nuncupanda et vulgariter appellanda, per electum capellanum per ipsos conjuges quoad vixerint, vel si forte dictus Guillelmus fundator esset infirmitate detentus, vel in peregrinatione longinqua, vel mercaturæ causa absens, per eandem Gillonam solam vel proximiorem dicto Guillemo in genere... etc. Datum et actum Aureliæ anno Domini millesimo trecentesimo sexagesimo septimo, die vigesima mentis martii. Sic signatum Boardi, pro presentia, consensus ac authoritatis et decreti dicti reverendi patris (1).

PIÈCE XXI.

BIENS ET REVENUS DE LA CHAPELLE DU SAINT-ESPRIT.

Sur une maison rue du Tabour . . . . 14 liv.
Sur le Grenier à Sel de Pithiviers . . . . 24 liv. 2 s.
Sur le lieu et métairie de la Motte-Minsart, paroisse Saint-Marceau . . . . 21 liv.
Sur maison rue du Coulon . . . . 3 liv. 15 s.
Sur la maison des Morts et des Vifs, rue du Coulon. 5 liv. 5 s.
Sur l'arpent de terre proche la Motte-Minsart. . . 10 sols.
Censives rues des Turcis, du Ravelin et rue Creuse.

(Arch. de la fabrique, reg. DD.)

(1) Arch. du Loiret, fonds de Saint-Paul, liasse sans cote. Copie sur papier, précédée des lettres d'Hugues, évêque d'Orléans, à l'occasion de ladite fondation, lay. de papiers de la cure.

PIÈCE XXII.

CHAPELLE SAINT-JEAN-BAPTISTE.

(Extrait de l'acte de fondation.)

Lesdits fondateurs... pour incliner et contraindre le chapelain à dévotion et le mouvoir de chanter ou faire chanter et célébrer a plus grand paix de cœur, sans estre en danger de trouver la finance pour soy quérir vestement et ses autres nécessités, fondent ladite chapelle, donnent d'âme et de cœur et de fait, baillent, cessent, quittent, transportent et délaissent dès maintenant à toujours sans rappel à icelle chappelle et au chapelain qui sa messe dira, chantera et célébrera chacun jour perpétuellement à toujours mais, comme dessus est divisé, pour estre propre de lui, de ses hoirs, de ses successeurs et de ceux qui de luy auront cause au temps advenir la propriété, fond et trefond des héritages cy dessus déclarés.....

..... Que led. chapelain, avant qu'il soit reçu à lad. chapelle, sera tenu de jurer par ses ordres, s'il est prestre, et sinon par grant serment, en lad. église, devant lesd. gagiers et leurs successeurs, qu'il fera garder, tendra et enthérinera tout ce qui dit est et qu'il souffrira toutes les corrections et punitions desdiz gagiers et leurs successeurs et que toutes fois et quantes lesd. gagiers voudront avoir les ornemens de lad. chapelle, led. chapelain leur baillera et obéira à yceulx, touchant lad. chapelle.....

Chapelains de Saint-Jean (1).

1433. Guill. Rousseau.	14... Jehan Haultpeletier.
1468. Jean Soubztraine.	1518. Jehan Benard.
1477. Guill. Hurault.	1525. Cl. Bernard.

(1) Arch. du Loiret, fonds de Saint-Paul, titre de la chapelle Saint-Jean, boîte 7.

1580. Jehan Provyn (résigne en faveur de son successeur).

1580. Robert Haultdecœur, organiste de Saint-Paul.

1613. Jacques Sergent.

1613. Gabr. Souverain, organiste de Saint-Paul (1).

1642-1688. Guill. Hurault.

1688. Fr. Jogues.

1725. Jean Bulord.

1730. Fl. de Saint-Mesmin.

1738. Th. Ménard.

1753-1784. Carey de Villeneuve.

1784-1788. Jean Bourdon.

1788. Fortin.

La chapelle Saint-Jean-Baptiste jouissait en toute propriété pour les honoraires de son chapelain, de ce que les fondateurs Jean Letexier et sa femme lui avaient délaissé par donation devant Cormier, notaire à Orléans. Quelques autres personnes y avaient ajouté certaines rentes foncières :

Deux maisons contiguës sises *rue Feu-Jean-de-Murelles* (2), rapportant..	125 liv.
Rente foncière sur le lieu de *Jolivet*, près l'Orme Grenier, paroisse d'Olivet.	8 liv.
Rente due par Jean Richer, écuyer.	9 liv.
Sur la maison de la *Truie qui vole*, rue Muzelle, paroisse Saint-Paul	100 s.
Sur la maison du Chardon-d'Or, rue Vieille-Peignerie	12 s.
Sur héritages sis clos *du Petit-Paradis*, à Saint-Pryvé	35 s.
Sur maison au lieu de *Crevan*, paroisse de Sandillon.	4 s.
Sept arpents d'héritages paroisses de Combleux et de Saint-Jean-de-Braye	153 liv.
Total.	302 liv. 11 s.

(1) Le 13 janvier 1609, M. Robert Haultdecœur donna à bail à M. Guillaume Havard, prêtre habitué de l'église Saint-Paul, sa charge de porte croix, dépendante de ladite chapelle. (Arch. du Loiret, fonds de Saint-Paul, titr. de la chapelle Saint-Jean, lay. 7.)

(2) Le nom de rue de *Murelles* ou *Muzelle* s'est transformé en celui de rue *Muzaine* qu'elle porte aujourd'hui.

PIÈCE XXIII.

DONATION DE HUIT MILLÈ LIVRES PAR M. ALLÉAUME POUR L'ÉTABLISSEMENT DU SÉMINAIRE.

Salut. La dévotion interrompue par les guerres des héré-
tiques s'estant restablie à Notre-Dame-des-Miracles, à l'église
Saint-Paul d'Orléans par les soings et affections de vénérable
et discrette personne, M. Jacques Alleaume, docteur en
théologie de la sacrée Faculté de Sorbonne, prédicateur ordinaire de ladicte ville d'Orléans, et curé desdictes paroisses
de Notre-Dame-des-Miracles et Saint-Paul, [lequel] continuant son zèle, auroit dès longtemps recherché d'établir un
bon ordre entre les prebstres et ecclésiastiques habitués, et
procuré autant qu'il auroit peu en admettre de capables et
suffisans, de bonne vie, meurs et bon example, afin que les
saints sacrements fussent dignement administrez, le divin
service dévotement chanté et cellebré et les peuples bien
instruictz et édiffiez ; ce que n'ayans peu faire jusques à
présent pour n'avoir trouvé aucuns ecclésiastiques qui
eussent voulu s'associer ensemble, vivre en commung et
faire les fonctions nécessaires en ladicte paroisse, soubz
l'ordre et direction dudit sieur de Saint-Paul. Lequel en
ayant conféré avecq les sieurs Gaigers de ladicte parroisse et
plusieurs notables habitans, offrans mesme accorder ausdiz
ecclésiastiques qu'ils s'assossieroient et feroient les fonctions
susdictes des droictz et priviléges en son église, pour les
faire subsister et fournir à leurs despences et entretien
convenables à leur dignité et condition, tant qu'ils demeure-
roient soub ses ordres. Mais passant outre et désirant ledict
sieur de Saint-Paul que cet établissement se perpétue,
scavoir faisons qu'aujourd'huy, quart jour de juing mil six cent
cinquante après midy pardevant Laurent Bordes, notaire au
Chastellet d'Orléans, est comparu ledit sieur Alleaume,
lequel de sa pure et franche vollonté a donné, et par ces

présentes donne par donnation entre vifs, pure, parfaite et
irrévocable à la fabrique et paroisse de Nostre-Dame-des-
Miracles et de Saint-Paul, — honorables hommes, Marin Javary, George Annet, Guillaume Fontaine et Jacques Mariette,
bourgeois d'Orléans, gaigers et marguilliers desdictes paroisses, à ce présens et acceptans, — la somme de huit mil
livres pour estre employée par lesdiz sieurs gaigers, par
l'advis dudict sieur de Saint-Paul, à l'achapt d'une maison
convenable pour le logement et autres nécessitez des prebstres
et officiers qui seront doresnavant préposez par ledict sieur
curé et gaigers pour vivre en communauté et servir à
l'administration des sacrements et cellébration du divin sacrifice, comme ledict sieur de Saint-Paul leur ordonnera ;
réserve par ledict sieur de l'usufruit et jouissance de ladicte
somme de huit mil livres pendant le plein cours de sa vye,
après lequel iceluy usufruict demeurera uny à la propriété ;
et se prendra icelle après le décès dudict sieur sur tous ses
biens qui en demeurent chargez. Et attendant que l'occasion
se trouve à propos pour l'achapt d'une maison pour le logement desdicts, lesdicts sieurs gaigers promettent et s'obli-
gent en louer une propre et convenable et en payer le loyer
dès à présent. Ce don et délais fait par ledit sieur Alleaume
pour grandes et justes considérations à ce le mouvans pour
la gloire de Dieu et parce que tels sont ses plaisirs et vollonté ; se déssaisissant dudict don pour et au profit de ladicte
fabrique quy en est demeurée saisie et vestue par la teneur
des présentes, luy en baillant et transportant dès maintenant
à tousiours, toutte possession et seigneurie nécessaire. Et
pour insinuer ces présentes partout où il appartiendra, ledit
sieur Aleaume constitue son procureur le porteur des présentes auquel de ce faire il a donné tout pouvoir. Promist
outre ledict sieur Alleaume, ne jamais venir encontre le
contenu cy dessus, etc. En tesmoing de quoi, nous avons
au rapport dudict notaire fait mettre et apposer le séel royal
à ces présentes qui furent faictes et passées en l'hostel dudit
sieur Aleaume, présent Louis Leguet et François Bigot,
clercs, tesmoings, qui ont avecq lesdicts sieurs Alleaume et

gaigers, ensemble ledit notaire, signé la minutte des présentes.   .   .   *Signé :* BORDES.

Insinué au bailliage d'Orléans et à l'officialité le 20 février
1662.

(Archives de la fabrique, reg. P, fol. 15, recto.)

———————

PIÈCE XXIV.

SOMMATION FAITE AU CURÉ, PAR LES GAGERS, QUI PRÉTENDENT
NOMMER LE PRÉDICATEUR, DE PRÊCHER LE JOUR DE LA CONVER-
SION DE SAINT-PAUL, CE JOUR ET REFUS DU CURÉ (8 jan-
vier 1678).

Aujourd'hui mardi, dix-huitième de janvier, heure de
huit heures du matin, l'an mil six cent soixante-dix-huit,
maistre Jean-Baptiste Delescluze, greffier es greniers à sel
d'Orléans et Baugency, demeurant en cette ville d'Orléans,
l'un des marguiliers de l'œuvre et fabrique de Saint-Paul
dudit Orléans, s'est, en la personne et compagnie de moy
Jacques Cavel, notaire au châtelet d'Orléans, soussigné et
témoins souscrits, adressé pardevers vénérable et discrette
personne maistre Pierre Lefebvre, docteur en théologie,
prestre curé dudit Saint-Paul, trouvé en son hostel presbi-
téral, auquel ledit sieur Delescluze a baillé et laissé coppie
signée de moy notaire, de certain acte d'assemblée des habitans de ladicte paroisse Sainct-Paul, reçue le neufième jour
de ce présent mois et en exécution duquel et y satisfaisant,
il a prié ledit sieur curé de vouloir prescher en ladite église
le jour et feste de la Conversion de saint Paul, vingt-cinq du
présent mois ; à quoy ledit sieur curé a fait réponce que
jusques icy Messieurs les marguiliers ne se sont point ingéré
ny prétendu avoir nommé aucun prédicateur, ny depuis qu'il
est curé ne luy en ont même demandé aucun pour la Conver-

sion de saint Paul; et sur la prière à luy faite par ledit sieur Delescluze l'un desdits sieurs marguiliers, de prescher ledit jour de la Conversion de saint Paul, étant une innovation, il verra dans le temps ce qu'il aura affaire. Laquelle réponse ledit sieur Delescluze a pris pour reffus; vue laquelle il a déclaré audit sieur de Saint-Paul qu'au désir dudit acte d'assemblée, il va de ce pas prier Monsieur le chevecier de Saint-Pierre-Empont dudit Orléans, de prescher le jour de la Conversion de saint Paul, qu'il nommoit présentement audit sieur de Saint-Paul. Ledit sieur curé répliquant, a protesté qu'estant une entreprise faite par ledit sieur Delescluze et chevecier de Saint-Pierre-Empont sur la charge de curé, il s'en pourvoira contr'eux en temps et lieu; et par ledit sieur Delescluze ses protestations au contraire.

Lecture fait et laissé coppie audit sieur curé de Sainct-Paul du présent acte, en présence de Étienne et Clément Jacquet, clercs, témoins qui ont avec lesditz sieurs comparants et moy, nòtaire, signé la minute des présentes.

Signé : CAVEL.

Contreseellé le 18 janvier 1678.

Signé : LEVASSOR.

(Arch. de la fabrique.)

PIÈCE XXV.

DESCRIPTION DE LA COURONNE ROYALE APPARTENANT AU BANC DU SAINT-SACREMENT (1).

Ladicte couronne royalle clause, garnie de pierreries, diamans, agathes, perles et autres choses cy après déclarées,

(1) Cette couronne était gardée par M. de Guyenne. — Elle a été vendue 1,300 livres au sieur Mignot, orfèvre d'Orléans en 1718, conformément à un avis d'habitants du mois de décembre même année, pour acheter la croix d'argent du grand autel.

commençant par le sercle, ung camacheux (1) d'une teste blanche, garnie d'or en besogne de fil, orné de quatre chattons d'émeraudes.

Une agathe sardonique (2) où il y a deux figures garnies d'or.

Une autre agathe sardonique et blanchastre.

Une autre agathe sardonique garnie d'or.

Une grande agathe où il y a une fortune garnie d'or et émaillée de rouge.

Une cornaline (3) rouge gravée d'or.

Une autre agathe où il y a ung Mercure gravé, garni d'or.

Une autre agathe d'Allemagne où il y a ung Jupiter tenant ung foudre garny d'or.

Quatre lapis et trois cornalines garny d'or à besogne de fil d'or.

Huict rozettes d'or garniz de perles et d'un grain émaillé de rouge entre les agathes du cercle.

Les perles estant autour du cercle et celles y pendantes hault et bas, poisans environ une once. Le tour estant dudit cercle, où sont les fleurs de lys cy après déclarées.

La première fleur de lys garnie d'ung camaheux estant garnie d'or, d'une table (4), d'un doublet (5) d'émeraudes (6), d'un cabochon de rubis (7), de petits chatons (8) de pierre

---

(1) Pour camaïeu. — C'est le nom qu'on donne à certaines pierres précieuses sur lesquelles la nature à imprimé la représentation d'objets de toute sorte, tels que figures, paysages, etc.

(2) Agate, pierre précieuse en partie transparente et en partie opaque. — L'agate sardonix est rouge et coupée de bandes parfois blanches.

(3) Pierre précieuse opaque et très dure.

(4) *Table,* nom donné à toute matière polie sur laquelle on peut graver, dessiner, etc.

(5) *Doublet,* fausse pierre faite de lames de cristal taillé jointes ensemble.

(6) Pierres précieuses de couleur verte et très dure.

(7) *Cabochon de rubis,* pierre précieuse rouge, polie, mais non régulièrement taillée.

(8) Le *chaton* est la partie dans laquelle on enchâsse la pierre précieuse.

blanche et d'une petite roze de vermeil ; le tout garny de perles.

La seconde garnie d'un pareil camaheux garni d'or, d'une table de doublet, d'émeraudes, de deux petites croix d'or garnies de deux petites pierres blanches et d'un petit bouton d'or de ladite fleur de lys.

La troisième aussy garny d'un camaheux garnie d'or et d'un doublet de saffir (1) violet, de deux pandeloques de pierre blanche, ensemble d'ung bouton d'or au bas.

La quatryesme garny d'un camaheux en besogne de fil et d'un chatton de pierre blanche, d'une roze de vermeil et de deux petits boutons d'or.

La cinquième fleur de lys garny d'un camaheux, d'un doublet vert d'émeraudes, deux pandeloques de pierre blanche et d'un petit bouton d'or.

La sixième fleur de lys d'un pareil camaheux d'un chatton d'amatiste (2), de trois petittes pièces, de besogne de fil et d'une roze au bas.

La septième garnie d'un camaheux en besogne de fil, d'un chatton de pierre blanche et deux petites banguelottes (sic) de pierre blanche, deux boutons d'or à costé ; et au bas une roze de vermeil.

La huitième et dernière garnie d'ung camaheux, garnie d'or et de deux petittes croix d'or — où il y a ung diamant, ung doublet vert — et d'un bouton d'or.

Au même cercle entre lesdictes fleurs de lys, au-dessus de la teste blanche, ung joyau d'or garny de neuf amatistes de Cartagène, avecq ung pandeloque d'un petit diamant fin et perles.

Ung cœur d'or de pareilles pierres, garny de huict semblables pierres et d'un pandeloque, d'un petit diamant fin et perles.

(1) *Saphir*, pierre précieuse d'un bleu céleste, aussi dure que la topaze, mais moins que le rubis.

(2) *Améthyste*, pierre précieuse fort belle. Il y en a de plusieurs couleurs et la façon dont on les taille modifie encore leur nuance.

Ung chatton d'or garny d'une topaye (1) et pandeloque d'ung petit diamant fin et perles.

Une pareille topaye garnie d'or et pandeloque d'un petit diamant et perles.

Ung joyau d'or de six petits diamants fins avecq, une pandeloque d'un petit diamant aussi fin et perles.

Une topaye garnie d'or et d'une petite pandeloque de diamans et perles.

Une autre topaye garnie d'or et de perles pendantes.

Une roze de pierre blanche garnie d'or, pandeloques de diamans et perles.

Le premier montant à la droicte, au-dessus de la teste blanche, garni de cinq pièces d'or, scavoir : une cornaline, deux testes de camaheux et deux garnies de perles.

Le second montant garni de cinq pièces d'or, scavoir : deux testes de camaheux et trois autres de perles.

Le troisième garny aussy de cinq pièces d'or, où il y a deux testes de camaheux et trois autres de perles.

Le quatrième garny pareillement de cinq pièces d'or, de camaheux et les trois autres de perles.

Le cinquième garny aussy de cinq pièces d'or, scavoir : deux de deux testes de camaheux et les autres de perles.

Le sixième aussy de cinq pièces d'or, scavoir : deux testes de camaheux et les trois autres de perles.

Le septième garny pareillement de cinq pièces d'or, scavoir : deux testes de camaheux et les trois autres garny de perles.

Le huitième et dernier aussy garny de cinq pièces, scavoir : une cornaline, deux camaheux et les deux autres de perles.

Le premier cercle au-dessus des fleurs de lys, entre les courbes au-dessus de ladite teste blanche ; à la droitte : une petitte croix d'or garnie de trois perles.

A costé gauche ung pandeloque de pierre blanche garni d'une perle.

Dans les cinq autres ne s'est trouvé aulcune chose.

_____

(1) *Topaze*, pierre précieuse ordinairement jaune.

Le second cercle entre les courbes au-dessus de ladite teste blanche, une pièce garnie de deux petits diamans et de trois perles pendantes; le tout fin.

Suivant le second cercle, une pareille pièce garnie de deux diamans et de trois perles pendantes de pareille valleur.

La troisième pièce de pareille façon et valleur.

La quatrième pièce de pareille façon et valleur.

La cinquième pièce de pareille façon et valleur.

La sixième pièce de pareille façon et valleur.

La septième pièce de pareille façon et valleur.

La huitième pièce aussy de pareille façon et valleur.

Au boulon qui clos ladite couronne plusieurs pièces besogne de fil d'or.

Trois onces ou environ de perles qui entourent les courbes et les entre-deux desdictes courbes.

La croix, de diamant de Venise et amatiste de Cartagène, blanche. Le globe de ladite croix, d'ung grain de cristal garny d'or.

Ung reliquaire garny de huit diamans, huit émeraudes et ung cristal dans lequel il y a une teste de Christ.

Une grosse perle au-dessus dudit reliquaire.

Une croix d'or garnye de trois perles, ung pandant d'oreille d'or à Cupidon garny de trois perles; ung pandant d'oreille de cristal garny d'or; ung autre pandant d'oreille aussy à Cupidon et trois perles, deux pandans d'oreille d'or, à chacune desquelles y a trois pierres, trois doublets d'émeraudes garniz d'or, ung Saint-Esprit de pierres blanches, une roze d'amatiste, de sept pierres, de Cartagène.

Ladite couronne avec sa croix poisant ensemble deux marcs trois onces.

(Extrait des comptes, arch. de la fabrique, reg. P.)

PIÈCE XXVI.

RENTES DE L'ÉGLISE EN 1500.

1387. Don testamentaire de Vincent de Bellevoyes. 20 sols p.

1420. Sur maison au Portereau, dans la rue à aller du pont à Saint-Marceau . . . . 7 sols p.

1482. Sur maison sise faubourg de la Porte-Renard. 12 s. p.

1391. Sur la maison de la Franchie paroisse Saint-Donacien . . . . 24 sols p.

Sur maison rue Vieille-Musnerie, par. Saint-Lorent . . . . 8 sols p.

1448. Sur maison sise rue des Trois-Morts et des Trois-Vifs, au coin du Puits-Lodo . . . . 16 sols p.

1416. Sur maison sise rue de la Chaux, faubourg Porte-Renard, par. Saint-Lorens . . . . 8 sols p.

1419. Sur 1 arpent de vignes au clos du Poirier, par. Saint-Marc . . . . 16 sols p.

1441. Sur maison faubourg Porte-Renard, abutant à une ruelle qui traverse de la rue de la Chaux à la rue Bernard-Gasset . . . . 36 sols p.

1453. Rente. . . . . 16 sols p.

1457. Sur maison faubourg Porte-Renard. . . . . 8 sols p.

1438. Sur maison à l'enseigne *Saint-Martin*, à Olivet. . . . . 12 sols p.

1443. Sur maison grande rue faubourg Porte-Renard. 10 s. p.

1445. Sur maison au coin de la rue des Morts et des Vifs . . . . 12 sols p.

1406. Sur maison Grande-Rue, Faubourg-Porte-Renard . . . . 24 sols p.

1421. Sur une place où il y a *polie* à polir draps, au lieu du Cours-aux-Anes. . . . . 12 sols p.

144.. Sur maison sise au Viel-Marché . . . . . 20 sols p.

1434. Sur maison rue Bonneville, par. Saint-Pol. 2 s. 6 d. p.

1406. Sur maison rue d'Angleterre. . . . . . . 70 sols p.

1435. Sur vignes sises au clos des Beaumonts .   16 sols p.

1374. Sur maison rue Macheclou, censive Et. Turpin,
  1,200 fr. de capital.

1417. Sur maison rue des Morts et des Vifs. . . . 8 liv. p.

1367. Place et maison assises à la Barre-Flambert   20 s. p.

1381. Sur maison sise près Saint-Sulpice, 2 fr. d'or dont 1 au
  curé. . . . . 8 sols p.

1432. Sur masure et place, Porte-Renard. . . .   24 sols p.

1411. Sur maison et moulin à than, rue de la Poterne-
  Chesneau... ... ... 16 sols p.

1460. Sur hostel rue de la Charpenterie . . . :   4 liv. 4 s. p.

1451. Sur maison sise au retour de Saint-Benoist. 18 sols p.

1416. Sur verger sis faubourg Porte-Renard, rue du *Bourg*
  Comtet. . . . . 4 sols p.

1410. Sur un hostel ou Viel-Marché, proche la Maison-
  Dieu . . . . 40 sols p.

1404. Sur le quart de l'hostel de la Roche-Blanche. 20 s. p.

1453. Hypothèque sur tous les biens de Jean Hue,
  foulon . . . . 8 liv. p.
  Sur maison rue des Bouchers . . . . 1 sol p.

1439. Testament de Huguette, fille de feu Guillemin Thomas,
  léguant tous ses biens à l'église Saint-Paul (1).

1463. Sur maison Grande-Rue, Saint-Laurent. . . . . 8 s. p.

1446. Rente assise sur tous les biens de Girard Boi-
  leaue. . . . . 10 liv. p.

1459. Sur maison à l'opposite de la rue faisant le coing du
  puits du Coin Maugars. . . . . 36 sols p.

1458. Sur maison séant ou Vielz-Marché. . . .   20 sols p.

1442. Sur 2 arpents de vignes au clos de Guignegault. 4 s. p.

1449. La moitié d'une maison et appartenances, à aller du
  faubourg Porte-Renard à la rue du Cours-aux-
  Anes. . . . . 8 s. p

---

(1) Par testament du 2 mai 1439, Huguette Thomas, femme
Chotard, fait don à l'église de tous ses biens meubles et immeubles, sis à Orléans. (B, art. 45.) A la suite d'un long procès
avec les héritiers, la fabrique composa à 50 sols tournois le
20 août 1456.

1458. Sur deux maisons sises au Cours-aux-Anes   10 sols p.

1462. Sur le tiers d'un hôtel, rue de la Foulerie .   2 sols p.

1474. La moitié d'un hôtel assis.es forsbours de la Porte-
Regnard..

1464. Sur une pièce de vigne et yslaie, en la paroisse Saint-
Pouair. . . . . 8 sols p.

1469. Sur les biens et héritages de Odinet Perrinet.   22 s. p.

1475. Sur le grand hostel de la Main-qui-fille, appartenant à
Jean Trotet. . . . . 2 fr. de rente.

22 septembre 1387. Fondation par Jean le Texier et Jehan-
nette sa femme, d'une messe perpétuelle à l'autel
de Saint-Jean. (Voir *Revenus de la chapelle.*)

1390. Les curés possédaient, indivis avec l'église, une masure rue du Bourg-Comtet, rapportant 3 liv. de rente.

1474. A prendre sur tous les biens de Marion, veuve
Richard . . . . 8 sols p.

1474. Sur maison faubourg de la Porte-Renard.   18 sols p.

1475. Un arpent de terre au clos de la Basle, légué par
Simon Leclerc.

1474. Sur un arpent de vigne au clos de la Basle.   10 s. p.
Sur 1/2 arpent de vigne sis au clos devant la Croix-
aux-Poulions. . . . . 6 sols p.

1476. Sur l'hôtel de la Basse-Goutière. . . . . . 16 sols p.

1477. Sur masure et verger en la rue d'Angleterre.   16 sols p.

1435. Sur le tiers d'une maison, rue de la Foulerie.   10 s. p.

1454. Legs de Agnès, veuve Jehan de Soussy . .   20 sols p.

1414. Sur vignes sises en la rue de derrière l'église des
Carmes . . . . 2 s. 6 d. p.

1491. Sur maison et verger en la rue à aller à la Croix-
Boissée. . . . . 8 sols p.

14 mars 1478. Sur une maison rue Gastebois, près des murs
de la ville, fondation du mandé, 2 écus d'or
de rente. (*Legs Jean Lallemand.*)

1459. Sur maison au coin d'une petite rue allant du puys au
Martroy . . . . 8 sols p.

1488. Donation testamentaire de Jehanne Rouzé.   21 sols p.

1490. Sur 6 arpents d'héritages et maison appelée la *Bouzie,*
à Fleury-aux-Choux. . . . . 40 sols p.

1494. Sur maison séant devant la Tour-André. 2 s. 8 d. p.

1388. Rente assise sur la maison de Phillibert Robert. . . . . 4 liv. tour.

1485. Sur maison séant es forsbours de la Porte-Regnard. . . . . 9 liv. tour.

1487. Sur tous les biens du sieur Louis Yvet. 6 liv. 10 s. tr.

1489. Sur un arpent de vigne au clos du Poirier. 16 sols p.

1478. Donation testamentaire de Pierre Branger. 12 sols p.

1482. (2 s. aux curés et 2 s. aux gagers.) Sur maison es faubourg Porte-Renard . . . . 4 sols p.

1482. Donation testamentaire de Nicole Galier, prêtre. 8 s. p.

1481. Sur maison faisant le coing de la ruelle à aller du puys au Martroy . . . . 8 sols p.

1494. Sur maison séant rue du Puyts-Lodo . . . 12 sols p.

1473. Donation testamentaire de veuve F. Jehanne, femme Micheau Ménart . . . . 8 sols p.

1494. Don testamentaire de rente foncière, par Fleurence, femme Lubin Lesage . . . . 16 sols p.

1494. Sur maison séant rue du Chaudron. . . . 32 sols p.

1493. Sur jardin assis près des Vielz-Murs de la porte Bourgogne . . . . 9 sols p.

1480. De Jehanne, femme de Macé Burdel, fondeur. 8 sols p.

1483. Sur maison et verger, sur la turcie Saint-Laurent . . . . 12 sols p.

1401. Sur maison près le coin Saint-Christophe, à l'enseigne de *la Pipée* . . . . 12 s. 8 d. p.

1494. Sur maison es faubourg de la Porte-Regnard. 16 s. p.

1497. 1 muids blé froment et 2 deniers parisis. (*Aignan de Saint-Mesmin.*)

(Arch. de la fabrique, reg. D.)

PIÈCE XXVII.

TAPISSERIES DE L'ÉGLISE SAINT-PAUL.

Une tenture de tapisserie de verdure, contenant huit pièces, donnée par Mad. Mesnager.

Une autre tanture de tapisserie en huit pièces, où est représentée l'histoire d'Hélie.

Trois autres pièces de tapisserie de l'histoire de Saint-Paul.

Une autre pièce de tapisserie à grand personnage d'empereur, qui suit celle de Saint-Paul.

Une autre tenture de tapisserie où est représentée une chasse de quevalliers, contenant sept pièces.

Une autre pièce de tapisserie à personnage, donnée par feu M. Hannet.

Une pièce d'anciennes tapisseries.

Quatre tapis de tapisserie, y compris celui donné par Mad. Boytet. — Deux autres tapis verts.

Trois petits morceaux de tapisserie servans à mettre aux pilliers.

Quatre cielz de tapisserie, compris ung qui est en trois pièces.

Quatre pièces de camelot (1) violet.

Ung ciel de tapisserie en trois pièces, donné par la veuve Jacques Le Berche, esleu, dont le sieur Cezard Le Berche à présent gaigier, a donné son billet à Mlle de Lépinasse.

Une pièce de tapisserie représentant la Cène avec les douze apôtres. (Arch. du Loiret, inventaire des biens de Saint-Paul, liasse X, 217, lay. 25.)

Une paire de pere (*sic*) et une robbe, le tout de drap noir neuf, trente pièces de pere (*sic*) vieil et ung ciel aussy vieil ; le tout de drap noir tel quel.

(1) *Camelot*, étoffe faite de poil de chèvre, mêlé de laine ou de soie.

Trois pantes de ciel rouge et trois pantes de ciel vert, quatre grands rideaux de thoile blanche, servant à mettre aux vitreaux.

Deux tableaux en l'un desquels est représentée une descente de croix, donnée par M. Defay, et en l'autre Nostre-Dame, donnée par M. Dorson, chirurgien.

(Arch. la fabrique, P, 1668.)

APPENDICES.

1º PRISE DE POSSESSION DE JEAN LECHARRON, CURÉ DE LA PORTION DE SAINT-PAUL (1419).

Datum pro copiam sub sigillo curie aurelianensis, anno Domini millesimo quadringentesimo decimo nono mensis marcii die vicesima secunda ut sequitur. Universis presentes litteras inspecturis, Guido miseracione divina aurelianensis episcopus salutem in Domino. Notum facimus quod nos curam sive parrochialem ecclesiam pro altera porcione sancti Pauli aurelianensis cuius jus patronatus ad venerabiles viros cantorem et capitulum ecclesie sancti Petri Puellarum aurelianensis, presentacio ad venerabilem virum decanum ecclesie aurelianensis venerabilis sponse nostre, collatio autem ac cure et regiminis animarum commissio ad nos pleno et ordinario jure pertinere noscuntur, ad presens liberam et vacantem per obitum seu mortem deffuncti Domini Mathæi de Darou quondam utriusque juris ultimi dicte cure seu parrochialis ecclesie curati, venerabili viro magistro Johanni le Charron de Aurelianis, licentiato in legibus, canonico prebendato dicte ecclesie sancti Petri Puellarum, coram nobis presenti et acceptanti ad hoc et maiora sufficienti et ydoneo nobis per dictum decanum licteratorie presentato, contulimus, et conferimus sibi quod de eadem cum suis juribus et pertinenciis universis providimus ac providemus, ac eumdem magistrum Johannem de dicta cura seu parrochiali ecclesia harum sermone litterarum investivimus recepto prius ab eodem magistro Johanne juramento de canonica obedientia et reverencia, nobis et successoribus nostris episcopis aurelianensibus exhibendo, de residencia personali in dicta parrochiali ecclesia facienda, nisi sibi super hoc fuerit dispensatum, de juribus dicte parrochialis ecclesie observandis et non alienandis. De alienatis si que sunt ad jus et proprietatem prefate parrochialis ecclesie pro posse reducendis, et quolibet alio juramento in talibus prestari consueto; hinc est quod vobis decano memorato prefatum magistrum Johannem in dicta parrochiali ecclesia intronizandum seu intronizari faciendum, ut est moris remictimus. In cuius rei testimonium litteris presentibus sigillum nostrum duximus apponendum. Datum et actum anno Domini millesimo quadringentesimo decimo nono, mensis martii die decima septima. Sic sign. V. Guyelli. — Archipresbyter ecclesie Aurelianensis archiconerio (1) nostro salutem in Domino. Vobis mandamus quatinus magistrum Johannem Le Charron licenciatum in egibus de Aurelianis, canonicum prebendatum ecclesie sancti Petri Puellarum aurelianensis, in ecclesia parrochiali pro altera porcione sancti Pauli aurelianensis ad presens vacante per obitum seu mortem deffuncti Domini Mathei de Darou quondam utriusque juris, ultimi dicte parrochialis ecclesie curati, intronizetis seu intronizari faciatis, ut est moris, solemnitatibus in talibus fieri consuetis observatis. Datum teste sigillo nostro hoc appenso anno Domini millesimo quadringentesimo decimo mensis marcii die decima octava.

In nomine Domini, amen, tenore presentis publici instrumenti cunctis pateat evidenter quod anno eiusdem Domini millesimo quadringentesimo decimo nono, more gallicano indictione decima tercia mensis martii, die vicesima ponti-

---

(1) Ce mot ne figure ni dans Du Cange ni dans le glossaire de Maigne d'Arnis (collection de Migne).

ficatus sacrissimi in Christo patris et Domini nostri Domini
Martini divina providencia pape quinti, anno tercio, in ecclesia parrochiali sancti Pauli aurelianensis, in mei nota-
rii publici testium que infrascriptorum ad hoc specialiter
vocatorum et rogatorum presencia, personaliter comparens
venerabilis vir magister Johannes Le Charron licenciatus in
legibus, canonicus prebendatus ecclesie sancti Petri Puellarum aurelianensis, exhibuit et presentavit discreto viro
Domino Johanni de Fay archiconerio aurelianensi, licteras
reverendi in Christo Patris et domini domini G. miseracione
divina Aurelianensis episcopi de et super collacione huiusmodi parrochialis ecclesie pro altera porcione vacante per
obitum deffuncti Domini Mathei de Darou quondam utriusque
juris professoris, ultimi curati eiusdem parrochialis ecclesie ;
nenon licteras venerabilis viri domini archipresbyteri ecclesie
aurelianensis pro intronizando ipsum magistrum Johannem
in dicta parrochiali ecclesia eidem noviter collata ; supplicavit
que ipsi archiconerio ac ipsum requisivit quatinus in realem,
actualem et corporalem possessionem huiusmodi parrochialis
ecclesie, suorumque jurium et pertinencium universorum
ponere et inducere vellet. Qui quidem archiconerius volens,
ut dicebat, mandatis ipsius archipresbyteris et tanquam sub-
ditus ipsius firmiter obedire, virtute et auctoritate huiusmodi licterarum intronizationis, ipsum magistrum Johannem
in realem actualem et corporalem possessionem prefate
parrochialis ecclesie, suorumque jurium et pertinencium
universorum, per vestimentorum sacerdotalium, calicis,
missalis, buretarum, cordarum campanarum, et clavium
tradicionem, tactumque maioris porte, foncium, maioris
altaris et assignacionem, introitumque domus presbyteralis,
posuit et induxit, ut melius potuit, nemine se ad hoc
opponente, super et de quibus prefatus magister Johannes
petiit et requisivit a me notario publico infra scripto sibi fieri
publicum instrumentum. Acta fuerunt he sub anno indictione,
mense, die, pontificatu et loco predictis, presentibus pro-
vidis viris Thoma Lamore, Alano Le Breston, gagiatoribus,
Galtero Simonis, et Reginaldo Brune parrochianis dicte parrochialis ecclesie testibus ad premissa vocatis specialiter et

rogatis. Et ego Johannes Martini, clericus Aurelianensis publicus apostolica et imperiali auctoritate, universitatisque venerabilis studii Aurelianensis notarius, premissis omnibus et singulis ut suprascripta sunt actis, una cum prenominatis testibus vocatus, presens interfui eaque sic fieri vidi et audivi. Idcirco huic publico instrumento aliena manu fideliter scripto subscripsi et signum meum publicum apposui, in testimonium premissorum requisitus et rogatus.

. Signé : Chartini pro copia et collatione facta cum originalibus licteris.

(Vidimus sur parchemin. Fonds de Saint-Paul, archives du Loiret, série G.)

2º Provisions de la portion de Notre-Dame a André Goislard, curé de Saint-Paul, en conséquence de la résignation, en cour de Rome, dé Marin Haizon, curé de la portion de Notre-Dame, le 3 aout 1601.

Decanus et capitulum insignis et cathedralis ecclesiæ Aurelianensis, sede episcopali vacante, dilecto nostro magistro Andreæ Goislard, presbytero carnotensis diocesis ac baccalaureo in decretis, rectori curato curæ et parrochialis ecclesiæ sancti Pauli Aurelianensis, pro prima portione vulgo nuncupata sancti Pauli, salutem. Dignum arbitratur Sedes Apostolica ut illis se reddat gratiosam quibus ad id virtutum merita laudabiliter suffragantur. Cum itaque sanctissimus in Christo pater et Dominus, Dominus Clemens divina providentia papa octavus et modernus, curam et parrochialem ecclesiam sancti Pauli Aurelianensis, pro altera portione vulgo nuncupata Beatæ Mariæ Virginis, quæ in dicta ecclesia sancti Pauli Aurelianensis Magister Marinus Haizon, dictæ curæ novissimus possessor pacificus nuper obtinebat per spontaneam resignationem dicti Haizon vacantem, tibi tanquam ac sub uno et eodem tecto, quoad vixeris, jam dictam

curam et parrochialem ecclesiam sancti Pauli Aurelianensis
nuncupatam pro prima portione una cum cura et parrochiali
ecclesia pro altera portione prædicta, Beatæ Mariæ Virginis
nuncupata, in dicta ecclesia sancti Pauli Aurelianensis reti-
nendum dispensato conferri nobis mandaverit, dummodo
alterius portionis tantum fructus ad congruam unius rectoris
sustentationem non sufficiant, et per unum rectorem tantum
eidem ecclesiæ absque detrimento curæ animarum deserviri
possit, prout continetur per signaturam Apostolicam sub
datum Romæ apud sanctum Marcum, tertio nonas Augusti,
anno pontificatus ejusdem Sanctissimi decimo, cum clausula,
ut committatur in forma dignum novissima et quoad dis-
pensationem dummodo alterius portionis fructus ad congruam
unius sustentationem non sufficiant, et per unum rectorem
tantum eidem ecclesiæ absque detrimento curæ animarum
commode deserviri possit. Postquam nobis constitit et constat
dictam signaturam esse veram debite in curia romana
expeditam; super qua bullæ in forma expediri possent,
necnon dictas duas portiones curæ et parrochialis ecclesiæ
sancti Pauli Aurelianensis per duos rectores portionarios
nuncupatos, regi et obtineri solitas, per unum rectorem ad
presens absque detrimento curæ animarum dictæ ecclesiæ
parrochiali sancti Pauli sub uno et eodem tecto commode
posse deserviri, uti informatione per vicarios nostros generales
super hæc facta, et depositionibus venerabilium virorum dominorum Mathie Le Petit presbyteri dictæ insignis ecclesiæ
Aurelianensis cantoris et canonici, prebendati ætatis quinqua-
ginta annorum vel circa, Ytherii Moreau etiam presbyteri
archidiaconi de Sigalonia ac canonici prebendati dictæ ecclesiæ
Aurelianensis, ætatis octo et quadraginta annorum vel circa,
ac Gabrielis Fleury etiam presbyteri, cantoris et canonici
ecclesiæ collegialis sancti Petri virorum Aurelianensis, ætatis
quatuor et quadringinta annorum vel circa; necnon hono-
rabilium virorum Anthonii Martin, ætatis novem et quadra-
genta annorum vel circa, et Caroli Fontaine ætatis octo et
quadraginta amorum vel circa, nuper gagiariorum dictæ ecclesiæ sancti Pauli Aurelianensis testium, coram præfatis nostris
vicariis generalibus, per te Goislard productorum, et pre

eos super contentis in dicta signatura examinatorum, compertum habuimus. Quorum in unum collectis depositionibus comperimus unicam solam ex portionibus dictæ curæ et parrochialis ecclesiæ non sufficere ad congruam unius rectoris sustentationem, et redditus annuos utracunque portionum ascendere tantum ad viginti quatuor ducatorum aureorum, deductis solitis oneribus; teque bonis moribus esse præditum et nullius heresis labe pollutum. Prædictam alteram portionem sancti Pauli Aurelianensis vulgo Beatæ Mariæ nuncupatam sic ut profertur vacantem, tibi Goislard sufficienti, capaci et idoneo, ac ad id dispensato prout nobis mandatum est; et in quantum possumus et debemus, contulimus et donavimus, conferimus et donamus; te de eadem cum suis juribus et pertinentibus universis presentium tenore investientes. Quocirca omnibus presbyteris et notariis nobis subditis mandamus quatenus te vel procuratorem tuum legitimum pro te in predictæ curæ et parrochialis ecclesiæ sancti Pauli Aurelianensis pro altera portione Beatæ Mariæ nuncupata, suorumque jurium et pertinentium universorum realem, actualem et corporalem possessionem ponant et inducant, seu eorum alter ponat et inducat, servatis solemnitatibus assuetis, ac jure cujuslibet salvo. Datum Aureliæ sub sigillo dicti nostri capituli et secretarii nostri signo, die vigesima secunda mensis maii, anno Domini millesimo sexcentisimo secundo.

(*Plus bas*) : De Mandato prefatorum Dominorum.

Signé : GUYOT (avec paraphe).

Parchemin original à double queue, traces du sceau en cire brune. Arch. de la fabrique.)

3º PRISE DE POSSESSION PAR M. PIERRE LEFEBVRE (1665).

Noverint universi quod anno Domini millesimo sexcentesimo sexagesimo quinto, die vero dominica secunda quadra-

gesimæ, et prima mensis martii hòra secunda post meridiem,
venerabilis et discretus vir magister Petrus Lefebvre presbyter
diæcesis aurelianensis, juris canonici baccalaureus; rector
curatus curæ seu parrochialis ecclesiæ sancti Pauli civitatis
aurelianensis, pro una portione quæ ipsius sancti Pauli
nuncupatur, magistro Alexandro Basly presbytero, curiæ
episcopalis aurelianensis notario jurato, debite immatriculato,
exhibuit certas collationis et provisionis litteras sibi et suo
nomine factas concessas et expeditas a reverendissimo in
Christo Patre ac Domino Domino aurelianensi episcopo de
dicta cura et parrochiali ecclesia, pro dicta portione de data
huius dictæ diei primæ mensis martii presentis auni signatas
A. Delbene episcopus aurelianensis et infrà de mandato,
Blanche secretarius, et sigillatas; super presentatione et no-
minatione Dominorum de capitulo ecclesiæ collogiatæ sancti
Petri Puellarum eiusdem civitatis aurelianensis de presentatione vero domini decani et maioris archidiaconi ecclesiæ
aurelianensis per obitum deffuncti magistri Jacobi Alleaume
presbyteri dictæ curæ dum viveret immediati possessoris
pacifici; necnon etiam exhibuit certas intronisationis litteras
primo presbytero vel notario apostolico remissorias a venerabili viro Domino Petro Ledane, ecclesiæ aurelianensis
canonico præbendato, et eiusdem ecclesiæ aurelianensis domini Archipresbyteri vices gerente emanatas, de data eiusdem supradicta primæ diei mensis martii, signatas Ledane, et
infra, de mandato Raoul et sigillatas. Requirens supradictus
Dominus Lefebvre quatenus virtute prædictarum litterarum,
ipsum in realem actualem et corporalem possessionem dictæ
curæ, jurium et pertinentium universorum ponerem et indu-
cerem, adhibitis solemnitatibus in talibus requisitis et observari solitis. Cui requisitioni satisfaciens, ipsum præfatum magistrum Petrum Lefebvre in realem actualem et corporalem
possessionem dictæcuræ et parrochialis ecclesiæ sancti Pauli,
pro dicta portione juriumque et pertinentium eius universorum posui et induxi primo per ingressum dictæ ecclesiæ
per januam majorem, acceptionem stolæ, aspersionem aquæ
benedictæ, osculum maioris altaris, hymno *Veni Creator*
cum suis versibus, et collecta prius decantato, tactum pulpiti

stalli in choro in locò domini curati solito et ordinario, tactum fontium baptismalium, pulsum campanarum ; deinde ecclesia egressi per ingressum presbyterii sive domus presbyteralis et cænaculorum eius, aliisque solemnitatibus in talibus
requisitis debite observans ; quam quidem possessionem clara
et intelligibili voce publicavi, significavi et notificavi domino
Petro Desbrays presbytero eiusdem ecclesiæ vicario, Johanni
Rousset, presbytero sacristæ, Mathæo Beschard, Laurentio
Thibault, Ægidio Bineau, Jacobo Borel, Petro Janvier, Joanni
Touraille, presbyteris in prædicta ecclesia deservientibus,
necnon etiam Domino Joanni Masson, Cæsario Le Berche,
Symoni Riou et Francisco Desfriches urbis aurelianensis civibus et eiusdem ecclesiæ Gagiariis, Carolo Humery Domino
de Lamayrie, Michæli Mesnager, Joanni Baptistæ Delescluze,
Francisco Deguyenne, confratriarum eiusdem ecclesiæ provisoribus, nemine reclamante sed omnibus prædictam possessionem faventibus et laudantibus. Acta fuerunt hæc in
prædicta ecclesia anno et die quibus supra, presentibus
ibidem venerabilibus et circumspectis viris dominis Petro
Bugy, Joanne Lemaire insignis ecclesiæ aurelianensis canonicis præbendatis, Nicolao Sellier presbytero in eadem
ecclesia aurelianensi ad altare sancti Mamerti canonico,
Francisco Courtois, Claudio Michau presbyteris aurelianensibus, Johanne Baptista Cahouet Domino de Seneville, Carolo
Boytet, Jacobo Alleaume, Francisco Boytet, Stephano Boullard, Carolo Fontaine, Francisco Vinet, Joachimo Chapperon,
Domino de Motturay, multisque aliis eiusdem ecclesiæ parrochianis, eamdem etiam possessionem faventibus ; et in
minuta presentium cum dicto Domino Lefebvre, presbyteris
deservientibus, gagiariis et provisoribus et me notario
apostolico signatis.

Signé : BASLY, *notario apostolico.*

(Liasse sans cote de la cure de Saint-Paul. Orig. parchemin,
Arch. du Loiret, série G.)

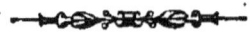

TABLE DES MATIÈRES

CHAPITRE XI. — CULTE. CÉRÉMONIES PAROISSIALES.

Rang considérable de Saint-Paul parmi les églises d'Orléans. — Souvenirs nationaux liés à son histoire. — Procession d'actions de grâces
en 1429, après la levée du siège. — Réhabilitation de Jeanne d'Arc.
—.Richard de Longueil, évêque de Coutances. — Fit-il à Saint-
Paul le don de son bréviaire? — Coïncidence significative. — Prééminence réclamée par la paroisse. — Occasions où elle s'affirme.
— Les gagers à la procession du 8 mai. — Interdictions aux paroisses de sortir, en même temps que Saint-Paul, le jeudi dans
l'octave de la Fête-Dieu. — Éclat de la procession du Saint-
Sacrement. — La Chandeleur. — Cierges dus aux marguilliers. —
Procession du quatrième dimanche du mois. — Rôle de la symbolique chrétienne comme agent moralisateur. — La colombe, les
étoupes et les fleurs de la Pentecôte. — La Communion pascale. —
Le Mandé. — Distribution aux pauvres. — Formulaire de l'office et
du cérémonial. — Dissentiments entre les prêtres de Saint-Paul et
la fabrique. — Les processions du Temps pascal. — Suspension
provisoire du service divin. — Refus des prêtres habitués de suivre
les processions. — Intervention de l'official. — Le vin des messes.
— Publication des assemblées paroissiales. — Les émoluments supprimés au curé comme prédicateur. — Mets dû par les nouveaux
mariés. — Le plat du Sépulcre. — La loi et la coutume. — Procès

PIÈCES JUSTIFICATIVES.

OUVRAGES DU MÊME AUTEUR

Élection de Thibaut d'Aussigny au siège épiscopal d'Orléans (1448-1450). Couronné par la Société archéolologique et historique de l'Orléanais. Orléans, Herluison, 1875.

L'Enseignement des lettres et des sciences dans l'Orléanais, couronné par la Société archéologique et historique de l'Orléanais. Herluison, 1875.

Quelques pages inédites de l'histoire d'Orléans en 1567 et 1568. Herluison, 1877.

L'Instruction primaire avant 1789 à Orléans et dans les communes de l'arrondissement, d'après des documents inédits. — Plan de l'ancienne ville et carte scolaire. Herluison, 1882.

Recherches historiques sur l'ancien Chapitre cathédral de l'Église d'Orléans, d'après des documents inédits. Couronné par la Société archéologique et historique de l'Orléanais en 1880. — Plan du cloître Sainte-Croix. Herluison, 1882.

IMP. GEORGES JACOB, — ORLÉANS.

www.ingramcontent.com/pod-product-compliance
Lightning Source LLC
Chambersburg PA
CBHW071628220526
45469CB00002B/526